RUSSO
VOCABULÁRIO

PORTUGUÊS BRASILEIRO

PORTUGUÊS RUSSO

Para alargar o seu léxico e apurar
as suas competências linguísticas

9000 palavras

Vocabulário Português Brasileiro-Russo - 9000 palavras

Por Andrey Taranov

Os vocabulários da T&P Books destinam-se a ajudar a aprender, a memorizar, e a rever palavras estrangeiras. O dicionário é dividido em temas, cobrindo todas as principais esferas de atividades quotidianas, negócios, ciência, cultura, etc.

O processo de aprendizagem, utilizando os dicionários baseados em temáticas da T&P Books dá-lhe as seguintes vantagens:

- Informação de origem corretamente agrupada predetermina o sucesso em fases subsequentes da memorização de palavras
- Disponibilização de palavras derivadas da mesma raiz, o que permite a memorização de unidades de texto (em vez de palavras separadas)
- Pequenas unidades de palavras facilitam o processo de estabelecimento de vínculos associativos necessários para a consolidação do vocabulário
- O nível de conhecimento da língua pode ser estimado pelo número de palavras aprendidas

Copyright © 2019 T&P Books Publishing

T&P Books Publishing
www.tpbooks.com

ISBN: 978-1-78767-294-9

Este livro também está disponível em formato E-book.
Por favor visite www.tpbooks.com ou as principais livrarias on-line.

VOCABULÁRIO RUSSO
palavras mais úteis

Os vocabulários da T&P Books destinam-se a ajudar a aprender, a memorizar, e a rever palavras estrangeiras. O vocabulário contém mais de 9000 palavras de uso comum organizadas tematicamente.

O vocabulário contém as palavras mais comummente usadas
Recomendado como adicional para qualquer curso de línguas
Satisfaz as necessidades dos iniciados e dos alunos avançados de línguas estrangeiras
Conveniente para o uso diário, sessões de revisão e atividades de auto-teste
Permite avaliar o seu vocabulário

Características especias do vocabulário

* As palavras estão organizadas de acordo com o seu significado, e não por ordem alfabética
* As palavras são apresentadas em três colunas para facilitar os processos de revisão e auto-teste
* As palavras compostas são divididas em pequenos blocos para facilitar o processo de aprendizagem
* O vocabulário oferece uma transcrição simples e adequada de cada palavra estrangeira

O vocabulário contém 256 tópicos incluindo:

Conceitos básicos, Números, Cores, Meses, Estações do ano, Unidades de medida, Roupas & Acessórios, Alimentos & Nutrição, Restaurante, Membros da Família, Parentes, Caráter, Sentimentos, Emoções, Doenças, Cidade, Passeios, Compras, Dinheiro, Casa, Lar, Escritório, Trabalho no Escritório, Importação & Exportação, Marketing, Pesquisa de Emprego, Esportes, Educação, Computador, Internet, Ferramentas, Natureza, Países, Nacionalidades e muito mais ...

TABELA DE CONTEÚDOS

Guia de pronunciação 11
Abreviaturas 13

CONCEITOS BÁSICOS 15
Conceitos básicos. Parte 1 15

1. Pronomes 15
2. Cumprimentos. Saudações. Despedidas 15
3. Como se dirigir a alguém 16
4. Números cardinais. Parte 1 16
5. Números cardinais. Parte 2 17
6. Números ordinais 18
7. Números. Frações 18
8. Números. Operações básicas 18
9. Números. Diversos 18
10. Os verbos mais importantes. Parte 1 19
11. Os verbos mais importantes. Parte 2 20
12. Os verbos mais importantes. Parte 3 21
13. Os verbos mais importantes. Parte 4 22
14. Cores 23
15. Questões 23
16. Preposições 24
17. Palavras funcionais. Advérbios. Parte 1 24
18. Palavras funcionais. Advérbios. Parte 2 26

Conceitos básicos. Parte 2 28

19. Opostos 28
20. Dias da semana 30
21. Horas. Dia e noite 30
22. Meses. Estações 31
23. Tempo. Diversos 32
24. Linhas e formas 33
25. Unidades de medida 34
26. Recipientes 35
27. Materiais 36
28. Metais 37

O SER HUMANO 38
O ser humano. O corpo 38

29. Humanos. Conceitos básicos 38
30. Anatomia humana 38

31. Cabeça 39
32. Corpo humano 40

Vestuário & Acessórios 41

33. Roupa exterior. Casacos 41
34. Vestuário de homem & mulher 41
35. Vestuário. Roupa interior 42
36. Adereços de cabeça 42
37. Calçado 42
38. Têxtil. Tecidos 43
39. Acessórios pessoais 43
40. Vestuário. Diversos 44
41. Cuidados pessoais. Cosméticos 44
42. Joalheria 45
43. Relógios de pulso. Relógios 46

Alimentação. Nutrição 47

44. Comida 47
45. Bebidas 48
46. Vegetais 49
47. Frutos. Nozes 50
48. Pão. Bolaria 51
49. Pratos cozinhados 51
50. Especiarias 52
51. Refeições 53
52. Por a mesa 54
53. Restaurante 54

Família, parentes e amigos 55

54. Informação pessoal. Formulários 55
55. Membros da família. Parentes 55
56. Amigos. Colegas de trabalho 56
57. Homem. Mulher 57
58. Idade 57
59. Crianças 58
60. Casais. Vida de família 58

Caráter. Sentimentos. Emoções 60

61. Sentimentos. Emoções 60
62. Caráter. Personalidade 61
63. O sono. Sonhos 62
64. Humor. Riso. Alegria 63
65. Discussão, conversação. Parte 1 63
66. Discussão, conversação. Parte 2 64
67. Discussão, conversação. Parte 3 66
68. Acordo. Recusa 66
69. Sucesso. Boa sorte. Insucesso 67
70. Conflitos. Emoções negativas 68

Medicina 70

71. Doenças 70
72. Sintomas. Tratamentos. Parte 1 71
73. Sintomas. Tratamentos. Parte 2 72
74. Sintomas. Tratamentos. Parte 3 73
75. Médicos 74
76. Medicina. Drogas. Acessórios 74
77. Fumar. Produtos tabágicos 75

HABITAT HUMANO 76
Cidade 76

78. Cidade. Vida na cidade 76
79. Instituições urbanas 77
80. Sinais 78
81. Transportes urbanos 79
82. Turismo 80
83. Compras 81
84. Dinheiro 82
85. Correios. Serviço postal 83

Moradia. Casa. Lar 84

86. Casa. Habitação 84
87. Casa. Entrada. Elevador 85
88. Casa. Eletricidade 85
89. Casa. Portas. Fechaduras 85
90. Casa de campo 86
91. Moradia. Mansão 86
92. Castelo. Palácio 87
93. Apartamento 87
94. Apartamento. Limpeza 88
95. Mobiliário. Interior 88
96. Quarto de dormir 89
97. Cozinha 89
98. Casa de banho 90
99. Eletrodomésticos 91
100. Reparações. Renovação 91
101. Canalizações 92
102. Fogo. Deflagração 92

ATIVIDADES HUMANAS 94
Emprego. Negócios. Parte 1 94

103. Escritório. O trabalho no escritório 94
104. Processos negociais. Parte 1 95
105. Processos negociais. Parte 2 96
106. Produção. Trabalhos 97
107. Contrato. Acordo 98
108. Importação & Exportação 99

109. Finanças 99
110. Marketing 100
111. Publicidade 101
112. Banca 101
113. Telefone. Conversação telefônica 102
114. Telefone móvel 103
115. Estacionário 103
116. Vários tipos de documentos 104
117. Tipos de negócios 105

Emprego. Negócios. Parte 2 107

118. Espetáculo. Feira 107
119. Media 108
120. Agricultura 109
121. Construção. Processo de construção 110
122. Ciência. Investigação. Cientistas 111

Profissões e ocupações 112

123. Procura de emprego. Demissão 112
124. Gente de negócios 112
125. Profissões de serviços 113
126. Profissões militares e postos 114
127. Oficiais. Padres 115
128. Profissões agrícolas 115
129. Profissões artísticas 116
130. Várias profissões 116
131. Ocupações. Estatuto social 118

Desportos 119

132. Tipos de desportos. Desportistas 119
133. Tipos de desportos. Diversos 120
134. Ginásio 120
135. Hóquei 121
136. Futebol 121
137. Esqui alpino 123
138. Tênis. Golfe 123
139. Xadrez 124
140. Boxe 124
141. Desportos. Diversos 125

Educação 127

142. Escola 127
143. Colégio. Universidade 128
144. Ciências. Disciplinas 129
145. Sistema de escrita. Ortografia 129
146. Línguas estrangeiras 130

147. Personagens de contos de fadas 131
148. Signos do Zodíaco 132

Artes 133

149. Teatro 133
150. Cinema 134
151. Pintura 135
152. Literatura & Poesia 136
153. Circo 136
154. Música. Música popular 137

Descanso. Entretenimento. Viagens 139

155. Viagens 139
156. Hotel 139
157. Livros. Leitura 140
158. Caça. Pesca 142
159. Jogos. Bilhar 143
160. Jogos. Jogar cartas 143
161. Casino. Roleta 143
162. Descanso. Jogos. Diversos 144
163. Fotografia 144
164. Praia. Natação 145

EQUIPAMENTO TÉCNICO. TRANSPORTES 147
Equipamento técnico. Transportes 147

165. Computador 147
166. Internet. E-mail 148
167. Eletricidade 149
168. Ferramentas 149

Transportes 152

169. Avião 152
170. Comboio 153
171. Barco 154
172. Aeroporto 155
173. Bicicleta. Motocicleta 156

Carros 157

174. Tipos de carros 157
175. Carros. Carroçaria 157
176. Carros. Habitáculo 158
177. Carros. Motor 159
178. Carros. Batidas. Reparação 160
179. Carros. Estrada 161
180. Sinais de trânsito 162

PESSOAS. EVENTOS 163
Eventos 163

181. Férias. Evento 163
182. Funerais. Enterro 164
183. Guerra. Soldados 164
184. Guerra. Ações militares. Parte 1 166
185. Guerra. Ações militares. Parte 2 167
186. Armas 168
187. Povos da antiguidade 170
188. Idade média 171
189. Líder. Chefe. Autoridades 172
190. Estrada. Caminho. Direções 173
191. Violação da lei. Criminosos. Parte 1 174
192. Violação da lei. Criminosos. Parte 2 175
193. Polícia. Lei. Parte 1 176
194. Polícia. Lei. Parte 2 177

NATUREZA 179
A Terra. Parte 1 179

195. Espaço sideral 179
196. A Terra 180
197. Pontos cardeais 181
198. Mar. Oceano 181
199. Nomes de Mares e Oceanos 182
200. Montanhas 183
201. Nomes de montanhas 184
202. Rios 184
203. Nomes de rios 185
204. Floresta 185
205. Recursos naturais 186

A Terra. Parte 2 188

206. Tempo 188
207. Tempo extremo. Catástrofes naturais 189
208. Ruídos. Sons 189
209. Inverno 190

Fauna 192

210. Mamíferos. Predadores 192
211. Animais selvagens 192
212. Animais domésticos 193
213. Cães. Raças de cães 194
214. Sons produzidos pelos animais 195
215. Animais jovens 195
216. Pássaros 196
217. Pássaros. Canto e sons 197
218. Peixes. Animais marinhos 197
219. Anfíbios. Répteis 198

220.	Insetos	199
221.	Animais. Partes do corpo	199
222.	Ações dos animais	200
223.	Animais. Habitats	200
224.	Cuidados com os animais	201
225.	Animais. Diversos	202
226.	Cavalos	202

Flora — 204

227.	Árvores	204
228.	Arbustos	204
229.	Cogumelos	205
230.	Frutos. Bagas	205
231.	Flores. Plantas	206
232.	Cereais, grãos	207
233.	Vegetais. Verduras	208

GEOGRAFIA REGIONAL — 209
Países. Nacionalidades — 209

234.	Europa Ocidental	209
235.	Europa Central e de Leste	211
236.	Países da ex-URSS	212
237.	Asia	213
238.	América do Norte	215
239.	América Central do Sul	215
240.	Africa	216
241.	Austrália. Oceania	217
242.	Cidades	217
243.	Política. Governo. Parte 1	218
244.	Política. Governo. Parte 2	220
245.	Países. Diversos	221
246.	Grupos religiosos mais importantes. Confissões	222
247.	Religiões. Padres	223
248.	Fé. Cristianismo. Islão	223

TEMAS DIVERSOS — 226

249.	Várias palavras úteis	226
250.	Modificadores. Adjetivos. Parte 1	227
251.	Modificadores. Adjetivos. Parte 2	229

500 VERBOS PRINCIPAIS — 232

252.	Verbos A-B	232
253.	Verbos C-D	233
254.	Verbos E-J	236
255.	Verbos L-P	238
256.	Verbos Q-Z	240

GUIA DE PRONUNCIAÇÃO

Alfabeto fonético T&P	Exemplo Russo	Exemplo Português

Consoantes

[b]	абрикос [abrikós]	barril
[d]	квадрат [kvadrát]	dentista
[f]	реформа [refórma]	safári
[g]	глина [glína]	gosto
[ʒ]	массажист [masaʒïst]	talvez
[j]	пресный [présnij]	Vietnã
[h], [x]	мех, Пасха [méh], [pásxa]	[h] aspirada
[k]	кратер [krátɛr]	aquilo
[l]	лиловый [lilóvij]	libra
[m]	молоко [molokó]	magnólia
[n]	нут, пони [nút], [póni]	natureza
[p]	пират [pirát]	presente
[r]	ручей [rutʃéj]	riscar
[s]	суслик [súslik]	sanita
[t]	тоннель [tonélʲ]	tulipa
[ʃ]	лишайник [liʃájnik]	mês
[tʃ]	врач, речь [vrátʃ], [rétʃʲ]	Tchau!
[ts]	кузнец [kuznéts]	tsé-tsé
[ʃʲ]	мощность [móʃnostʲ]	shiatsu
[v]	молитва [molítva]	fava
[z]	дизайнер [dizájner]	sésamo

Símbolos adicionais

[ʲ]	дикарь [dikárʲ]	sinal de palatalização
[·]	автопилот [afto·pilót]	ponto mediano
[ˈ]	заплата [zapláta]	acento principal

Vogais acentuadas

[á]	платье [plátje]	chamar
[é]	лебедь [lébetʲ]	metal
[ø]	шахтёр [ʃahtǿr]	ioga
[í]	организм [organízm]	sinônimo
[ó]	роспись [róspisʲ]	lobo
[ú]	инсульт [insúlʲt]	bonita

Alfabeto fonético T&P	Exemplo Russo	Exemplo Português
[ī]	добыча [dɔbīʧa]	sinônimo
[æ]	полиэстер [poliǽstɛr]	semana
['ú], [jú]	салют, юг [salʲút], [júg]	nacional
['á], [já]	связь, я [svʲásʲ], [já]	Himalaias

Vogais não acentuadas

[a]	гравюра [gravʲúra]	som neutro, semelhante a um xevá [ə]
[e]	кенгуру [kengurú]	som neutro, semelhante a um xevá
[ə]	пожалуйста [poʒálesta]	milagre
[i]	рисунок [risúnɔk]	sinônimo
[ɔ]	железо [ʒelézɔ]	som neutro, semelhante a um xevá
[u]	вирус [vírus]	bonita
[ɨ]	первый [pérvij]	sinônimo
[ɛ]	аэропорт [aɛrɔpórt]	mesquita
['u], [ju]	брюнет [brʲunét]	nacional
[ɪ], [jɪ]	заяц, язык [záɪ̯s], [jɪzīk]	som neutro, semelhante a um xevá
['a], [ja]	няня, копия [nʲánʲa], [kópija]	Himalaias

ABREVIATURAS
usadas no vocabulário

Abreviaturas do Português

adj	-	adjetivo
adv	-	advérbio
anim.	-	animado
conj.	-	conjunção
desp.	-	esporte
etc.	-	Etcetera
ex.	-	por exemplo
f	-	nome feminino
f pl	-	feminino plural
fem.	-	feminino
inanim.	-	inanimado
m	-	nome masculino
m pl	-	masculino plural
m, f	-	masculino, feminino
masc.	-	masculino
mat.	-	matemática
mil.	-	militar
pl	-	plural
prep.	-	preposição
pron.	-	pronome
sb.	-	sobre
sing.	-	singular
v aux	-	verbo auxiliar
vi	-	verbo intransitivo
vi, vt	-	verbo intransitivo, transitivo
vr	-	verbo reflexivo
vt	-	verbo transitivo

Abreviaturas do Russo

возв	-	verbo reflexivo
ж	-	nome feminino
ж мн	-	feminino plural
м	-	nome masculino
м мн	-	masculino plural
м, ж	-	masculino, feminino
мн	-	plural
н/пх	-	verbo intransitivo, transitivo

н/св	-	aspeto perfetivo/imperfetivo
нпх	-	verbo intransitivo
нсв	-	aspeto imperfetivo
пх	-	verbo transitivo
с	-	neutro
с мн	-	neutro plural
св	-	aspeto perfetivo

CONCEITOS BÁSICOS

Conceitos básicos. Parte 1

1. Pronomes

eu	я	[já]
você	ты	[tĭ]
ele	он	[ón]
ela	она	[ɔná]
ele, ela (neutro)	оно	[ɔnó]
nós	мы	[mĭ]
vocês	вы	[vĭ]
eles, elas	они	[ɔní]

2. Cumprimentos. Saudações. Despedidas

Oi!	Здравствуй!	[zdrástvuj]
Olá!	Здравствуйте!	[zdrástvujte]
Bom dia!	Доброе утро!	[dóbrɔe útrɔ]
Boa tarde!	Добрый день!	[dóbrij déni]
Boa noite!	Добрый вечер!	[dóbrij vetʃer]
cumprimentar (vt)	здороваться (нсв, возв)	[zdoróvatsa]
Oi!	Привет!	[privét]
saudação (f)	привет (м)	[privét]
saudar (vt)	приветствовать (нсв, пх)	[privétstvovati]
Como você está?	Как у вас дела?	[kák u vás delá?]
Como vai?	Как дела?	[kák delá?]
E aí, novidades?	Что нового?	[ʃtó nóvɔvɔ?]
Tchau! Até logo!	До свидания!	[dɔ svidánija]
Até breve!	До скорой встречи!	[dɔ skórɔj fstrétʃi]
Adeus! (sing.)	Прощай!	[prɔʃáj]
Adeus! (pl)	Прощайте!	[prɔʃájte]
despedir-se (dizer adeus)	прощаться (нсв, возв)	[prɔʃátsa]
Até mais!	Пока!	[pɔká]
Obrigado! -a!	Спасибо!	[spasíbɔ]
Muito obrigado! -a!	Большое спасибо!	[bɔlʲʃóe spasíbɔ]
De nada	Пожалуйста	[pɔʒálǝsta]
Não tem de quê	Не стоит благодарности	[ne stóit blagɔdárnɔsti]
Não foi nada!	Не за что	[né za ʃtɔ]
Desculpa!	Извини!	[izviní]
Desculpe!	Извините!	[izviníte]

desculpar (vt)	извинять (нсв, пх)	[izvinʲátʲ]
desculpar-se (vr)	извиняться (нсв, возв)	[izvinʲátsa]
Me desculpe	Мои извинения	[mɔí izvinénija]
Desculpe!	Простите!	[prɔstíte]
perdoar (vt)	прощать (нсв, пх)	[prɔʃʲátʲ]
Não faz mal	Ничего страшного	[nitʃevó stráʃnɔvɔ]
por favor	пожалуйста	[pɔʒáləsta]
Não se esqueça!	Не забудьте!	[ne zabútʲte]
Com certeza!	Конечно!	[kɔnéʃnɔ]
Claro que não!	Конечно нет!	[kɔnéʃnɔ nét]
Está bem! De acordo!	Согласен!	[sɔglásen]
Chega!	Хватит!	[hvátit]

3. Como se dirigir a alguém

Desculpe ...	Извините	[izviníte]
senhor	господин	[gɔspodín]
senhora	госпожа	[gɔspɔʒá]
senhorita	девушка	[dévuʃka]
jovem	молодой человек	[mɔlɔdój tʃelɔvék]
menino	мальчик	[málʲtʃik]
menina	девочка	[dévɔtʃka]

4. Números cardinais. Parte 1

zero	ноль	[nólʲ]
um	один	[ɔdín]
dois	два	[dvá]
três	три	[trí]
quatro	четыре	[tʃetīre]
cinco	пять	[pʲátʲ]
seis	шесть	[ʃǽstʲ]
sete	семь	[sémʲ]
oito	восемь	[vósemʲ]
nove	девять	[dévɪtʲ]
dez	десять	[désɪtʲ]
onze	одиннадцать	[ɔdínatsatʲ]
doze	двенадцать	[dvenátsatʲ]
treze	тринадцать	[trinátsatʲ]
catorze	четырнадцать	[tʃetīrnatsatʲ]
quinze	пятнадцать	[pitnátsatʲ]
dezesseis	шестнадцать	[ʃesnátsatʲ]
dezessete	семнадцать	[semnátsatʲ]
dezoito	восемнадцать	[vɔsemnátsatʲ]
dezenove	девятнадцать	[devitnátsatʲ]
vinte	двадцать	[dvátsatʲ]
vinte e um	двадцать один	[dvátsatʲ ɔdín]

vinte e dois	двадцать два	[dvátsatʲ dvá]
vinte e três	двадцать три	[dvátsatʲ trí]
trinta	тридцать	[trítsatʲ]
trinta e um	тридцать один	[trítsatʲ ɔdín]
trinta e dois	тридцать два	[trítsatʲ dvá]
trinta e três	тридцать три	[trítsatʲ trí]
quarenta	сорок	[sórɔk]
quarenta e um	сорок один	[sórɔk ɔdín]
quarenta e dois	сорок два	[sórɔk dvá]
quarenta e três	сорок три	[sórɔk trí]
cinquenta	пятьдесят	[pɪtʲdesʲát]
cinquenta e um	пятьдесят один	[pɪtʲdesʲát ɔdín]
cinquenta e dois	пятьдесят два	[pɪtʲdesʲát dvá]
cinquenta e três	пятьдесят три	[pɪtʲdesʲát trí]
sessenta	шестьдесят	[ʃɛstʲdesʲát]
sessenta e um	шестьдесят один	[ʃɛstʲdesʲát ɔdín]
sessenta e dois	шестьдесят два	[ʃɛstʲdesʲát dvá]
sessenta e três	шестьдесят три	[ʃɛstʲdesʲát trí]
setenta	семьдесят	[sémʲdesɪt]
setenta e um	семьдесят один	[sémʲdesɪt ɔdín]
setenta e dois	семьдесят два	[sémʲdesɪt dvá]
setenta e três	семьдесят три	[sémʲdesɪt trí]
oitenta	восемьдесят	[vósemʲdesɪt]
oitenta e um	восемьдесят один	[vósemʲdesɪt ɔdín]
oitenta e dois	восемьдесят два	[vósemʲdesɪt dvá]
oitenta e três	восемьдесят три	[vósemʲdesɪt trí]
noventa	девяносто	[devɪnóstɔ]
noventa e um	девяносто один	[devɪnóstɔ ɔdín]
noventa e dois	девяносто два	[devɪnóstɔ dvá]
noventa e três	девяносто три	[devɪnóstɔ trí]

5. Números cardinais. Parte 2

cem	сто	[stó]
duzentos	двести	[dvésti]
trezentos	триста	[trísta]
quatrocentos	четыреста	[tʃetɨresta]
quinhentos	пятьсот	[pɪtʲsót]
seiscentos	шестьсот	[ʃɛstʲsót]
setecentos	семьсот	[semʲsót]
oitocentos	восемьсот	[vɔsemʲsót]
novecentos	девятьсот	[devɪtʲsót]
mil	тысяча	[tɨsɪtʃa]
dois mil	две тысячи	[dve tɨsɪtʃi]
três mil	три тысячи	[trí tɨsɪtʃi]

dez mil	десять тысяч	[désıtʲ tɨsʲatʃ]
cem mil	сто тысяч	[stó tɨsɨtʃ]
um milhão	миллион (м)	[milión]
um bilhão	миллиард (м)	[miliárd]

6. Números ordinais

primeiro (adj)	первый	[pérvij]
segundo (adj)	второй	[ftɔrój]
terceiro (adj)	третий	[trétij]
quarto (adj)	четвёртый	[tʃetvǿrtij]
quinto (adj)	пятый	[pʲátij]

sexto (adj)	шестой	[ʃɛstój]
sétimo (adj)	седьмой	[sedʲmój]
oitavo (adj)	восьмой	[vɔsʲmój]
nono (adj)	девятый	[devʲátij]
décimo (adj)	десятый	[desʲátij]

7. Números. Frações

fração (f)	дробь (ж)	[drópʲ]
um meio	одна вторая	[ɔdná ftɔrája]
um terço	одна третья	[ɔdná trétja]
um quarto	одна четвёртая	[ɔdná tʃetvǿrtaja]

um oitavo	одна восьмая	[ɔdná vɔsʲmája]
um décimo	одна десятая	[ɔdná desʲátaja]
dois terços	две третьих	[dve trétjih]
três quartos	три четвёртых	[trí tʃetvǿrtɨh]

8. Números. Operações básicas

subtração (f)	вычитание (с)	[vitʃitánie]
subtrair (vi, vt)	вычитать (нсв, пх)	[vitʃitátʲ]
divisão (f)	деление (с)	[delénie]
dividir (vt)	делить (нсв, пх)	[delítʲ]

adição (f)	сложение (с)	[slɔʒǽnie]
somar (vt)	сложить (св, пх)	[slɔʒɨtʲ]
adicionar (vt)	прибавлять (нсв, пх)	[pribavlʲátʲ]
multiplicação (f)	умножение (с)	[umnɔʒǽnie]
multiplicar (vt)	умножать (нсв, пх)	[umnɔʒátʲ]

9. Números. Diversos

| algarismo, dígito (m) | цифра (ж) | [tsɨfra] |
| número (m) | число (с) | [tʃisló] |

numeral (m)	числительное (c)	[ʧislítelʲnɔe]
menos (m)	минус (м)	[mínus]
mais (m)	плюс (м)	[plʲús]
fórmula (f)	формула (ж)	[fórmula]

cálculo (m)	вычисление (c)	[viʧislénie]
contar (vt)	считать (нсв, пх)	[ʃitátʲ]
calcular (vt)	подсчитывать (нсв, пх)	[pɔtʃítivatʲ]
comparar (vt)	сравнивать (нсв, пх)	[srávnivatʲ]

Quanto, -os, -as?	Сколько?	[skólʲkɔ?]
soma (f)	сумма (ж)	[súmma]
resultado (m)	результат (м)	[rezulʲtát]
resto (m)	остаток (м)	[ɔstátɔk]

alguns, algumas ...	несколько	[néskɔlʲkɔ]
pouco (~ tempo)	мало	[málɔ]
resto (m)	остальное (c)	[ɔstalʲnóe]
um e meio	полтора	[pɔltɔrá]
dúzia (f)	дюжина (ж)	[dʲúʒina]

ao meio	пополам	[pɔpɔlám]
em partes iguais	поровну	[pórɔvnu]
metade (f)	половина (ж)	[pɔlɔvína]
vez (f)	раз (м)	[rás]

10. Os verbos mais importantes. Parte 1

abrir (vt)	открывать (нсв, пх)	[otkrivátʲ]
acabar, terminar (vt)	заканчивать (нсв, пх)	[zakánʧivatʲ]
aconselhar (vt)	советовать (нсв, пх)	[sɔvétɔvatʲ]
adivinhar (vt)	отгадать (св, пх)	[ɔdgadátʲ]
advertir (vt)	предупреждать (нсв, пх)	[predupreʒdátʲ]

ajudar (vt)	помогать (нсв, пх)	[pɔmɔgátʲ]
almoçar (vi)	обедать (нсв, нпх)	[ɔbédatʲ]
alugar (~ um apartamento)	снимать (нсв, пх)	[snimátʲ]
amar (pessoa)	любить (нсв, пх)	[lʲubítʲ]
ameaçar (vt)	угрожать (нсв, пх)	[ugrɔʒátʲ]

anotar (escrever)	записывать (нсв, пх)	[zapísivatʲ]
apressar-se (vr)	торопиться (нсв, возв)	[tɔrɔpítsa]
arrepender-se (vr)	сожалеть (нсв, нпх)	[sɔʒilétʲ]
assinar (vt)	подписывать (нсв, пх)	[pɔtpísivatʲ]
brincar (vi)	шутить (нсв, нпх)	[ʃutítʲ]

brincar, jogar (vi, vt)	играть (нсв, нпх)	[igrátʲ]
buscar (vt)	искать ... (нсв, пх)	[iskátʲ ...]
caçar (vi)	охотиться (нсв, возв)	[ɔhótitsa]
cair (vi)	падать (нсв, нпх)	[pádatʲ]
cavar (vt)	рыть (нсв, пх)	[rítʲ]
chamar (~ por socorro)	звать (нсв, пх)	[zvátʲ]
chegar (vi)	приезжать (нсв, нпх)	[prieʒʒátʲ]
chorar (vi)	плакать (нсв, нпх)	[plákatʲ]

começar (vt)	начинать (нсв, пх)	[natʃinátʲ]
comparar (vt)	сравнивать (нсв, пх)	[srávnivatʲ]
concordar (dizer "sim")	соглашаться (нсв, возв)	[sɔɡlaʃátsa]

confiar (vt)	доверять (нсв, пх)	[dɔverʲátʲ]
confundir (equivocar-se)	путать (нсв, пх)	[pútatʲ]
conhecer (vt)	знать (нсв, пх)	[znátʲ]
contar (fazer contas)	считать (нсв, пх)	[ʃitátʲ]
contar com ...	рассчитывать на ... (нсв)	[raʃítivatʲ na ...]
continuar (vt)	продолжать (нсв, пх)	[prɔdɔlʒátʲ]

controlar (vt)	контролировать (нсв, пх)	[kɔntrɔlírɔvatʲ]
convidar (vt)	приглашать (нсв, пх)	[priɡlaʃátʲ]
correr (vi)	бежать (н/св, нпх)	[beʒátʲ]
criar (vt)	создать (св, пх)	[sɔzdátʲ]
custar (vt)	стоить (нсв, пх)	[stóitʲ]

11. Os verbos mais importantes. Parte 2

dar (vt)	давать (нсв, пх)	[davátʲ]
dar uma dica	подсказать (св, пх)	[pɔtskazátʲ]
decorar (enfeitar)	украшать (нсв, пх)	[ukraʃátʲ]
defender (vt)	защищать (нсв, пх)	[zaʃiʃátʲ]
deixar cair (vt)	ронять (нсв, пх)	[rɔnʲátʲ]

descer (para baixo)	спускаться (нсв, возв)	[spuskátsa]
desculpar (vt)	извинять (нсв, пх)	[izvinʲátʲ]
desculpar-se (vr)	извиняться (нсв, возв)	[izvinʲátsa]
dirigir (~ uma empresa)	руководить (нсв, пх)	[rukɔvɔdítʲ]
discutir (notícias, etc.)	обсуждать (нсв, пх)	[ɔpsuʒdátʲ]

disparar, atirar (vi)	стрелять (нсв, нпх)	[strelʲátʲ]
dizer (vt)	сказать (нсв, пх)	[skazátʲ]
duvidar (vt)	сомневаться (нсв, возв)	[sɔmnevátsa]
encontrar (achar)	находить (нсв, пх)	[nahɔdítʲ]
enganar (vt)	обманывать (нсв, пх)	[ɔbmánivatʲ]

entender (vt)	понимать (нсв, пх)	[pɔnimátʲ]
entrar (na sala, etc.)	входить (нсв, нпх)	[fhɔdítʲ]
enviar (uma carta)	отправлять (нсв, пх)	[ɔtpravlʲátʲ]
errar (enganar-se)	ошибаться (нсв, возв)	[ɔʃibátsa]
escolher (vt)	выбирать (нсв, пх)	[vibirátʲ]

esconder (vt)	прятать (нсв, пх)	[prʲátatʲ]
escrever (vt)	писать (нсв, пх)	[pisátʲ]
esperar (aguardar)	ждать (нсв, пх)	[ʒdátʲ]
esperar (ter esperança)	надеяться (нсв, возв)	[nadéitsa]
esquecer (vt)	забывать (нсв, пх)	[zabivátʲ]

estudar (vt)	изучать (нсв, пх)	[izutʃátʲ]
exigir (vt)	требовать (нсв, пх)	[trébovatʲ]
existir (vi)	существовать (нсв, нпх)	[suʃestvɔvátʲ]
explicar (vt)	объяснять (нсв, пх)	[ɔbjisnʲátʲ]
falar (vi)	говорить (нсв, н/пх)	[ɡɔvɔrítʲ]

faltar (a la escuela, etc.)	пропускать (нсв, пх)	[prɔpuskátʲ]
fazer (vt)	делать (нсв, пх)	[délatʲ]
ficar em silêncio	молчать (нсв, нпх)	[mɔltʃátʲ]
gabar-se (vr)	хвастаться (нсв, возв)	[hvástatsa]

gostar (apreciar)	нравиться (нсв, возв)	[nrávitsa]
gritar (vi)	кричать (нсв, нпх)	[kritʃátʲ]
guardar (fotos, etc.)	сохранять (нсв, пх)	[sɔhranʲátʲ]
informar (vt)	информировать (н/св, пх)	[infɔrmírɔvatʲ]
insistir (vi)	настаивать (нсв, нпх)	[nastáivatʲ]

insultar (vt)	оскорблять (нсв, пх)	[ɔskɔrblʲátʲ]
interessar-se (vr)	интересоваться (нсв, возв)	[interesɔvátsa]
ir (a pé)	идти (нсв, нпх)	[itʲtí]
ir nadar	купаться (нсв, возв)	[kupátsa]
jantar (vi)	ужинать (нсв, нпх)	[úʒinatʲ]

12. Os verbos mais importantes. Parte 3

ler (vt)	читать (нсв, н/пх)	[tʃitátʲ]
libertar, liberar (vt)	освобождать (нсв, пх)	[ɔsvɔbɔʒdátʲ]
matar (vt)	убивать (нсв, пх)	[ubivátʲ]
mencionar (vt)	упоминать (нсв, пх)	[upɔminátʲ]
mostrar (vt)	показывать (нсв, пх)	[pɔkázivatʲ]

mudar (modificar)	изменить (св, пх)	[izmenítʲ]
nadar (vi)	плавать (нсв, нпх)	[plávatʲ]
negar-se a ... (vr)	отказываться (нсв, возв)	[ɔtkázivatsa]
objetar (vt)	возражать (нсв, н/пх)	[vɔzraʒátʲ]

observar (vt)	наблюдать (нсв, н/пх)	[nablʲudátʲ]
ordenar (mil.)	приказывать (нсв, пх)	[prikázivatʲ]
ouvir (vt)	слышать (нсв, пх)	[slíʃatʲ]
pagar (vt)	платить (нсв, н/пх)	[platítʲ]
parar (vi)	останавливаться (нсв, возв)	[ɔstanávlivatsa]

parar, cessar (vt)	прекращать (нсв, пх)	[prekraʃátʲ]
participar (vi)	участвовать (нсв, нпх)	[utʃástvɔvatʲ]
pedir (comida, etc.)	заказывать (нсв, пх)	[zakázivatʲ]
pedir (um favor, etc.)	просить (нсв, пх)	[prɔsítʲ]
pegar (tomar)	брать (нсв), взять (св)	[brátʲ], [vzʲátʲ]

pegar (uma bola)	ловить (нсв, пх)	[lɔvítʲ]
pensar (vi, vt)	думать (нсв, н/пх)	[dúmatʲ]
perceber (ver)	замечать (нсв, пх)	[zametʃátʲ]
perdoar (vt)	прощать (нсв, пх)	[prɔʃátʲ]
perguntar (vt)	спрашивать (нсв, пх)	[spráʃivatʲ]

permitir (vt)	разрешать (нсв, пх)	[razreʃátʲ]
pertencer a ... (vi)	принадлежать ... (нсв, нпх)	[prinadleʒátʲ ...]
planejar (vt)	планировать (нсв, пх)	[planírɔvatʲ]
poder (~ fazer algo)	мочь (нсв, нпх)	[mótʃʲ]
possuir (uma casa, etc.)	владеть (нсв, пх)	[vladétʲ]
preferir (vt)	предпочитать (нсв, пх)	[pretpɔtʃitátʲ]

preparar (vt)	готовить (нсв, пх)	[gotóvitʲ]
prever (vt)	предвидеть (нсв, пх)	[predvídetʲ]
prometer (vt)	обещать (н/св, пх)	[ɔbeʃátʲ]
pronunciar (vt)	произносить (нсв, пх)	[prɔiznɔsítʲ]

propor (vt)	предлагать (нсв, пх)	[predlagátʲ]
punir (castigar)	наказывать (нсв, пх)	[nakázivatʲ]
quebrar (vt)	ломать (нсв, пх)	[lɔmátʲ]
queixar-se de ...	жаловаться (нсв, возв)	[ʒálɔvatsa]
querer (desejar)	хотеть (нсв, пх)	[hɔtétʲ]

13. Os verbos mais importantes. Parte 4

ralhar, repreender (vt)	ругать (нсв, пх)	[rugátʲ]
recomendar (vt)	рекомендовать (нсв, пх)	[rekɔmendɔvátʲ]
repetir (dizer outra vez)	повторять (нсв, пх)	[pɔftɔrʲátʲ]
reservar (~ um quarto)	резервировать (н/св, пх)	[rezervírɔvatʲ]
responder (vt)	отвечать (нсв, пх)	[ɔtvetʃátʲ]

rezar, orar (vi)	молиться (нсв, возв)	[mɔlítsa]
rir (vi)	смеяться (нсв, возв)	[smejátsa]
roubar (vt)	красть (нсв, н/пх)	[krástʲ]
sair (~ de casa)	выходить (нсв, нпх)	[vihɔdítʲ]

| salvar (resgatar) | спасать (нсв, пх) | [spasátʲ] |
| seguir (~ alguém) | следовать за ... (нсв) | [slédɔvatʲ za ...] |

| sentar-se (vr) | садиться (нсв, возв) | [sadítsa] |
| ser necessário | требоваться (нсв, возв) | [trébɔvatsa] |

ser, estar	быть (нсв, нпх)	[bĩtʲ]
significar (vt)	означать (нсв, пх)	[ɔznatʃátʲ]
sorrir (vi)	улыбаться (нсв, возв)	[ulïbátsa]

| subestimar (vt) | недооценивать (нсв, пх) | [nedɔɔtsǽnivatʲ] |
| surpreender-se (vr) | удивляться (нсв, возв) | [udivlʲátsa] |

tentar (~ fazer)	пробовать (нсв, пх)	[próbɔvatʲ]
ter (vt)	иметь (нсв, пх)	[imétʲ]
ter fome	хотеть есть (нсв)	[hɔtétʲ éstʲ]

ter medo	бояться (нсв, возв)	[bɔjátsa]
ter sede	хотеть пить	[hɔtétʲ pítʲ]
tocar (com as mãos)	трогать (нсв, пх)	[trógatʲ]
tomar café da manhã	завтракать (нсв, нпх)	[záftrakatʲ]

| trabalhar (vi) | работать (нсв, нпх) | [rabótatʲ] |
| traduzir (vt) | переводить (нсв, пх) | [perevɔdítʲ] |

unir (vt)	объединять (нсв, пх)	[ɔbjedinʲátʲ]
vender (vt)	продавать (нсв, пх)	[prɔdavátʲ]
ver (vt)	видеть (нсв, пх)	[vídetʲ]
virar (~ para a direita)	поворачивать (нсв, нпх)	[pɔvɔrátʃivatʲ]
voar (vi)	лететь (нсв, нпх)	[letétʲ]

14. Cores

cor (f)	цвет (м)	[tsvét]
tom (m)	оттенок (м)	[otténɔk]
tonalidade (m)	тон (м)	[tón]
arco-íris (m)	радуга (ж)	[ráduga]
branco (adj)	белый	[bélij]
preto (adj)	чёрный	[ʧórnij]
cinza (adj)	серый	[sérij]
verde (adj)	зелёный	[zelǿnij]
amarelo (adj)	жёлтый	[ʒóltij]
vermelho (adj)	красный	[krásnij]
azul (adj)	синий	[sínij]
azul claro (adj)	голубой	[gɔlubój]
rosa (adj)	розовый	[rózɔvij]
laranja (adj)	оранжевый	[ɔránʒevij]
violeta (adj)	фиолетовый	[fiɔlétɔvij]
marrom (adj)	коричневый	[kɔríʧnevij]
dourado (adj)	золотой	[zɔlɔtój]
prateado (adj)	серебристый	[serebrístij]
bege (adj)	бежевый	[béʒevij]
creme (adj)	кремовый	[krémɔvij]
turquesa (adj)	бирюзовый	[birʲuzóvij]
vermelho cereja (adj)	вишнёвый	[viʃnǿvij]
lilás (adj)	лиловый	[lilóvij]
carmim (adj)	малиновый	[malínɔvij]
claro (adj)	светлый	[svétlij]
escuro (adj)	тёмный	[tǿmnij]
vivo (adj)	яркий	[járkij]
de cor	цветной	[tsvetnój]
a cores	цветной	[tsvetnój]
preto e branco (adj)	чёрно-белый	[ʧórnɔ-bélij]
unicolor (de uma só cor)	одноцветный	[ɔdnɔtsvétnij]
multicolor (adj)	разноцветный	[raznɔtsvétnij]

15. Questões

Quem?	Кто?	[któ?]
O que?	Что?	[ʃtó?]
Onde?	Где?	[gdé?]
Para onde?	Куда?	[kudá?]
De onde?	Откуда?	[ɔtkúda?]
Quando?	Когда?	[kɔgdá?]
Para quê?	Зачем?	[zaʧém?]
Por quê?	Почему?	[pɔʧemú?]
Para quê?	Для чего?	[dlʲa ʧevó?]

Como?	Как?	[kák?]
Qual (~ é o problema?)	Какой?	[kakój?]
Qual (~ deles?)	Который?	[kotórij?]

A quem?	Кому?	[kɔmú?]
De quem?	О ком?	[ɔ kóm?]
Do quê?	О чём?	[ɔ ʧóm?]
Com quem?	С кем?	[s kém?]

Quanto, -os, -as?	Сколько?	[skólʲkɔ?]
De quem? (masc.)	Чей?	[ʧéj?]
De quem? (fem.)	Чья?	[ʧjá?]
De quem são ...?	Чьи?	[ʧjí?]

16. Preposições

com (prep.)	с	[s]
sem (prep.)	без	[bez], [bes]
a, para (exprime lugar)	в	[f], [v]
sobre (ex. falar ~)	о	[ɔ]
antes de ...	перед	[péred]
em frente de ...	перед	[péred]

debaixo de ...	под	[pɔd]
sobre (em cima de)	над	[nád]
em ..., sobre ...	на	[na]
de, do (sou ~ Rio de Janeiro)	из	[iz], [is]
de (feito ~ pedra)	из	[iz], [is]

em (~ 3 dias)	через	[ʧérez]
por cima de ...	через	[ʧérez]

17. Palavras funcionais. Advérbios. Parte 1

Onde?	Где?	[gdé?]
aqui	здесь	[zdésʲ]
lá, ali	там	[tám]

em algum lugar	где-то	[gdé-tɔ]
em lugar nenhum	нигде	[nigdé]

perto de ...	у, около	[u], [ókɔlɔ]
perto da janela	у окна	[u ɔkná]

Para onde?	Куда?	[kudá?]
aqui	сюда	[sʲudá]
para lá	туда	[tudá]
daqui	отсюда	[otsʲúda]
de lá, dali	оттуда	[ottúda]

perto	близко	[blískɔ]
longe	далеко	[dalekó]

perto de ...	около	[ókɔlɔ]
à mão, perto	рядом	[rʲádɔm]
não fica longe	недалеко	[nedalekó]

esquerdo (adj)	левый	[lévɨj]
à esquerda	слева	[sléva]
para a esquerda	налево	[nalévɔ]

direito (adj)	правый	[právɨj]
à direita	справа	[správa]
para a direita	направо	[naprávɔ]

em frente	спереди	[spéredi]
da frente	передний	[perédnij]
adiante (para a frente)	вперёд	[fperǿd]

atrás de ...	сзади	[szádi]
de trás	сзади	[szádi]
para trás	назад	[nazád]

| meio (m), metade (f) | середина (ж) | [seredína] |
| no meio | посередине | [pɔseredíne] |

do lado	сбоку	[zbóku]
em todo lugar	везде	[vezdé]
por todos os lados	вокруг	[vɔkrúg]

de dentro	изнутри	[iznutrí]
para algum lugar	куда-то	[kudá-tɔ]
diretamente	напрямик	[naprɨmík]
de volta	обратно	[ɔbrátnɔ]

| de algum lugar | откуда-нибудь | [ɔtkúda-nibutʲ] |
| de algum lugar | откуда-то | [ɔtkúda-tɔ] |

em primeiro lugar	во-первых	[vɔ-pérvɨh]
em segundo lugar	во-вторых	[vɔ-ftɔrɨ̃h]
em terceiro lugar	в-третьих	[f trétjih]

de repente	вдруг	[vdrúg]
no início	вначале	[vnatʃále]
pela primeira vez	впервые	[fpervɨ̃je]
muito antes de ...	задолго до ...	[zadólgɔ dɔ ...]
de novo	заново	[zánɔvɔ]
para sempre	насовсем	[nasɔfsém]

nunca	никогда	[nikɔgdá]
de novo	опять	[ɔpʲátʲ]
agora	теперь	[tepérʲ]
frequentemente	часто	[tʃástɔ]
então	тогда	[tɔgdá]
urgentemente	срочно	[srótʃnɔ]
normalmente	обычно	[ɔbɨ̃tʃnɔ]

| a propósito, ... | кстати, ... | [kstáti, ...] |
| é possível | возможно | [vɔzmóʒnɔ] |

provavelmente	вероятно	[verɔjátnɔ]
talvez	может быть	[móʒet bĭtʲ]
além disso, ...	кроме того, ...	[króme tɔvó, ...]
por isso ...	поэтому ...	[pɔǽtɔmu ...]
apesar de ...	несмотря на ...	[nesmɔtrʲá na ...]
graças a ...	благодаря ...	[blagɔdarʲá ...]

que (pron.)	что	[ʃtó]
que (conj.)	что	[ʃtó]
algo	что-то	[ʃtó-tɔ]
alguma coisa	что-нибудь	[ʃtó-nibutʲ]
nada	ничего	[nitʃevó]

quem	кто	[któ]
alguém (~ que ...)	кто-то	[któ-tɔ]
alguém (com ~)	кто-нибудь	[któ-nibutʲ]

ninguém	никто	[niktó]
para lugar nenhum	никуда	[nikudá]
de ninguém	ничей	[nitʃéj]
de alguém	чей-нибудь	[tʃej-nibútʲ]

tão	так	[ták]
também (gostaria ~ de ...)	также	[tágʒe]
também (~ eu)	тоже	[tóʒe]

18. Palavras funcionais. Advérbios. Parte 2

Por quê?	Почему?	[pɔtʃemú?]
por alguma razão	почему-то	[pɔtʃemú-tɔ]
porque ...	потому, что ...	[pɔtɔmú, ʃtó ...]
por qualquer razão	зачем-то	[zatʃém-tɔ]

e (tu ~ eu)	и	[i]
ou (ser ~ não ser)	или	[íli]
mas (porém)	но	[nó]
para (~ a minha mãe)	для	[dlʲá]

muito, demais	слишком	[slíʃkɔm]
só, somente	только	[tólʲkɔ]
exatamente	точно	[tótʃnɔ]
cerca de (~ 10 kg)	около	[ókɔlɔ]

aproximadamente	приблизительно	[priblizítelʲnɔ]
aproximado (adj)	приблизительный	[priblizítelʲnij]
quase	почти	[pɔtʃtí]
resto (m)	остальное (c)	[ɔstalʲnóe]

cada (adj)	каждый	[káʒdij]
qualquer (adj)	любой	[lʲubój]
muito, muitos, muitas	много	[mnógɔ]
muitas pessoas	многие	[mnógie]
todos	все	[fsé]
em troca de ...	в обмен на ...	[v ɔbmén na ...]

em troca	взамен	[vzamén]
à mão	вручную	[vrutʃnúju]
pouco provável	вряд ли	[vrʲát lí]

provavelmente	наверное	[navérnɔe]
de propósito	нарочно	[narójnɔ]
por acidente	случайно	[slutʃájnɔ]

muito	очень	[ótʃenʲ]
por exemplo	например	[naprimér]
entre	между	[méʒdu]
entre (no meio de)	среди	[sredí]
tanto	столько	[stólʲkɔ]
especialmente	особенно	[ɔsóbennɔ]

Conceitos básicos. Parte 2

19. Opostos

rico (adj)	богатый	[bɔgátij]
pobre (adj)	бедный	[bédnij]
doente (adj)	больной	[bɔlʲnój]
bem (adj)	здоровый	[zdɔróvij]
grande (adj)	большой	[bɔlʲʃój]
pequeno (adj)	маленький	[málenʲkij]
rapidamente	быстро	[bīstrɔ]
lentamente	медленно	[médlenɔ]
rápido (adj)	быстрый	[bīstrij]
lento (adj)	медленный	[médlenij]
alegre (adj)	весёлый	[vesǿlij]
triste (adj)	грустный	[grúsnij]
juntos (ir ~)	вместе	[vméste]
separadamente	отдельно	[ɔtdélʲnɔ]
em voz alta (ler ~)	вслух	[fslúh]
para si (em silêncio)	про себя	[prɔ sebʲá]
alto (adj)	высокий	[visókij]
baixo (adj)	низкий	[nískij]
profundo (adj)	глубокий	[glubókij]
raso (adj)	мелкий	[mélkij]
sim	да	[dá]
não	нет	[nét]
distante (adj)	далёкий	[dalǿkij]
próximo (adj)	близкий	[blískij]
longe	далеко	[dalekó]
à mão, perto	рядом	[rʲádɔm]
longo (adj)	длинный	[dlínnij]
curto (adj)	короткий	[kɔrótkij]
bom (bondoso)	добрый	[dóbrij]
mal (adj)	злой	[zlój]

casado (adj)	женатый	[ʒenátij]
solteiro (adj)	холостой	[holostój]

proibir (vt)	запретить (св, пх)	[zapretítʲ]
permitir (vt)	разрешить (св, пх)	[razreʃítʲ]

fim (m)	конец (м)	[konéts]
início (m)	начало (с)	[natʃálo]

esquerdo (adj)	левый	[lévij]
direito (adj)	правый	[právij]

primeiro (adj)	первый	[pérvij]
último (adj)	последний	[poslédnij]

crime (m)	преступление (с)	[prestuplénie]
castigo (m)	наказание (с)	[nakazánie]

ordenar (vt)	приказать (св, пх)	[prikazátʲ]
obedecer (vt)	подчиниться (св, возв)	[pottʃinítsa]

reto (adj)	прямой	[prɪmój]
curvo (adj)	кривой	[krivój]

paraíso (m)	рай (м)	[ráj]
inferno (m)	ад (м)	[ád]

nascer (vi)	родиться (св, возв)	[rodítsa]
morrer (vi)	умереть (св, нпх)	[umerétʲ]

forte (adj)	сильный	[sílʲnij]
fraco, débil (adj)	слабый	[slábij]

velho, idoso (adj)	старый	[stárij]
jovem (adj)	молодой	[molodój]

velho (adj)	старый	[stárij]
novo (adj)	новый	[nóvij]

duro (adj)	твёрдый	[tvǿrdij]
macio (adj)	мягкий	[mʲáhkij]

quente (adj)	тёплый	[tǿplij]
frio (adj)	холодный	[holódnij]

gordo (adj)	толстый	[tólstij]
magro (adj)	худой	[hudój]

estreito (adj)	узкий	[úskij]
largo (adj)	широкий	[ʃirókij]

bom (adj)	хороший	[horóʃij]
mau (adj)	плохой	[plohój]

valente, corajoso (adj)	храбрый	[hrábrij]
covarde (adj)	трусливый	[truslívij]

20. Dias da semana

segunda-feira (f)	понедельник (м)	[pɔnedélʲnik]
terça-feira (f)	вторник (м)	[ftórnik]
quarta-feira (f)	среда (ж)	[sredá]
quinta-feira (f)	четверг (м)	[tʃetvérg]
sexta-feira (f)	пятница (ж)	[pʲátnitsa]
sábado (m)	суббота (ж)	[subóta]
domingo (m)	воскресенье (с)	[vɔskresénje]

hoje	сегодня	[sevódnʲa]
amanhã	завтра	[záftra]
depois de amanhã	послезавтра	[pɔslezáftra]
ontem	вчера	[ftʃerá]
anteontem	позавчера	[pɔzaftʃerá]

dia (m)	день (м)	[dénʲ]
dia (m) de trabalho	рабочий день (м)	[rabótʃij dénʲ]
feriado (m)	празник (м)	[práznik]
dia (m) de folga	выходной день (м)	[viһodnój dénʲ]
fim (m) de semana	выходные (мн)	[viһodnīje]

o dia todo	весь день	[vesʲ dénʲ]
no dia seguinte	на следующий день	[na sléduʃij dénʲ]
há dois dias	2 дня назад	[dvá dnʲá nazád]
na véspera	накануне	[nakanúne]
diário (adj)	ежедневный	[eʒednévnij]
todos os dias	ежедневно	[eʒednévnɔ]

semana (f)	неделя (ж)	[nedélʲa]
na semana passada	на прошлой неделе	[na próʃlɔj nedéle]
semana que vem	на следующей неделе	[na sléduʃej nedéle]
semanal (adj)	еженедельный	[eʒenedélʲnij]
toda semana	еженедельно	[eʒenedélʲnɔ]
duas vezes por semana	2 раза в неделю	[dvá ráza v nedélʲu]
toda terça-feira	каждый вторник	[káʒdij ftórnik]

21. Horas. Dia e noite

manhã (f)	утро (с)	[útrɔ]
de manhã	утром	[útrɔm]
meio-dia (m)	полдень (м)	[póldenʲ]
à tarde	после обеда	[pósle ɔbéda]

tardinha (f)	вечер (м)	[vétʃer]
à tardinha	вечером	[vétʃerɔm]
noite (f)	ночь (ж)	[nótʃʲ]
à noite	ночью	[nótʃju]
meia-noite (f)	полночь (ж)	[pólnɔtʃʲ]

segundo (m)	секунда (ж)	[sekúnda]
minuto (m)	минута (ж)	[minúta]
hora (f)	час (м)	[tʃás]

meia hora (f)	полчаса (мн)	[pɔltʃasá]
quarto (m) de hora	четверть (ж) часа	[tʃétvertʲ tʃása]
quinze minutos	15 минут	[pitnátsatʲ minút]
vinte e quatro horas	сутки (мн)	[sútki]

nascer (m) do sol	восход (м) солнца	[vɔsxód sóntsa]
amanhecer (m)	рассвет (м)	[rasvét]
madrugada (f)	раннее утро (с)	[ránnee útrɔ]
pôr-do-sol (m)	закат (м)	[zakát]

de madrugada	рано утром	[ránɔ útrɔm]
esta manhã	сегодня утром	[sevódnʲa útrɔm]
amanhã de manhã	завтра утром	[záftra útrɔm]

esta tarde	сегодня днём	[sevódnʲa dnǿm]
à tarde	после обеда	[pósle ɔbéda]
amanhã à tarde	завтра после обеда	[záftra pósle ɔbéda]

| esta noite, hoje à noite | сегодня вечером | [sevódnʲa vétʃerɔm] |
| amanhã à noite | завтра вечером | [záftra vetʃerɔm] |

às três horas em ponto	ровно в 3 часа	[róvnɔ f trí tʃasá]
por volta das quatro	около 4-х часов	[ókɔlɔ tʃetîrǿh tʃasóf]
às doze	к 12-ти часам	[k dvenátsatí tʃasám]

em vinte minutos	через 20 минут	[tʃéres dvátsatʲ minút]
em uma hora	через час	[tʃéres tʃás]
a tempo	вовремя	[vóvremʲa]

... um quarto para	без четверти ...	[bes tʃétverti ...]
dentro de uma hora	в течение часа	[f tetʃénie tʃása]
a cada quinze minutos	каждые 15 минут	[káʒdie pitnátsatʲ minút]
as vinte e quatro horas	круглые сутки	[krúglие sútki]

22. Meses. Estações

janeiro (m)	январь (м)	[jɪnvárʲ]
fevereiro (m)	февраль (м)	[fevrálʲ]
março (m)	март (м)	[márt]
abril (m)	апрель (м)	[aprélʲ]
maio (m)	май (м)	[máj]
junho (m)	июнь (м)	[ijúnʲ]

julho (m)	июль (м)	[ijúlʲ]
agosto (m)	август (м)	[ávgust]
setembro (m)	сентябрь (м)	[sentʲábrʲ]
outubro (m)	октябрь (м)	[ɔktʲábrʲ]
novembro (m)	ноябрь (м)	[nɔjábrʲ]
dezembro (m)	декабрь (м)	[dekábrʲ]

primavera (f)	весна (ж)	[vɛsná]
na primavera	весной	[vesnój]
primaveril (adj)	весенний	[vesénnij]
verão (m)	лето (с)	[létɔ]

31

no verão	летом	[létɔm]
de verão	летний	[létnij]

outono (m)	осень (ж)	[ósenʲ]
no outono	осенью	[ósenju]
outonal (adj)	осенний	[ɔsénnij]

inverno (m)	зима (ж)	[zimá]
no inverno	зимой	[zimój]
de inverno	зимний	[zímnij]
mês (m)	месяц (м)	[mésɪts]
este mês	в этом месяце	[v ǽtɔm mésɪtse]
mês que vem	в следующем месяце	[f sléduʃem mésɪtse]
no mês passado	в прошлом месяце	[f próʃlɔm mésɪtse]

um mês atrás	месяц назад	[mésɪts nazád]
em um mês	через месяц	[tʃéres mésɪts]
em dois meses	через 2 месяца	[tʃéres dvá mésɪtsa]
todo o mês	весь месяц	[vesʲ mésɪts]
um mês inteiro	целый месяц	[tsǽlij mésɪts]

mensal (adj)	ежемесячный	[eʒemésɪtʃnij]
mensalmente	ежемесячно	[eʒemésɪtʃnɔ]
todo mês	каждый месяц	[káʒdij mésɪts]
duas vezes por mês	2 раза в месяц	[dvá ráza v mésɪts]

ano (m)	год (м)	[gód]
este ano	в этом году	[v ǽtɔm gɔdú]
ano que vem	в следующем году	[f sléduʃem gɔdú]
no ano passado	в прошлом году	[f próʃlɔm gɔdú]
há um ano	год назад	[gót nazád]
em um ano	через год	[tʃéres gód]
dentro de dois anos	через 2 года	[tʃéres dvá góda]
todo o ano	весь год	[vesʲ gód]
um ano inteiro	целый год	[tsǽlij gód]

cada ano	каждый год	[káʒdij gód]
anual (adj)	ежегодный	[eʒegódnij]
anualmente	ежегодно	[eʒegódnɔ]
quatro vezes por ano	4 раза в год	[tʃetɪ́re ráza v gód]

data (~ de hoje)	число (с)	[tʃisló]
data (ex. ~ de nascimento)	дата (ж)	[dáta]
calendário (m)	календарь (м)	[kalendárʲ]

meio ano	полгода	[pɔlgóda]
seis meses	полугодие (с)	[pɔlugódie]
estação (f)	сезон (м)	[sezón]
século (m)	век (м)	[vék]

23. Tempo. Diversos

tempo (m)	время (с)	[vrémʲa]
momento (m)	миг (м)	[míg]

instante (m)	мгновение (с)	[mgnɔvénie]
instantâneo (adj)	мгновенный	[mgnɔvénnij]
lapso (m) de tempo	отрезок (м)	[ɔtrézɔk]
vida (f)	жизнь (ж)	[ʒĩznʲ]
eternidade (f)	вечность (ж)	[vétʃnostʲ]

época (f)	эпоха (ж)	[ɛpóha]
era (f)	эра (ж)	[ǽra]
ciclo (m)	цикл (м)	[tsĩkl]
período (m)	период (м)	[períud]
prazo (m)	срок (м)	[srók]

futuro (m)	будущее (с)	[búduʃee]
futuro (adj)	будущий	[búduʃij]
da próxima vez	в следующий раз	[f sléduʃij rás]
passado (m)	прошлое (с)	[próʃlɔe]
passado (adj)	прошлый	[próʃlij]
na última vez	в прошлый раз	[f próʃlij rás]
mais tarde	позже	[póʒʒe]
depois de ...	после	[pósle]
atualmente	теперь	[tepérʲ]
agora	сейчас	[sejtʃás]
imediatamente	немедленно	[nemédlenɔ]
em breve	скоро	[skórɔ]
de antemão	заранее	[zaránee]

há muito tempo	давно	[davnó]
recentemente	недавно	[nedávnɔ]
destino (m)	судьба (ж)	[sutʲbá]
recordações (f pl)	память (ж)	[pámıtʲ]
arquivo (m)	архив (м)	[arhíf]
durante ...	во время ...	[vɔ vrémʲa ...]
durante muito tempo	долго	[dólgɔ]
pouco tempo	недолго	[nedólgɔ]
cedo (levantar-se ~)	рано	[ránɔ]
tarde (deitar-se ~)	поздно	[póznɔ]

para sempre	навсегда	[nafsegdá]
começar (vt)	начинать (нсв, пх)	[natʃinátʲ]
adiar (vt)	перенести (св, пх)	[perenestí]

ao mesmo tempo	одновременно	[ɔdnɔvreménnɔ]
permanentemente	постоянно	[pɔstɔjánnɔ]
constante (~ ruído, etc.)	постоянный	[pɔstɔjánnij]
temporário (adj)	временный	[vrémennij]

às vezes	иногда	[inɔgdá]
raras vezes, raramente	редко	[rétkɔ]
frequentemente	часто	[tʃástɔ]

24. Linhas e formas

| quadrado (m) | квадрат (м) | [kvadrát] |
| quadrado (adj) | квадратный | [kvadrátnij] |

círculo (m)	круг (м)	[krúg]
redondo (adj)	круглый	[krúglij]
triângulo (m)	треугольник (м)	[treugólʲnik]
triangular (adj)	треугольный	[treugólʲnij]

oval (f)	овал (м)	[ɔvál]
oval (adj)	овальный	[ɔválʲnij]
retângulo (m)	прямоугольник (м)	[prɪmɔugólʲnik]
retangular (adj)	прямоугольный	[prɪmɔugólʲnij]

pirâmide (f)	пирамида (ж)	[piramída]
losango (m)	ромб (м)	[rómp]
trapézio (m)	трапеция (ж)	[trapétsija]
cubo (m)	куб (м)	[kúb]
prisma (m)	призма (ж)	[prízma]

circunferência (f)	окружность (ж)	[ɔkrúʒnɔstʲ]
esfera (f)	сфера (ж)	[sféra]
globo (m)	шар (м)	[ʃár]
diâmetro (m)	диаметр (м)	[diámetr]
raio (m)	радиус (м)	[rádius]
perímetro (m)	периметр (м)	[perímetr]
centro (m)	центр (м)	[tsǽntr]

horizontal (adj)	горизонтальный	[gɔrizɔntálʲnij]
vertical (adj)	вертикальный	[vertikálʲnij]
paralela (f)	параллель (ж)	[paralélʲ]
paralelo (adj)	параллельный	[paralélʲnij]

linha (f)	линия (ж)	[línija]
traço (m)	черта (ж)	[tʃertá]
reta (f)	прямая (ж)	[prɪmája]
curva (f)	кривая (ж)	[krivája]
fino (linha ~a)	тонкий	[tónkij]
contorno (m)	контур (м)	[kóntur]

interseção (f)	пересечение (с)	[peresetʃénie]
ângulo (m) reto	прямой угол (м)	[prɪmój úgɔl]
segmento (m)	сегмент (м)	[segmént]
setor (m)	сектор (м)	[séktɔr]
lado (de um triângulo, etc.)	сторона (ж)	[stɔrɔná]
ângulo (m)	угол (м)	[úgɔl]

25. Unidades de medida

peso (m)	вес (м)	[vés]
comprimento (m)	длина (ж)	[dliná]
largura (f)	ширина (ж)	[ʃiriná]
altura (f)	высота (ж)	[visɔtá]
profundidade (f)	глубина (ж)	[glubiná]
volume (m)	объём (м)	[ɔbjóm]
área (f)	площадь (ж)	[plóʃʲatʲ]
grama (m)	грамм (м)	[grám]
miligrama (m)	миллиграмм (м)	[miligrám]

quilograma (m)	килограмм (м)	[kilográm]
tonelada (f)	тонна (ж)	[tónna]
libra (453,6 gramas)	фунт (м)	[fúnt]
onça (f)	унция (ж)	[úntsija]

metro (m)	метр (м)	[métr]
milímetro (m)	миллиметр (м)	[milimétr]
centímetro (m)	сантиметр (м)	[santimétr]
quilômetro (m)	километр (м)	[kilométr]
milha (f)	миля (ж)	[mílʲa]

polegada (f)	дюйм (м)	[dʲújm]
pé (304,74 mm)	фут (м)	[fút]
jarda (914,383 mm)	ярд (м)	[járd]

| metro (m) quadrado | квадратный метр (м) | [kvadrátnij métr] |
| hectare (m) | гектар (м) | [gektár] |

litro (m)	литр (м)	[lítr]
grau (m)	градус (м)	[grádus]
volt (m)	вольт (м)	[vólʲt]
ampère (m)	ампер (м)	[ampér]
cavalo (m) de potência	лошадиная сила (ж)	[loʃidínaja síla]

quantidade (f)	количество (c)	[kolítʃestvo]
um pouco de ...	немного ...	[nemnógo ...]
metade (f)	половина (ж)	[polovína]
dúzia (f)	дюжина (ж)	[dʲúʒina]
peça (f)	штука (ж)	[ʃtúka]

| tamanho (m), dimensão (f) | размер (м) | [razmér] |
| escala (f) | масштаб (м) | [maʃtáb] |

mínimo (adj)	минимальный	[minimálʲnij]
menor, mais pequeno	наименьший	[naimén ʲʃij]
médio (adj)	средний	[srédnij]
máximo (adj)	максимальный	[maksimálʲnij]
maior, mais grande	наибольший	[naibólʲʃij]

26. Recipientes

pote (m) de vidro	банка (ж)	[bánka]
lata (~ de cerveja)	банка (ж)	[bánka]
balde (m)	ведро (c)	[vedró]
barril (m)	бочка (ж)	[bótʃka]

bacia (~ de plástico)	таз (м)	[tás]
tanque (m)	бак (м)	[bák]
cantil (m) de bolso	фляжка (ж)	[flʲáʃka]
galão (m) de gasolina	канистра (ж)	[kanístra]
cisterna (f)	цистерна (ж)	[tsistǽrna]

| caneca (f) | кружка (ж) | [krúʃka] |
| xícara (f) | чашка (ж) | [tʃáʃka] |

pires (m)	блюдце (c)	[blʲútse]
copo (m)	стакан (м)	[stakán]
taça (f) de vinho	бокал (м)	[bɔkál]
panela (f)	кастрюля (ж)	[kastrʲúlʲa]
garrafa (f)	бутылка (ж)	[butĩlka]
gargalo (m)	горлышко (c)	[górliʃkɔ]
jarra (f)	графин (м)	[grafín]
jarro (m)	кувшин (м)	[kufʃĩn]
recipiente (m)	сосуд (м)	[sɔsúd]
pote (m)	горшок (м)	[gɔrʃók]
vaso (m)	ваза (ж)	[váza]
frasco (~ de perfume)	флакон (м)	[flakón]
frasquinho (m)	пузырёк (м)	[puzɨrǿk]
tubo (m)	тюбик (м)	[tʲúbik]
saco (ex. ~ de açúcar)	мешок (м)	[meʃók]
sacola (~ plastica)	пакет (м)	[pakét]
maço (de cigarros, etc.)	пачка (ж)	[pátʃka]
caixa (~ de sapatos, etc.)	коробка (ж)	[kɔrópka]
caixote (~ de madeira)	ящик (м)	[jáʃʲik]
cesto (m)	корзина (ж)	[kɔrzína]

27. Materiais

material (m)	материал (м)	[materjál]
madeira (f)	дерево (c)	[dérevɔ]
de madeira	деревянный	[derevʲánnij]
vidro (m)	стекло (c)	[steklɔ́]
de vidro	стеклянный	[steklʲánnij]
pedra (f)	камень (м)	[kámenʲ]
de pedra	каменный	[kámennij]
plástico (m)	пластик (м)	[plástik]
plástico (adj)	пластмассовый	[plastmásɔvij]
borracha (f)	резина (ж)	[rezína]
de borracha	резиновый	[rezínɔvij]
tecido, pano (m)	ткань (ж)	[tkánʲ]
de tecido	из ткани	[is tkáni]
papel (m)	бумага (ж)	[bumága]
de papel	бумажный	[bumáʒnij]
papelão (m)	картон (м)	[kartón]
de papelão	картонный	[kartónnij]
polietileno (m)	полиэтилен (м)	[poliɛtilén]
celofane (m)	целлофан (м)	[tsɛlɔfán]

linóleo (m)	линолеум (м)	[linóleum]
madeira (f) compensada	фанера (ж)	[fanéra]

porcelana (f)	фарфор (м)	[farfór]
de porcelana	фарфоровый	[farfórɔvij]
argila (f), barro (m)	глина (ж)	[glína]
de barro	глиняный	[glínɪnɪj]
cerâmica (f)	керамика (ж)	[kerámika]
de cerâmica	керамический	[keramítʃeskij]

28. Metais

metal (m)	металл (м)	[metál]
metálico (adj)	металлический	[metalítʃeskij]
liga (f)	сплав (м)	[spláf]

ouro (m)	золото (c)	[zólɔtɔ]
de ouro	золотой	[zɔlɔtój]
prata (f)	серебро (c)	[serebró]
de prata	серебряный	[serébrɪnij]

ferro (m)	железо (c)	[ʒelézɔ]
de ferro	железный	[ʒeléznij]
aço (m)	сталь (ж)	[stálʲ]
de aço (adj)	стальной	[stalʲnój]
cobre (m)	медь (ж)	[métʲ]
de cobre	медный	[médnij]

alumínio (m)	алюминий (м)	[alʲumínij]
de alumínio	алюминиевый	[alʲumínievij]
bronze (m)	бронза (ж)	[brónza]
de bronze	бронзовый	[brónzɔvij]

latão (m)	латунь (ж)	[latúnʲ]
níquel (m)	никель (м)	[níkelʲ]
platina (f)	платина (ж)	[plátina]
mercúrio (m)	ртуть (ж)	[rtútʲ]
estanho (m)	олово (c)	[ólɔvɔ]
chumbo (m)	свинец (м)	[svinéts]
zinco (m)	цинк (м)	[tsînk]

O SER HUMANO

O ser humano. O corpo

29. Humanos. Conceitos básicos

ser (m) humano	человек (м)	[ʧelɔvék]
homem (m)	мужчина (м)	[muʃína]
mulher (f)	женщина (ж)	[ʒǽnʃina]
criança (f)	ребёнок (м)	[rebǿnɔk]
menina (f)	девочка (ж)	[dévɔʧka]
menino (m)	мальчик (м)	[máljʧik]
adolescente (m)	подросток (м)	[pɔdróstɔk]
velho (m)	старик (м)	[starík]
velha (f)	старая женщина (ж)	[stáraja ʒǽnʃina]

30. Anatomia humana

organismo (m)	организм (м)	[ɔrganízm]
coração (m)	сердце (с)	[sérʦe]
sangue (m)	кровь (ж)	[krófj]
artéria (f)	артерия (ж)	[artǽrija]
veia (f)	вена (ж)	[véna]
cérebro (m)	мозг (м)	[mósg]
nervo (m)	нерв (м)	[nérfj]
nervos (m pl)	нервы (мн)	[nérvi]
vértebra (f)	позвонок (м)	[pɔzvɔnók]
coluna (f) vertebral	позвоночник (м)	[pɔzvɔnóʧnik]
estômago (m)	желудок (м)	[ʒelúdɔk]
intestinos (m pl)	кишечник (м)	[kiʃǽʧnik]
intestino (m)	кишка (ж)	[kiʃká]
fígado (m)	печень (ж)	[péʧenj]
rim (m)	почка (ж)	[póʧka]
osso (m)	кость (ж)	[kóstj]
esqueleto (m)	скелет (м)	[skelét]
costela (f)	ребро (с)	[rebró]
crânio (m)	череп (м)	[ʧérep]
músculo (m)	мышца (ж)	[mīʧtsa]
bíceps (m)	бицепс (м)	[bíʦɛps]
tríceps (m)	трицепс (м)	[tríʦɛps]
tendão (m)	сухожилие (с)	[suhɔʒīlie]
articulação (f)	сустав (м)	[sustáf]

pulmões (m pl)	лёгкие (мн)	[lǿhkie]
órgãos (m pl) genitais	половые органы (мн)	[polovïe órgani]
pele (f)	кожа (ж)	[kóʒa]

31. Cabeça

cabeça (f)	голова (ж)	[golová]
rosto, cara (f)	лицо (с)	[litsó]
nariz (m)	нос (м)	[nós]
boca (f)	рот (м)	[rót]

olho (m)	глаз (м)	[glás]
olhos (m pl)	глаза (мн)	[glazá]
pupila (f)	зрачок (м)	[zratʃók]
sobrancelha (f)	бровь (ж)	[brófʲ]
cílio (f)	ресница (ж)	[resnítsa]
pálpebra (f)	веко (с)	[vékɔ]

língua (f)	язык (м)	[jɪzïk]
dente (m)	зуб (м)	[zúb]
lábios (m pl)	губы (мн)	[gúbi]
maçãs (f pl) do rosto	скулы (мн)	[skúli]
gengiva (f)	десна (ж)	[desná]
palato (m)	нёбо (с)	[nǿbɔ]

narinas (f pl)	ноздри (мн)	[nózdri]
queixo (m)	подбородок (м)	[podboródɔk]
mandíbula (f)	челюсть (ж)	[tʃélʲustʲ]
bochecha (f)	щека (ж)	[ʃʲeká]

testa (f)	лоб (м)	[lób]
têmpora (f)	висок (м)	[visók]
orelha (f)	ухо (с)	[úhɔ]
costas (f pl) da cabeça	затылок (м)	[zatïlɔk]
pescoço (m)	шея (ж)	[ʃǽja]
garganta (f)	горло (с)	[górlɔ]

cabelo (m)	волосы (мн)	[vólɔsi]
penteado (m)	причёска (ж)	[pritʃóska]
corte (m) de cabelo	стрижка (ж)	[stríʃka]
peruca (f)	парик (м)	[parík]

bigode (m)	усы (м мн)	[usï]
barba (f)	борода (ж)	[borodá]
ter (~ barba, etc.)	носить (нсв, пх)	[nosítʲ]
trança (f)	коса (ж)	[kosá]
suíças (f pl)	бакенбарды (мн)	[bakenbárdi]

ruivo (adj)	рыжий	[rïʒij]
grisalho (adj)	седой	[sedój]
careca (adj)	лысый	[lïsij]
calva (f)	лысина (ж)	[lïsina]
rabo-de-cavalo (m)	хвост (м)	[hvóst]
franja (f)	чёлка (ж)	[tʃólka]

32. Corpo humano

| mão (f) | кисть (ж) | [kístʲ] |
| braço (m) | рука (ж) | [ruká] |

dedo (m)	палец (м)	[pálets]
polegar (m)	большой палец (м)	[bolʲʃój pálets]
dedo (m) mindinho	мизинец (м)	[mizínets]
unha (f)	ноготь (м)	[nógotʲ]

punho (m)	кулак (м)	[kulák]
palma (f)	ладонь (ж)	[ladónʲ]
pulso (m)	запястье (c)	[zapʲástje]
antebraço (m)	предплечье (c)	[pretplétʃje]
cotovelo (m)	локоть (м)	[lókotʲ]
ombro (m)	плечо (c)	[pletʃó]

perna (f)	нога (ж)	[nɔgá]
pé (m)	ступня (ж)	[stupnʲá]
joelho (m)	колено (c)	[kɔlénɔ]
panturrilha (f)	икра (ж)	[ikrá]
quadril (m)	бедро (c)	[bedró]
calcanhar (m)	пятка (ж)	[pʲátka]

corpo (m)	тело (c)	[télɔ]
barriga (f), ventre (m)	живот (м)	[ʒivót]
peito (m)	грудь (ж)	[grútʲ]
seio (m)	грудь (ж)	[grútʲ]
lado (m)	бок (м)	[bók]
costas (dorso)	спина (ж)	[spiná]
região (f) lombar	поясница (ж)	[pɔjisnítsa]
cintura (f)	талия (ж)	[tálija]

umbigo (m)	пупок (м)	[pupók]
nádegas (f pl)	ягодицы (мн)	[jágɔditsɨ]
traseiro (m)	зад (м)	[zád]

sinal (m), pinta (f)	родинка (ж)	[ródinka]
sinal (m) de nascença	родимое пятно (c)	[rɔdímɔe pɪtnó]
tatuagem (f)	татуировка (ж)	[tatuirófka]
cicatriz (f)	шрам (м)	[ʃrám]

Vestuário & Acessórios

33. Roupa exterior. Casacos

roupa (f)	одежда (ж)	[ɔdéʒda]
roupa (f) exterior	верхняя одежда (ж)	[vérhnʲaja ɔdéʒda]
roupa (f) de inverno	зимняя одежда (ж)	[zímnʲaja ɔdéʒda]
sobretudo (m)	пальто (с)	[palʲtó]
casaco (m) de pele	шуба (ж)	[ʃúba]
jaqueta (f) de pele	полушубок (м)	[pɔluʃúbɔk]
casaco (m) acolchoado	пуховик (м)	[puhɔvík]
casaco (m), jaqueta (f)	куртка (ж)	[kúrtka]
impermeável (m)	плащ (м)	[pláʃʲ]
a prova d'água	непромокаемый	[neprɔmɔkáemij]

34. Vestuário de homem & mulher

camisa (f)	рубашка (ж)	[rubáʃka]
calça (f)	брюки (мн)	[brʲúki]
jeans (m)	джинсы (мн)	[dʒīnsi]
paletó, terno (m)	пиджак (м)	[pidʒák]
terno (m)	костюм (м)	[kɔstʲúm]
vestido (ex. ~ de noiva)	платье (с)	[plátje]
saia (f)	юбка (ж)	[júpka]
blusa (f)	блузка (ж)	[blúska]
casaco (m) de malha	кофта (ж)	[kófta]
casaco, blazer (m)	жакет (м)	[ʒakét]
camiseta (f)	футболка (ж)	[futbólka]
short (m)	шорты (мн)	[ʃórti]
training (m)	спортивный костюм (м)	[spɔrtívnij kɔstʲúm]
roupão (m) de banho	халат (м)	[halát]
pijama (m)	пижама (ж)	[piʒáma]
suéter (m)	свитер (м)	[svítɛr]
pulôver (m)	пуловер (м)	[pulóver]
colete (m)	жилет (м)	[ʒilét]
fraque (m)	фрак (м)	[frák]
smoking (m)	смокинг (м)	[smóking]
uniforme (m)	форма (ж)	[fórma]
roupa (f) de trabalho	рабочая одежда (ж)	[rabótʃaja ɔdéʒda]
macacão (m)	комбинезон (м)	[kɔmbinezón]
jaleco (m), bata (f)	халат (м)	[halát]

35. Vestuário. Roupa interior

roupa (f) íntima	бельё (c)	[beljó]
cueca boxer (f)	трусы (м)	[trusí]
calcinha (f)	бельё (c)	[beljó]
camiseta (f)	майка (ж)	[májka]
meias (f pl)	носки (мн)	[nɔskí]
camisola (f)	ночная рубашка (ж)	[nɔtʃnája rubáʃka]
sutiã (m)	бюстгальтер (м)	[bʲusgálʲter]
meias longas (f pl)	гольфы (мн)	[gólʲfi]
meias-calças (f pl)	колготки (мн)	[kɔlgótki]
meias (~ de nylon)	чулки (мн)	[tʃulkí]
maiô (m)	купальник (м)	[kupálʲnik]

36. Adereços de cabeça

chapéu (m), touca (f)	шапка (ж)	[ʃápka]
chapéu (m) de feltro	шляпа (ж)	[ʃlʲápa]
boné (m) de beisebol	бейсболка (ж)	[bejzbólka]
boina (~ italiana)	кепка (ж)	[képka]
boina (ex. ~ basca)	берет (м)	[berét]
capuz (m)	капюшон (м)	[kapʲuʃón]
chapéu panamá (m)	панамка (ж)	[panámka]
touca (f)	вязаная шапочка (ж)	[vʲázanaja ʃápɔtʃka]
lenço (m)	платок (м)	[platók]
chapéu (m) feminino	шляпка (ж)	[ʃlʲápka]
capacete (m) de proteção	каска (ж)	[káska]
bibico (m)	пилотка (ж)	[pilótka]
capacete (m)	шлем (м)	[ʃlém]
chapéu-coco (m)	котелок (м)	[kɔtelók]
cartola (f)	цилиндр (м)	[tsilíndr]

37. Calçado

calçado (m)	обувь (ж)	[óbufʲ]
botinas (f pl), sapatos (m pl)	ботинки (мн)	[botínki]
sapatos (de salto alto, etc.)	туфли (мн)	[túfli]
botas (f pl)	сапоги (мн)	[sapɔgí]
pantufas (f pl)	тапочки (мн)	[tápɔtʃki]
tênis (~ Nike, etc.)	кроссовки (мн)	[krɔsófki]
tênis (~ Converse)	кеды (мн)	[kédɨ]
sandálias (f pl)	сандалии (мн)	[sandálii]
sapateiro (m)	сапожник (м)	[sapóʒnik]
salto (m)	каблук (м)	[kablúk]

par (m)	пара (ж)	[pára]
cadarço (m)	шнурок (м)	[ʃnurók]
amarrar os cadarços	шнуровать (нсв, пх)	[ʃnurovátʲ]
calçadeira (f)	рожок (м)	[rɔʒók]
graxa (f) para calçado	крем (м) для обуви	[krém dlʲa óbuvi]

38. Têxtil. Tecidos

algodão (m)	хлопок (м)	[hlópɔk]
de algodão	из хлопка	[is hlópka]
linho (m)	лён (м)	[lǿn]
de linho	из льна	[iz lʲná]

seda (f)	шёлк (м)	[ʃólk]
de seda	шёлковый	[ʃólkɔvij]
lã (f)	шерсть (ж)	[ʃǽrstʲ]
de lã	шерстяной	[ʃɛrstınój]

veludo (m)	бархат (м)	[bárhat]
camurça (f)	замша (ж)	[zámʃa]
veludo (m) cotelê	вельвет (м)	[velʲvét]

nylon (m)	нейлон (м)	[nejlón]
de nylon	из нейлона	[iz nejlóna]
poliéster (m)	полиэстер (м)	[pɔliǽstɛr]
de poliéster	полиэстровый	[pɔliǽstrɔvij]

couro (m)	кожа (ж)	[kóʒa]
de couro	из кожи	[is kóʒi]
pele (f)	мех (м)	[méh]
de pele	меховой	[mehɔvój]

39. Acessórios pessoais

luva (f)	перчатки (ж мн)	[perʧátki]
mitenes (f pl)	варежки (ж мн)	[várejki]
cachecol (m)	шарф (м)	[ʃárf]

óculos (m pl)	очки (мн)	[ɔʧkí]
armação (f)	оправа (ж)	[ɔpráva]
guarda-chuva (m)	зонт (м)	[zónt]
bengala (f)	трость (ж)	[tróstʲ]
escova (f) para o cabelo	щётка (ж) для волос	[ʃǿtka dlʲa vɔlós]
leque (m)	веер (м)	[véer]

gravata (f)	галстук (м)	[gálstuk]
gravata-borboleta (f)	галстук-бабочка (м)	[gálstuk-bábɔʧka]
suspensórios (m pl)	подтяжки (мн)	[pɔttʲáʃki]
lenço (m)	носовой платок (м)	[nɔsɔvój platók]

| pente (m) | расчёска (ж) | [raʃǿska] |
| fivela (f) para cabelo | заколка (ж) | [zakólka] |

43

| grampo (m) | шпилька (ж) | [ʃpíljka] |
| fivela (f) | пряжка (ж) | [prjáʃka] |

| cinto (m) | пояс (м) | [pójas] |
| alça (f) de ombro | ремень (м) | [reménj] |

bolsa (f)	сумка (ж)	[súmka]
bolsa (feminina)	сумочка (ж)	[súmɔʧka]
mochila (f)	рюкзак (м)	[rjukzák]

40. Vestuário. Diversos

moda (f)	мода (ж)	[móda]
na moda (adj)	модный	[módnij]
estilista (m)	модельер (м)	[mɔdɛljér]

colarinho (m)	воротник (м)	[vɔrɔtník]
bolso (m)	карман (м)	[karmán]
de bolso	карманный	[karmánnij]
manga (f)	рукав (м)	[rukáf]
ganchinho (m)	вешалка (ж)	[véʃəlka]
bragueta (f)	ширинка (ж)	[ʃirínka]

zíper (m)	молния (ж)	[mólnija]
colchete (m)	застёжка (ж)	[zastóʃka]
botão (m)	пуговица (ж)	[púgɔvitsa]
botoeira (casa de botão)	петля (ж)	[petljá]
soltar-se (vr)	оторваться (св, возв)	[ɔtɔrvátsa]

costurar (vi)	шить (нсв, н/пх)	[ʃitj]
bordar (vt)	вышивать (нсв, н/пх)	[viʃivátj]
bordado (m)	вышивка (ж)	[vīʃifka]
agulha (f)	иголка (ж)	[igólka]
fio, linha (f)	нитка (ж)	[nítka]
costura (f)	шов (м)	[ʃóf]

sujar-se (vr)	испачкаться (св, возв)	[ispáʧkatsa]
mancha (f)	пятно (с)	[pıtnó]
amarrotar-se (vr)	помяться (нсв, возв)	[pomjátsa]
rasgar (vt)	порвать (св, пх)	[pɔrvátj]
traça (f)	моль (м)	[mólj]

41. Cuidados pessoais. Cosméticos

pasta (f) de dente	зубная паста (ж)	[zubnája pásta]
escova (f) de dente	зубная щётка (ж)	[zubnája ʃótka]
escovar os dentes	чистить зубы	[ʧístitj zúbi]

gilete (f)	бритва (ж)	[brítva]
creme (m) de barbear	крем (м) для бритья	[krém dlja britjá]
barbear-se (vr)	бриться (нсв, возв)	[brítsa]
sabonete (m)	мыло (с)	[mīlɔ]

xampu (m)	шампунь (м)	[ʃampúnʲ]
tesoura (f)	ножницы (мн)	[nóʒnitsi]
lixa (f) de unhas	пилочка (ж) для ногтей	[pílotʃka dlʲa nɔktéj]
corta-unhas (m)	щипчики (мн)	[ʃíptʃiki]
pinça (f)	пинцет (м)	[pintsǽt]

cosméticos (m pl)	косметика (ж)	[kɔsmétika]
máscara (f)	маска (ж)	[máska]
manicure (f)	маникюр (м)	[manikʲúr]
fazer as unhas	делать маникюр	[délatʲ manikʲúr]
pedicure (f)	педикюр (м)	[pedikʲúr]

bolsa (f) de maquiagem	косметичка (ж)	[kɔsmetítʃka]
pó (de arroz)	пудра (ж)	[púdra]
pó (m) compacto	пудреница (ж)	[púdrenitsa]
blush (m)	румяна (ж)	[rumʲána]

perfume (m)	духи (мн)	[duhí]
água-de-colônia (f)	туалетная вода (ж)	[tualétnaja vɔdá]
loção (f)	лосьон (м)	[lɔsjón]
colônia (f)	одеколон (м)	[ɔdekɔlón]

sombra (f) de olhos	тени (мн) для век	[téni dlʲa vék]
delineador (m)	карандаш (м) для глаз	[karandáʃ dlʲa glás]
máscara (f), rímel (m)	тушь (ж)	[túʃ]

batom (m)	губная помада (ж)	[gubnája pɔmáda]
esmalte (m)	лак (м) для ногтей	[lák dlʲa nɔktéj]
laquê (m), spray fixador (m)	лак (м) для волос	[lák dlʲa vɔlós]
desodorante (m)	дезодорант (м)	[dezɔdɔránt]

creme (m)	крем (м)	[krém]
creme (m) de rosto	крем (м) для лица	[krém dlʲa litsá]
creme (m) de mãos	крем (м) для рук	[krém dlʲa rúk]
creme (m) antirrugas	крем (м) против морщин	[krém prótif mɔrʃín]
creme (m) de dia	дневной крем (м)	[dnevnój krém]
creme (m) de noite	ночной крем (м)	[nɔtʃnój krém]
de dia	дневной	[dnevnój]
da noite	ночной	[nɔtʃnój]

absorvente (m) interno	тампон (м)	[tampón]
papel (m) higiênico	туалетная бумага (ж)	[tualétnaja bumága]
secador (m) de cabelo	фен (м)	[fén]

42. Joalheria

joias (f pl)	драгоценности (мн)	[dragɔtsǽnnɔsti]
precioso (adj)	драгоценный	[dragɔtsǽnnʲj]
marca (f) de contraste	проба (ж)	[próba]

anel (m)	кольцо (с)	[kɔlʲtsó]
aliança (f)	обручальное кольцо (с)	[ɔbrutʃálʲnɔe kɔlʲtsó]
pulseira (f)	браслет (м)	[braslét]
brincos (m pl)	серьги (мн)	[sérʲgi]

colar (m)	ожерелье (c)	[ɔʒerélje]
coroa (f)	корона (ж)	[kɔróna]
colar (m) de contas	бусы (мн)	[búsi]

diamante (m)	бриллиант (м)	[briljánt]
esmeralda (f)	изумруд (м)	[izumrúd]
rubi (m)	рубин (м)	[rubín]
safira (f)	сапфир (м)	[sapfír]
pérola (f)	жемчуг (м)	[ʒǽmtʃʲug]
âmbar (m)	янтарь (м)	[jɪntárʲ]

43. Relógios de pulso. Relógios

relógio (m) de pulso	часы (мн)	[tʃasɨ̄]
mostrador (m)	циферблат (м)	[tsiferblát]
ponteiro (m)	стрелка (ж)	[strélka]
bracelete (em aço)	браслет (м)	[braslét]
bracelete (em couro)	ремешок (м)	[remeʃók]

pilha (f)	батарейка (ж)	[bataréjka]
acabar (vi)	сесть (св, нпх)	[séstʲ]
trocar a pilha	поменять батарейку	[pomenʲátʲ bataréjku]
estar adiantado	спешить (нсв, нпх)	[speʃītʲ]
estar atrasado	отставать (нсв, нпх)	[ɔtstavátʲ]

relógio (m) de parede	настенные часы (мн)	[nasténnie tʃasɨ̄]
ampulheta (f)	песочные часы (мн)	[pesótʃnie tʃasɨ̄]
relógio (m) de sol	солнечные часы (мн)	[sólnetʃnie tʃasɨ̄]
despertador (m)	будильник (м)	[budílʲnik]
relojoeiro (m)	часовщик (м)	[tʃasɔfʃʲík]
reparar (vt)	ремонтировать (нсв, пх)	[remɔntírɔvatʲ]

Alimentação. Nutrição

carne (f)	мясо (с)	[mʲásɔ]
galinha (f)	курица (ж)	[kúritsa]
frango (m)	цыплёнок (м)	[tsɨplǿnɔk]
pato (m)	утка (ж)	[útka]
ganso (m)	гусь (м)	[gúsʲ]
caça (f)	дичь (ж)	[dítʃʲ]
peru (m)	индейка (ж)	[indéjka]
carne (f) de porco	свинина (ж)	[svinína]
carne (f) de vitela	телятина (ж)	[telʲátina]
carne (f) de carneiro	баранина (ж)	[baránina]
carne (f) de vaca	говядина (ж)	[gɔvʲádina]
carne (f) de coelho	кролик (м)	[królik]
linguiça (f), salsichão (m)	колбаса (ж)	[kɔlbasá]
salsicha (f)	сосиска (ж)	[sɔsíska]
bacon (m)	бекон (м)	[bekón]
presunto (m)	ветчина (ж)	[vettʃiná]
pernil (m) de porco	окорок (м)	[ókɔrɔk]
patê (m)	паштет (м)	[paʃtét]
fígado (m)	печень (ж)	[pétʃenʲ]
guisado (m)	фарш (м)	[fárʃ]
língua (f)	язык (м)	[jɪzĩk]
ovo (m)	яйцо (с)	[jɪjtsó]
ovos (m pl)	яйца (мн)	[jájtsa]
clara (f) de ovo	белок (м)	[belók]
gema (f) de ovo	желток (м)	[ʒeltók]
peixe (m)	рыба (ж)	[rĩba]
mariscos (m pl)	морепродукты (мн)	[more·prɔdúkti]
crustáceos (m pl)	ракообразные (мн)	[rakɔɔbráznie]
caviar (m)	икра (ж)	[ikrá]
caranguejo (m)	краб (м)	[kráb]
camarão (m)	креветка (ж)	[krevétka]
ostra (f)	устрица (ж)	[ústritsa]
lagosta (f)	лангуст (м)	[langúst]
polvo (m)	осьминог (м)	[ɔsʲminóg]
lula (f)	кальмар (м)	[kalʲmár]
esturjão (m)	осетрина (ж)	[ɔsetrína]
salmão (m)	лосось (м)	[lɔsósʲ]
halibute (m)	палтус (м)	[páltus]
bacalhau (m)	треска (ж)	[treská]

cavala, sarda (f)	скумбрия (ж)	[skúmbrija]
atum (m)	тунец (м)	[tunéts]
enguia (f)	угорь (м)	[úgorʲ]

truta (f)	форель (ж)	[foráelʲ]
sardinha (f)	сардина (ж)	[sardína]
lúcio (m)	щука (ж)	[ʃʲúka]
arenque (m)	сельдь (ж)	[sélʲtʲ]

pão (m)	хлеб (м)	[hléb]
queijo (m)	сыр (м)	[sĩr]
açúcar (m)	сахар (м)	[sáhar]
sal (m)	соль (ж)	[sólʲ]

arroz (m)	рис (м)	[rís]
massas (f pl)	макароны (мн)	[makaróni]
talharim, miojo (m)	лапша (ж)	[lapʃá]

manteiga (f)	сливочное масло (c)	[slívoʧʲnoe máslo]
óleo (m) vegetal	растительное масло (c)	[rastítelʲnoe máslo]
óleo (m) de girassol	подсолнечное масло (c)	[potsólneʧʲnoe máslo]
margarina (f)	маргарин (м)	[margarín]

| azeitonas (f pl) | оливки (мн) | [olífki] |
| azeite (m) | оливковое масло (c) | [olífkovoe máslo] |

leite (m)	молоко (c)	[molokó]
leite (m) condensado	сгущённое молоко (c)	[sguʃʲǿnoe molokó]
iogurte (m)	йогурт (м)	[jógurt]
creme (m) azedo	сметана (ж)	[smetána]
creme (m) de leite	сливки (мн)	[slífki]

| maionese (f) | майонез (м) | [majinǽs] |
| creme (m) | крем (м) | [krém] |

grãos (m pl) de cereais	крупа (ж)	[krupá]
farinha (f)	мука (ж)	[muká]
enlatados (m pl)	консервы (мн)	[konsérvi]

flocos (m pl) de milho	кукурузные хлопья (мн)	[kukurúznie hlópja]
mel (m)	мёд (м)	[mǿd]
geleia (m)	джем, конфитюр (м)	[dʒǽm], [konfitʲúr]
chiclete (m)	жевательная резинка (м)	[ʒevátelʲnaja rezínka]

45. Bebidas

água (f)	вода (ж)	[vodá]
água (f) potável	питьевая вода (ж)	[pitjevája vodá]
água (f) mineral	минеральная вода (ж)	[minerálʲnaja vodá]

sem gás (adj)	без газа	[bez gáza]
gaseificada (adj)	газированная	[gaziróvanaja]
com gás	с газом	[s gázom]
gelo (m)	лёд (м)	[lǿd]

com gelo	со льдом	[sɔ lʲdóm]
não alcoólico (adj)	безалкогольный	[bezalkɔgólʲnij]
refrigerante (m)	безалкогольный напиток (м)	[bezalkɔgólʲnij napítɔk]
refresco (m)	прохладительный напиток (м)	[prɔhladítelʲnij napítɔk]
limonada (f)	лимонад (м)	[limɔnád]
bebidas (f pl) alcoólicas	алкогольные напитки (мн)	[alkɔgólʲnie napítki]
vinho (m)	вино (с)	[vinó]
vinho (m) branco	белое вино (с)	[bélɔe vinó]
vinho (m) tinto	красное вино (с)	[krásnɔe vinó]
licor (m)	ликёр (м)	[likǿr]
champanhe (m)	шампанское (с)	[ʃampánskɔe]
vermute (m)	вермут (м)	[vérmut]
uísque (m)	виски (с)	[víski]
vodca (f)	водка (ж)	[vótka]
gim (m)	джин (м)	[dʒĩn]
conhaque (m)	коньяк (м)	[kɔnják]
rum (m)	ром (м)	[róm]
café (m)	кофе (м)	[kófe]
café (m) preto	чёрный кофе (м)	[ʧórnij kófe]
café (m) com leite	кофе (м) с молоком	[kófe s mɔlɔkóm]
cappuccino (m)	кофе (м) со сливками	[kófe sɔ slífkami]
café (m) solúvel	растворимый кофе (м)	[rastvɔrímij kófe]
leite (m)	молоко (с)	[mɔlɔkó]
coquetel (m)	коктейль (м)	[kɔktǽjlʲ]
batida (f), milkshake (m)	молочный коктейль (м)	[mɔlóʧnij kɔktǽjlʲ]
suco (m)	сок (м)	[sók]
suco (m) de tomate	томатный сок (м)	[tɔmátnij sók]
suco (m) de laranja	апельсиновый сок (м)	[apelʲsínɔvij sók]
suco (m) fresco	свежевыжатый сок (м)	[sveʒe·vĩʒatij sók]
cerveja (f)	пиво (с)	[pívɔ]
cerveja (f) clara	светлое пиво (с)	[svétlɔe pívɔ]
cerveja (f) preta	тёмное пиво (с)	[tǿmnɔe pívɔ]
chá (m)	чай (м)	[ʧáj]
chá (m) preto	чёрный чай (м)	[ʧórnij ʧáj]
chá (m) verde	зелёный чай (м)	[zelǿnij ʧáj]

46. Vegetais

vegetais (m pl)	овощи (м мн)	[óvɔʃi]
verdura (f)	зелень (ж)	[zélenʲ]
tomate (m)	помидор (м)	[pɔmidór]
pepino (m)	огурец (м)	[ɔguréʦ]
cenoura (f)	морковь (ж)	[mɔrkófʲ]

batata (f)	картофель (м)	[kartófelʲ]
cebola (f)	лук (м)	[lúk]
alho (m)	чеснок (м)	[ʧesnók]

couve (f)	капуста (ж)	[kapústa]
couve-flor (f)	цветная капуста (ж)	[tsvetnája kapústa]
couve-de-bruxelas (f)	брюссельская капуста (ж)	[brʲusélʲskaja kapústa]
brócolis (m pl)	капуста брокколи (ж)	[kapústa brókɔli]

beterraba (f)	свёкла (ж)	[svǿkla]
berinjela (f)	баклажан (м)	[baklaʒán]
abobrinha (f)	кабачок (м)	[kabaʧók]
abóbora (f)	тыква (ж)	[tɨ̄kva]
nabo (m)	репа (ж)	[répa]

salsa (f)	петрушка (ж)	[petrúʃka]
endro, aneto (m)	укроп (м)	[ukróp]
alface (f)	салат (м)	[salát]
aipo (m)	сельдерей (м)	[selʲderéj]
aspargo (m)	спаржа (ж)	[spárʒa]
espinafre (m)	шпинат (м)	[ʃpinát]

ervilha (f)	горох (м)	[gɔróh]
feijão (~ soja, etc.)	бобы (мн)	[bɔbɨ̄]
milho (m)	кукуруза (ж)	[kukurúza]
feijão (m) roxo	фасоль (ж)	[fasólʲ]

pimentão (m)	перец (м)	[pérets]
rabanete (m)	редис (м)	[redís]
alcachofra (f)	артишок (м)	[artiʃók]

47. Frutos. Nozes

fruta (f)	фрукт (м)	[frúkt]
maçã (f)	яблоко (с)	[jáblɔkɔ]
pera (f)	груша (ж)	[grúʃa]
limão (m)	лимон (м)	[limón]
laranja (f)	апельсин (м)	[apelʲsín]
morango (m)	клубника (ж)	[klubníka]

tangerina (f)	мандарин (м)	[mandarín]
ameixa (f)	слива (ж)	[slíva]
pêssego (m)	персик (м)	[pérsik]
damasco (m)	абрикос (м)	[abrikós]
framboesa (f)	малина (ж)	[malína]
abacaxi (m)	ананас (м)	[ananás]

banana (f)	банан (м)	[banán]
melancia (f)	арбуз (м)	[arbús]
uva (f)	виноград (м)	[vinɔgrád]
ginja (f)	вишня (ж)	[víʃnʲa]
cereja (f)	черешня (ж)	[ʧeréʃnʲa]
melão (m)	дыня (ж)	[dɨ̄nʲa]
toranja (f)	грейпфрут (м)	[gréjpfrut]

abacate (m)	авокадо (с)	[avɔkádɔ]
mamão (m)	папайя (ж)	[papája]
manga (f)	манго (с)	[mángɔ]
romã (f)	гранат (м)	[granát]

groselha (f) vermelha	красная смородина (ж)	[krásnaja smɔródina]
groselha (f) negra	чёрная смородина (ж)	[tʃórnaja smɔródina]
groselha (f) espinhosa	крыжовник (м)	[kriʒóvnik]
mirtilo (m)	черника (ж)	[tʃerníka]
amora (f) silvestre	ежевика (ж)	[eʒevíka]

passa (f)	изюм (м)	[izʲúm]
figo (m)	инжир (м)	[inʒĩr]
tâmara (f)	финик (м)	[fínik]

amendoim (m)	арахис (м)	[aráhis]
amêndoa (f)	миндаль (м)	[mindálʲ]
noz (f)	грецкий орех (м)	[grétskij ɔréh]
avelã (f)	лесной орех (м)	[lesnój ɔréh]
coco (m)	кокосовый орех (м)	[kɔkósɔvij ɔréh]
pistaches (m pl)	фисташки (мн)	[fistáʃki]

48. Pão. Bolaria

pastelaria (f)	кондитерские изделия (мн)	[kɔndíterskie izdélija]
pão (m)	хлеб (м)	[hléb]
biscoito (m), bolacha (f)	печенье (с)	[petʃénje]

chocolate (m)	шоколад (м)	[ʃɔkɔlád]
de chocolate	шоколадный	[ʃɔkɔládnij]
bala (f)	конфета (ж)	[kɔnféta]
doce (bolo pequeno)	пирожное (с)	[piróʒnɔe]
bolo (m) de aniversário	торт (м)	[tórt]

| torta (f) | пирог (м) | [piróg] |
| recheio (m) | начинка (ж) | [natʃínka] |

geleia (m)	варенье (с)	[varénje]
marmelada (f)	мармелад (м)	[marmelád]
wafers (m pl)	вафли (мн)	[váfli]
sorvete (m)	мороженое (с)	[mɔróʒenɔe]
pudim (m)	пудинг (м)	[púding]

49. Pratos cozinhados

prato (m)	блюдо (с)	[blʲúdɔ]
cozinha (~ portuguesa)	кухня (ж)	[kúhnʲa]
receita (f)	рецепт (м)	[retsǽpt]
porção (f)	порция (ж)	[pórtsija]

| salada (f) | салат (м) | [salát] |
| sopa (f) | суп (м) | [súp] |

caldo (m)	бульон (м)	[buljón]
sanduíche (m)	бутерброд (м)	[buterbród]
ovos (m pl) fritos	яичница (ж)	[iíʃnitsa]

| hambúrguer (m) | гамбургер (м) | [gámburger] |
| bife (m) | бифштекс (м) | [bifʃtǽks] |

acompanhamento (m)	гарнир (м)	[garnír]
espaguete (m)	спагетти (мн)	[spagéti]
purê (m) de batata	картофельное пюре (c)	[kartófelʲnɔe pʲuré]
pizza (f)	пицца (ж)	[pítsa]
mingau (m)	каша (ж)	[káʃa]
omelete (f)	омлет (м)	[ɔmlét]

fervido (adj)	варёный	[varǿnij]
defumado (adj)	копчёный	[kɔpʧónij]
frito (adj)	жареный	[ʒárenij]
seco (adj)	сушёный	[suʃónij]
congelado (adj)	замороженный	[zamɔrózʒenij]
em conserva (adj)	маринованный	[marinóvanij]

doce (adj)	сладкий	[slátkij]
salgado (adj)	солёный	[sɔlǿnij]
frio (adj)	холодный	[hɔlódnij]
quente (adj)	горячий	[gɔrʲátʃij]
amargo (adj)	горький	[górʲkij]
gostoso (adj)	вкусный	[fkúsnij]

cozinhar em água fervente	варить (нсв, пх)	[varítʲ]
preparar (vt)	готовить (нсв, пх)	[gotóvitʲ]
fritar (vt)	жарить (нсв, пх)	[ʒáritʲ]
aquecer (vt)	разогревать (нсв, пх)	[razɔgrevátʲ]

salgar (vt)	солить (нсв, пх)	[sɔlítʲ]
apimentar (vt)	перчить (нсв, пх)	[pértʃitʲ], [perʧítʲ]
ralar (vt)	тереть (нсв, пх)	[terétʲ]
casca (f)	кожура (ж)	[kɔʒurá]
descascar (vt)	чистить (нсв, пх)	[ʧístitʲ]

50. Especiarias

sal (m)	соль (ж)	[sólʲ]
salgado (adj)	солёный	[sɔlǿnij]
salgar (vt)	солить (нсв, пх)	[sɔlítʲ]

pimenta-do-reino (f)	чёрный перец (м)	[ʧórnij pérets]
pimenta (f) vermelha	красный перец (м)	[krásnij pérets]
mostarda (f)	горчица (ж)	[gɔrʧítsa]
raiz-forte (f)	хрен (м)	[hrén]

condimento (m)	приправа (ж)	[pripráva]
especiaria (f)	пряность (ж)	[prʲánɔstʲ]
molho (~ inglês)	соус (м)	[sóus]
vinagre (m)	уксус (м)	[úksus]

anis estrelado (m)	анис (м)	[anís]
manjericão (m)	базилик (м)	[bazilík]
cravo (m)	гвоздика (ж)	[gvɔzdíka]
gengibre (m)	имбирь (м)	[imbírʲ]
coentro (m)	кориандр (м)	[kɔriándr]
canela (f)	корица (ж)	[korítsa]

gergelim (m)	кунжут (м)	[kunʒút]
folha (f) de louro	лавровый лист (м)	[lavróvij líst]
páprica (f)	паприка (ж)	[páprika]
cominho (m)	тмин (м)	[tmín]
açafrão (m)	шафран (м)	[ʃafrán]

51. Refeições

| comida (f) | еда (ж) | [edá] |
| comer (vt) | есть (нсв, н/пх) | [éstʲ] |

café (m) da manhã	завтрак (м)	[záftrak]
tomar café da manhã	завтракать (нсв, нпх)	[záftrakatʲ]
almoço (m)	обед (м)	[ɔbéd]
almoçar (vi)	обедать (нсв, нпх)	[ɔbédatʲ]
jantar (m)	ужин (м)	[úʒin]
jantar (vi)	ужинать (нсв, нпх)	[úʒinatʲ]

| apetite (m) | аппетит (м) | [apetít] |
| Bom apetite! | Приятного аппетита! | [prijátnɔvɔ apetíta] |

abrir (~ uma lata, etc.)	открывать (нсв, пх)	[ɔtkrivátʲ]
derramar (~ líquido)	пролить (св, пх)	[prɔlítʲ]
derramar-se (vr)	пролиться (св, возв)	[prɔlítsa]

ferver (vi)	кипеть (нсв, нпх)	[kipétʲ]
ferver (vt)	кипятить (нсв, пх)	[kipɪtítʲ]
fervido (adj)	кипячёный	[kipɪtʃónij]
esfriar (vt)	охладить (св, пх)	[ɔhladítʲ]
esfriar-se (vr)	охлаждаться (нсв, возв)	[ɔhlaʒdátsa]

| sabor, gosto (m) | вкус (м) | [fkús] |
| fim (m) de boca | привкус (м) | [prífkus] |

emagrecer (vi)	худеть (нсв, нпх)	[hudétʲ]
dieta (f)	диета (ж)	[diéta]
vitamina (f)	витамин (м)	[vitamín]
caloria (f)	калория (ж)	[kalórija]
vegetariano (m)	вегетарианец (м)	[vegetariánets]
vegetariano (adj)	вегетарианский	[vegetariánskij]

gorduras (f pl)	жиры (мн)	[ʒirí]
proteínas (f pl)	белки (мн)	[belkí]
carboidratos (m pl)	углеводы (мн)	[uglevódi]
fatia (~ de limão, etc.)	ломтик (м)	[lómtik]
pedaço (~ de bolo)	кусок (м)	[kusók]
migalha (f), farelo (m)	крошка (ж)	[króʃka]

52. Por a mesa

colher (f)	ложка (ж)	[lóʃka]
faca (f)	нож (м)	[nóʃ]
garfo (m)	вилка (ж)	[vílka]
xícara (f)	чашка (ж)	[ʧáʃka]
prato (m)	тарелка (ж)	[tarélka]
pires (m)	блюдце (с)	[blʲúʦe]
guardanapo (m)	салфетка (ж)	[salfétka]
palito (m)	зубочистка (ж)	[zuboʧístka]

53. Restaurante

restaurante (m)	ресторан (м)	[restɔrán]
cafeteria (f)	кофейня (ж)	[kɔféjnʲa]
bar (m), cervejaria (f)	бар (м)	[bár]
salão (m) de chá	чайный салон (м)	[ʧájnij salón]
garçom (m)	официант (м)	[ɔfitsɨánt]
garçonete (f)	официантка (ж)	[ɔfitsɨántka]
barman (m)	бармен (м)	[bármɛn]
cardápio (m)	меню (с)	[menʲú]
lista (f) de vinhos	карта (ж) вин	[kárta vín]
reservar uma mesa	забронировать столик	[zabrɔnírɔvatʲ stólik]
prato (m)	блюдо (с)	[blʲúdɔ]
pedir (vt)	заказать (св, пх)	[zakazátʲ]
fazer o pedido	сделать заказ	[zdélatʲ zakás]
aperitivo (m)	аперитив (м)	[aperitíf]
entrada (f)	закуска (ж)	[zakúska]
sobremesa (f)	десерт (м)	[desért]
conta (f)	счёт (м)	[ʃɵ́t]
pagar a conta	оплатить счёт	[ɔplatítʲ ʃɵ́t]
dar o troco	дать сдачу	[dátʲ zdátʃʲu]
gorjeta (f)	чаевые (мн)	[ʧaevĩe]

Família, parentes e amigos

nome (m)	имя (c)	[ímˈa]
sobrenome (m)	фамилия (ж)	[famílija]
data (f) de nascimento	дата (ж) рождения	[dáta rɔʒdénija]
local (m) de nascimento	место (c) рождения	[méstɔ rɔʒdénija]
nacionalidade (f)	национальность (ж)	[natsionálˈnɔstˈ]
lugar (m) de residência	место (c) жительства	[méstɔ ʒītelˈstva]
país (m)	страна (ж)	[straná]
profissão (f)	профессия (ж)	[prɔfésija]
sexo (m)	пол (м)	[pól]
estatura (f)	рост (м)	[róst]
peso (m)	вес (м)	[vés]

mãe (f)	мать (ж)	[mátˈ]
pai (m)	отец (м)	[ɔtéʦ]
filho (m)	сын (м)	[sĩn]
filha (f)	дочь (ж)	[dóʧˈ]
caçula (f)	младшая дочь (ж)	[mládʃaja dóʧˈ]
caçula (m)	младший сын (м)	[mládʃij sĩn]
filha (f) mais velha	старшая дочь (ж)	[stárʃaja dóʧˈ]
filho (m) mais velho	старший сын (м)	[stárʃij sĩn]
irmão (m)	брат (м)	[brát]
irmã (f)	сестра (ж)	[sestrá]
primo (m)	двоюродный брат (м)	[dvɔjúrɔdnij brát]
prima (f)	двоюродная сестра (ж)	[dvɔjúrɔdnaja sestrá]
mamãe (f)	мама (ж)	[máma]
papai (m)	папа (м)	[pápa]
pais (pl)	родители (мн)	[rɔdíteli]
criança (f)	ребёнок (м)	[rebǿnɔk]
crianças (f pl)	дети (мн)	[déti]
avó (f)	бабушка (ж)	[bábuʃka]
avô (m)	дедушка (м)	[déduʃka]
neto (m)	внук (м)	[vnúk]
neta (f)	внучка (ж)	[vnúʧka]
netos (pl)	внуки (мн)	[vnúki]
tio (m)	дядя (м)	[dˈádˈa]
tia (f)	тётя (ж)	[tǿtˈa]

sobrinho (m)	племянник (м)	[plemʲánik]
sobrinha (f)	племянница (ж)	[plemʲánitsa]

sogra (f)	тёща (ж)	[tǿʃa]
sogro (m)	свёкор (м)	[svǿkɔr]
genro (m)	зять (м)	[zʲátʲ]
madrasta (f)	мачеха (ж)	[mátʃeha]
padrasto (m)	отчим (м)	[óttʃim]

criança (f) de colo	грудной ребёнок (м)	[grudnój rebǿnɔk]
bebê (m)	младенец (м)	[mladénets]
menino (m)	малыш (м)	[malɨ́ʃ]

mulher (f)	жена (ж)	[ʒená]
marido (m)	муж (м)	[múʃ]
esposo (m)	супруг (м)	[suprúg]
esposa (f)	супруга (ж)	[suprúga]

casado (adj)	женатый	[ʒenátij]
casada (adj)	замужняя	[zamúʒnʲaja]
solteiro (adj)	холостой	[hɔlɔstój]
solteirão (m)	холостяк (м)	[hɔlɔstʲák]
divorciado (adj)	разведённый	[razvedǿnnij]
viúva (f)	вдова (ж)	[vdɔvá]
viúvo (m)	вдовец (м)	[vdɔvéts]

parente (m)	родственник (м)	[rótstvenik]
parente (m) próximo	близкий родственник (м)	[blískij rótstvenik]
parente (m) distante	дальний родственник (м)	[dálʲnij rótstvenik]
parentes (m pl)	родные (мн)	[rɔdnɨ́je]

órfão (m)	сирота (м)	[sirɔtá]
órfã (f)	сирота (ж)	[sirɔtá]
tutor (m)	опекун (м)	[ɔpekún]
adotar (um filho)	усыновить (св, пх)	[usɨnɔvítʲ]
adotar (uma filha)	удочерить (св, пх)	[udɔtʃerítʲ]

56. Amigos. Colegas de trabalho

amigo (m)	друг (м)	[drúg]
amiga (f)	подруга (ж)	[pɔdrúga]
amizade (f)	дружба (ж)	[drúʒba]
ser amigos	дружить (нсв, нпх)	[druʒɨ́tʲ]

amigo (m)	приятель (м)	[prijátelʲ]
amiga (f)	приятельница (ж)	[prijátelʲnitsa]
parceiro (m)	партнёр (м)	[partnǿr]

chefe (m)	шеф (м)	[ʃǽf]
superior (m)	начальник (м)	[natʃálʲnik]
proprietário (m)	владелец (м)	[vladélets]
subordinado (m)	подчинённый (м)	[pɔttʃinǿnnij]
colega (m, f)	коллега (м)	[kɔléga]
conhecido (m)	знакомый (м)	[znakómij]

| companheiro (m) de viagem | попутчик (м) | [pɔpúttʃik] |
| colega (m) de classe | одноклассник (м) | [ɔdnɔklásnik] |

vizinho (m)	сосед (м)	[sɔséd]
vizinha (f)	соседка (ж)	[sɔsétka]
vizinhos (pl)	соседи (мн)	[sɔsédi]

57. Homem. Mulher

mulher (f)	женщина (ж)	[ʒǽnʃina]
menina (f)	девушка (ж)	[dévuʃka]
noiva (f)	невеста (ж)	[nevésta]

bonita, bela (adj)	красивая	[krasívaja]
alta (adj)	высокая	[visókaja]
esbelta (adj)	стройная	[strójnaja]
baixa (adj)	невысокого роста	[nevisókɔvɔ rósta]

| loira (f) | блондинка (ж) | [blɔndínka] |
| morena (f) | брюнетка (ж) | [brʲunétka] |

de senhora	дамский	[dámskij]
virgem (f)	девственница (ж)	[défstvenitsa]
grávida (adj)	беременная	[berémennaja]

homem (m)	мужчина (м)	[muʃína]
loiro (m)	блондин (м)	[blɔndín]
moreno (m)	брюнет (м)	[brʲunét]
alto (adj)	высокий	[visókij]
baixo (adj)	невысокого роста	[nevisókɔvɔ rósta]

rude (adj)	грубый	[grúbij]
atarracado (adj)	коренастый	[kɔrenástij]
robusto (adj)	крепкий	[krépkij]
forte (adj)	сильный	[síĺnij]
força (f)	сила (ж)	[síla]

gordo (adj)	полный	[pólnij]
moreno (adj)	смуглый	[smúglij]
esbelto (adj)	стройный	[strójnij]
elegante (adj)	элегантный	[ɛlegántnij]

58. Idade

idade (f)	возраст (м)	[vózrast]
juventude (f)	юность (ж)	[júnɔstʲ]
jovem (adj)	молодой	[mɔlɔdój]

mais novo (adj)	младше	[mládʃɛ]
mais velho (adj)	старше	[stárʃɛ]
jovem (m)	юноша (м)	[júnɔʃa]
adolescente (m)	подросток (м)	[pɔdróstɔk]

rapaz (m)	парень (м)	[párenʲ]
velho (m)	старик (м)	[starík]
velha (f)	старая женщина (ж)	[stáraja ʒǽnʃʲina]

adulto	взрослый	[vzróslij]
de meia-idade	средних лет	[srédnih lét]
idoso, de idade (adj)	пожилой	[pɔʒɨlój]
velho (adj)	старый	[stárij]

aposentadoria (f)	пенсия (ж)	[pénsija]
aposentar-se (vr)	уйти на пенсию	[ujtí na pénsiju]
aposentado (m)	пенсионер (ж)	[pensiɔnér]

59. Crianças

criança (f)	ребёнок (м)	[rebǿnɔk]
crianças (f pl)	дети (мн)	[déti]
gêmeos (m pl), gêmeas (f pl)	близнецы (мн)	[bliznetsî]

berço (m)	люлька (ж), колыбель (ж)	[lʲúlʲka], [kɔlibélʲ]
chocalho (m)	погремушка (ж)	[pɔgremúʃka]
fralda (f)	подгузник (м)	[pɔdgúznik]

chupeta (f), bico (m)	соска (ж)	[sóska]
carrinho (m) de bebê	коляска (ж)	[kɔlʲáska]
jardim (m) de infância	детский сад (м)	[détskij sád]
babysitter, babá (f)	няня (ж)	[nʲánʲa]

infância (f)	детство (с)	[détstvɔ]
boneca (f)	кукла (ж)	[kúkla]
brinquedo (m)	игрушка (ж)	[igrúʃka]
jogo (m) de montar	конструктор (м)	[kɔnstrúktɔr]
bem-educado (adj)	воспитанный	[vɔspítanij]
malcriado (adj)	невоспитанный	[nevɔspítanij]
mimado (adj)	избалованный	[izbalóvannij]

ser travesso	шалить (нсв, нпх)	[ʃalítʲ]
travesso, traquinas (adj)	шаловливый	[ʃalovlívij]
travessura (f)	шалость (ж)	[ʃálɔstʲ]
criança (f) travessa	шалун (м)	[ʃalún]

| obediente (adj) | послушный | [pɔslúʃnij] |
| desobediente (adj) | непослушный | [nepɔslúʃnij] |

dócil (adj)	умный, послушный	[úmnij], [pɔslúʃnij]
inteligente (adj)	умный, одарённый	[úmnij], [odarǿnnij]
prodígio (m)	вундеркинд (м)	[vunderkínd]

60. Casais. Vida de família

| beijar (vt) | целовать (нсв, пх) | [tsɛlɔvátʲ] |
| beijar-se (vr) | целоваться (нсв, возв) | [tsɛlɔvátsa] |

família (f)	семья (ж)	[semjá]
familiar (vida ~)	семейный	[seméjnij]
casal (m)	пара (ж), чета (ж)	[pára], [ʧetá]
matrimônio (m)	брак (м)	[brák]
lar (m)	домашний очаг (м)	[dɔmáʃnij ɔʧág]
dinastia (f)	династия (ж)	[dinástija]

encontro (m)	свидание (c)	[svidánie]
beijo (m)	поцелуй (м)	[pɔʦɛlúj]

amor (m)	любовь (ж)	[lʲubófʲ]
amar (pessoa)	любить (нсв, пх)	[lʲubítʲ]
amado, querido (adj)	любимый	[lʲubímij]

ternura (f)	нежность (ж)	[néʒnostʲ]
afetuoso (adj)	нежный	[néʒnij]
fidelidade (f)	верность (ж)	[vérnostʲ]
fiel (adj)	верный	[vérnij]
cuidado (m)	забота (ж)	[zabóta]
carinhoso (adj)	заботливый	[zabótlivij]

recém-casados (pl)	молодожёны (мн)	[mɔlɔdɔʒóni]
lua (f) de mel	медовый месяц (м)	[medóvij mésɪts]
casar-se (com um homem)	выйти замуж	[vɪ̄jti zámuʃ]
casar-se (com uma mulher)	жениться (н/св, возв)	[ʒenítsa]

casamento (m)	свадьба (ж)	[svátʲba]
bodas (f pl) de ouro	золотая свадьба (ж)	[zɔlɔtája svátʲba]
aniversário (m)	годовщина (ж)	[gɔdɔfʃʲína]

amante (m)	любовник (м)	[lʲubóvnik]
amante (f)	любовница (ж)	[lʲubóvnitsa]

adultério (m), traição (f)	измена (ж)	[izména]
cometer adultério	изменить (св, пх)	[izmenítʲ]
ciumento (adj)	ревнивый	[revnívij]
ser ciumento, -a	ревновать (нсв, н/пх)	[revnɔvátʲ]
divórcio (m)	развод (м)	[razvód]
divorciar-se (vr)	развестись (св, возв)	[razvestísʲ]

brigar (discutir)	ссориться (нсв, возв)	[ssóritsa]
fazer as pazes	мириться (нсв, возв)	[mirítsa]
juntos (ir ~)	вместе	[vméste]
sexo (m)	секс (м)	[sǽks]

felicidade (f)	счастье (c)	[ʃástje]
feliz (adj)	счастливый	[ʃislívij]
infelicidade (f)	несчастье (c)	[neʃástje]
infeliz (adj)	несчастный	[neʃásnij]

Caráter. Sentimentos. Emoções

61. Sentimentos. Emoções

sentimento (m)	чувство (c)	[ʧústvɔ]
sentimentos (m pl)	чувства (c мн)	[ʧústva]
sentir (vt)	чувствовать (нсв, пх)	[ʧústvɔvatʲ]
fome (f)	голод (м)	[gólɔd]
ter fome	хотеть есть	[hɔtétʲ éstʲ]
sede (f)	жажда (ж)	[ʒáʒda]
ter sede	хотеть пить	[hɔtétʲ pítʲ]
sonolência (f)	сонливость (ж)	[sɔnlívɔstʲ]
estar sonolento	хотеть спать	[hɔtétʲ spátʲ]
cansaço (m)	усталость (ж)	[ustálɔstʲ]
cansado (adj)	усталый	[ustálij]
ficar cansado	устать (св, нпх)	[ustátʲ]
humor (m)	настроение (c)	[nastrɔénie]
tédio (m)	скука (ж)	[skúka]
entediar-se (vr)	скучать (нсв, нпх)	[skuʧátʲ]
reclusão (isolamento)	уединение (c)	[uedinénie]
isolar-se (vr)	уединиться (св, возв)	[uedinítsa]
preocupar (vt)	беспокоить (нсв, пх)	[bespɔkóitʲ]
estar preocupado	беспокоиться (нсв, возв)	[bespɔkóitsa]
preocupação (f)	беспокойство (c)	[bespɔkójstvɔ]
ansiedade (f)	тревога (ж)	[trevóga]
preocupado (adj)	озабоченный	[ɔzabóʧenij]
estar nervoso	нервничать (нсв, нпх)	[nérvniʧatʲ]
entrar em pânico	паниковать (нсв, нпх)	[panikɔvátʲ]
esperança (f)	надежда (ж)	[nadéʒda]
esperar (vt)	надеяться (нсв, возв)	[nadéɪtsa]
certeza (f)	уверенность (ж)	[uvérenɔstʲ]
certo, seguro de ...	уверенный	[uvérenij]
indecisão (f)	неуверенность (ж)	[neuvérenɔstʲ]
indeciso (adj)	неуверенный	[neuvérennij]
bêbado (adj)	пьяный	[pjánij]
sóbrio (adj)	трезвый	[trézvij]
fraco (adj)	слабый	[slábij]
assustar (vt)	испугать (св, пх)	[ispugátʲ]
fúria (f)	бешенство (c)	[béʃɛnstvɔ]
ira, raiva (f)	ярость (ж)	[járɔstʲ]
depressão (f)	депрессия (ж)	[deprésija]
desconforto (m)	дискомфорт (м)	[diskɔmfórt]

conforto (m)	комфорт (м)	[kɔmfórt]
arrepender-se (vr)	сожалеть (нсв, нпх)	[sɔʒilétʲ]
arrependimento (m)	сожаление (c)	[sɔʒilénie]
azar (m), má sorte (f)	невезение (c)	[nevezénie]
tristeza (f)	огорчение (c)	[ɔgɔrtʃénie]

vergonha (f)	стыд (м)	[stĩd]
alegria (f)	веселье (c)	[vesélje]
entusiasmo (m)	энтузиазм (м)	[ɛntuziázm]
entusiasta (m)	энтузиаст (м)	[ɛntuziást]
mostrar entusiasmo	проявить энтузиазм	[prɔjɪvítʲ ɛntuziázm]

62. Caráter. Personalidade

caráter (m)	характер (м)	[harákter]
falha (f) de caráter	недостаток (м)	[nedɔstátɔk]
mente (f)	ум (м)	[úm]
razão (f)	разум (м)	[rázum]

consciência (f)	совесть (ж)	[sóvestʲ]
hábito, costume (m)	привычка (ж)	[privĩtʃka]
habilidade (f)	способность (ж)	[spɔsóbnɔstʲ]
saber (~ nadar, etc.)	уметь	[umétʲ]

paciente (adj)	терпеливый	[terpelívij]
impaciente (adj)	нетерпеливый	[neterpelívij]
curioso (adj)	любопытный	[lʲubɔpĩtnij]
curiosidade (f)	любопытство (c)	[lʲubɔpĩtstvɔ]

modéstia (f)	скромность (ж)	[skrómnɔstʲ]
modesto (adj)	скромный	[skrómnij]
imodesto (adj)	нескромный	[neskrómnij]

preguiça (f)	лень (ж)	[lénʲ]
preguiçoso (adj)	ленивый	[lenívij]
preguiçoso (m)	лентяй (м)	[lentʲáj]

astúcia (f)	хитрость (ж)	[hítrɔstʲ]
astuto (adj)	хитрый	[hítrij]
desconfiança (f)	недоверие (c)	[nedɔvérie]
desconfiado (adj)	недоверчивый	[nedɔvértʃivij]

generosidade (f)	щедрость (ж)	[ʃédrɔstʲ]
generoso (adj)	щедрый	[ʃédrij]
talentoso (adj)	талантливый	[talántlivij]
talento (m)	талант (м)	[talánt]

corajoso (adj)	смелый	[smélij]
coragem (f)	смелость (ж)	[smélɔstʲ]
honesto (adj)	честный	[tʃésnij]
honestidade (f)	честность (ж)	[tʃésnɔstʲ]

| prudente, cuidadoso (adj) | осторожный | [ɔstɔróʒnij] |
| valoroso (adj) | отважный | [ɔtváʒnij] |

| sério (adj) | серьёзный | [serjǿznij] |
| severo (adj) | строгий | [strógij] |

decidido (adj)	решительный	[reʃitelʲnij]
indeciso (adj)	нерешительный	[nereʃitelʲnij]
tímido (adj)	робкий	[rópkij]
timidez (f)	робость (ж)	[róbostʲ]

confiança (f)	доверие (с)	[dɔvérie]
confiar (vt)	верить (нсв, пх)	[véritʲ]
crédulo (adj)	доверчивый	[dɔvértʃivij]

sinceramente	искренне	[ískrene]
sincero (adj)	искренний	[ískrenij]
sinceridade (f)	искренность (ж)	[ískrenɔstʲ]
aberto (adj)	открытый	[otkrĩtij]

calmo (adj)	тихий	[tíhij]
franco (adj)	откровенный	[ɔtkrɔvénnij]
ingênuo (adj)	наивный	[naívnij]
distraído (adj)	рассеянный	[rasséinij]
engraçado (adj)	смешной	[smeʃnój]

ganância (f)	жадность (ж)	[ʒádnɔstʲ]
ganancioso (adj)	жадный	[ʒádnij]
avarento, sovina (adj)	скупой	[skupój]
mal (adj)	злой	[zlój]
teimoso (adj)	упрямый	[uprʲámij]
desagradável (adj)	неприятный	[neprijátnij]

egoísta (m)	эгоист (м)	[ɛgoíst]
egoísta (adj)	эгоистичный	[ɛgɔistítʃnij]
covarde (m)	трус (м)	[trús]
covarde (adj)	трусливый	[truslívij]

63. O sono. Sonhos

dormir (vi)	спать (нсв, нпх)	[spátʲ]
sono (m)	сон (м)	[són]
sonho (m)	сон (м)	[són]
sonhar (ver sonhos)	видеть сны	[vídetʲ snĩ]
sonolento (adj)	сонный	[sónnij]

cama (f)	кровать (ж)	[krɔvátʲ]
colchão (m)	матрас (м)	[matrás]
cobertor (m)	одеяло (с)	[ɔdejálɔ]
travesseiro (m)	подушка (ж)	[pɔdúʃka]
lençol (m)	простыня (ж)	[prɔstinʲá]

insônia (f)	бессонница (ж)	[bessónitsa]
sem sono (adj)	бессонный	[bessónij]
sonífero (m)	снотворное (с)	[snɔtvórnɔe]
tomar um sonífero	принять снотворное	[prinʲátʲ snɔtvórnɔe]
estar sonolento	хотеть спать	[hɔtétʲ spátʲ]

bocejar (vi)	зевать (нсв, нпх)	[zevátʲ]
ir para a cama	идти спать	[itʲtʲí spátʲ]
fazer a cama	стелить постель	[stelítʲ postélʲ]
adormecer (vi)	заснуть (св, нпх)	[zasnútʲ]

pesadelo (m)	кошмар (м)	[kɔʃmár]
ronco (m)	храп (м)	[hráp]
roncar (vi)	храпеть (нсв, нпх)	[hrapétʲ]

despertador (m)	будильник (м)	[budílʲnik]
acordar, despertar (vt)	разбудить (св, пх)	[razbudítʲ]
acordar (vi)	просыпаться (св, возв)	[prɔsɨpatsa]
levantar-se (vr)	вставать (нсв, нпх)	[fstavátʲ]
lavar-se (vr)	умываться (нсв, возв)	[umɨvátsa]

64. Humor. Riso. Alegria

humor (m)	юмор (м)	[júmɔr]
senso (m) de humor	чувство юмора (с)	[ʧústvɔ júmɔra]
divertir-se (vr)	веселиться (нсв, возв)	[veselítsa]
alegre (adj)	весёлый	[vesǿlij]
diversão (f)	веселье (с)	[vesélje]

sorriso (m)	улыбка (ж)	[ulɨpka]
sorrir (vi)	улыбаться (нсв, возв)	[ulɨbátsa]
começar a rir	засмеяться (св, возв)	[zasmejátsa]
rir (vi)	смеяться (нсв, возв)	[smejátsa]
riso (m)	смех (м)	[sméh]

anedota (f)	анекдот (м)	[anekdót]
engraçado (adj)	смешной	[smeʃnój]
ridículo, cômico (adj)	смешной	[smeʃnój]

brincar (vi)	шутить (нсв, нпх)	[ʃutítʲ]
piada (f)	шутка (ж)	[ʃútka]
alegria (f)	радость (ж)	[rádɔstʲ]
regozijar-se (vr)	радоваться (нсв, возв)	[rádɔvatsa]
alegre (adj)	радостный	[rádɔsnɨj]

65. Discussão, conversação. Parte 1

| comunicação (f) | общение (с) | [ɔpʃénie] |
| comunicar-se (vr) | общаться (нсв, возв) | [ɔpʃátsa] |

conversa (f)	разговор (м)	[razgɔvór]
diálogo (m)	диалог (м)	[dialóg]
discussão (f)	дискуссия (ж)	[diskúsija]
debate (m)	спор (м)	[spór]
debater (vt)	спорить (нсв, нпх)	[spóritʲ]

| interlocutor (m) | собеседник (м) | [sɔbesédnik] |
| tema (m) | тема (ж) | [téma] |

ponto (m) de vista	точка (ж) зрения	[tótʃka zrénija]
opinião (f)	мнение (с)	[mnénie]
discurso (m)	речь (ж)	[rétʃʲ]
discussão (f)	обсуждение (с)	[ɔpsuʒdénie]
discutir (vt)	обсуждать (нсв, пх)	[ɔpsuʒdátʲ]
conversa (f)	беседа (ж)	[beséda]
conversar (vi)	беседовать (нсв, нпх)	[besédɔvatʲ]
reunião (f)	встреча (ж)	[fstrétʃa]
encontrar-se (vr)	встречаться (нсв, возв)	[fstretʃátsa]
provérbio (m)	пословица (ж)	[pɔslóvitsa]
ditado, provérbio (m)	поговорка (ж)	[pɔgɔvórka]
adivinha (f)	загадка (ж)	[zagátka]
dizer uma adivinha	загадывать загадку	[zagádivatʲ zagátku]
senha (f)	пароль (м)	[parólʲ]
segredo (m)	секрет (м)	[sekrét]
juramento (m)	клятва (ж)	[klʲátva]
jurar (vi)	клясться (нсв, возв)	[klʲástsa]
promessa (f)	обещание (с)	[ɔbeʃánie]
prometer (vt)	обещать (н/св, пх)	[ɔbeʃátʲ]
conselho (m)	совет (м)	[sɔvét]
aconselhar (vt)	советовать (нсв, пх)	[sɔvétɔvatʲ]
seguir o conselho	следовать совету	[slédɔvatʲ sɔvétu]
escutar (~ os conselhos)	слушаться (нсв, возв)	[slúʃatsa]
novidade, notícia (f)	новость (ж)	[nóvɔstʲ]
sensação (f)	сенсация (ж)	[sensátsija]
informação (f)	сведения (мн)	[svédenja]
conclusão (f)	вывод (м)	[vīvɔd]
voz (f)	голос (ж)	[gólɔs]
elogio (m)	комплимент (м)	[kɔmplimént]
amável, querido (adj)	любезный	[lʲubéznij]
palavra (f)	слово (с)	[slóvɔ]
frase (f)	фраза (ж)	[fráza]
resposta (f)	ответ (м)	[ɔtvét]
verdade (f)	правда (ж)	[právda]
mentira (f)	ложь (ж)	[lóʃ]
pensamento (m)	мысль (ж)	[mīslʲ]
fantasia (f)	фантазия (ж)	[fantázija]

66. Discussão, conversação. Parte 2

estimado, respeitado (adj)	уважаемый	[uvaʒáemij]
respeitar (vt)	уважать (нсв, пх)	[uvaʒátʲ]
respeito (m)	уважение (с)	[uvaʒǽnie]
Estimado ..., Caro ...	Уважаемый ...	[uvaʒáemij ...]
apresentar	познакомить (св, пх)	[pɔznakómitʲ]
(alguém a alguém)		

conhecer (vt)	познакомиться (св, возв)	[poznakómitsa]
intenção (f)	намерение (c)	[namérenie]
tencionar (~ fazer algo)	намереваться (нсв, возв)	[namereváʦa]
desejo (de boa sorte)	пожелание (c)	[poʒelánie]
desejar (ex. ~ boa sorte)	пожелать (св, пх)	[poʒelátʲ]

surpresa (f)	удивление (c)	[udivlénie]
surpreender (vt)	удивлять (нсв, пх)	[udivlʲátʲ]
surpreender-se (vr)	удивляться (нсв, возв)	[udivlʲáʦa]

dar (vt)	дать (св, пх)	[dátʲ]
pegar (tomar)	взять (св, пх)	[vzʲátʲ]
devolver (vt)	вернуть (св, пх)	[vernútʲ]
retornar (vt)	отдать (св, пх)	[ɔtdátʲ]

desculpar-se (vr)	извиняться (нсв, возв)	[izvinʲáʦa]
desculpa (f)	извинение (c)	[izvinénie]
perdoar (vt)	прощать (нсв, пх)	[prɔʃátʲ]

falar (vi)	разговаривать (нсв, нпх)	[razgɔvárivatʲ]
escutar (vt)	слушать (нсв, пх)	[slúʃatʲ]
ouvir até o fim	выслушать (св, пх)	[vɨsluʃatʲ]
entender (compreender)	понять (св, пх)	[pɔnʲátʲ]

mostrar (vt)	показать (св, пх)	[pɔkazátʲ]
olhar para ...	глядеть на ... (нсв)	[glʲadétʲ na ...]
chamar (alguém para ...)	позвать (св, пх)	[pɔzvátʲ]
perturbar, distrair (vt)	беспокоить (нсв, пх)	[bespɔkóitʲ]
perturbar (vt)	мешать (нсв, пх)	[meʃátʲ]
entregar (~ em mãos)	передать (св, пх)	[peredátʲ]

pedido (m)	просьба (ж)	[prósʲba]
pedir (ex. ~ ajuda)	просить (нсв, пх)	[prɔsítʲ]
exigência (f)	требование (c)	[trébɔvanie]
exigir (vt)	требовать (нсв, пх)	[trébɔvatʲ]

insultar (chamar nomes)	дразнить (нсв, пх)	[draznítʲ]
zombar (vt)	насмехаться (нсв, возв)	[nasmehátsa]
zombaria (f)	насмешка (ж)	[nasméʃka]
alcunha (f), apelido (m)	прозвище (c)	[prózviʃe]

insinuação (f)	намёк (м)	[namøk]
insinuar (vt)	намекать (нсв, н/пх)	[namekátʲ]
querer dizer	подразумевать (нсв, пх)	[pɔdrazumevátʲ]

descrição (f)	описание (c)	[ɔpisánie]
descrever (vt)	описать (нсв, пх)	[ɔpisátʲ]
elogio (m)	похвала (ж)	[pɔhvalá]
elogiar (vt)	похвалить (св, пх)	[pɔhvalítʲ]

desapontamento (m)	разочарование (c)	[razɔtʃarɔvánie]
desapontar (vt)	разочаровать (св, пх)	[razɔtʃarɔvátʲ]
desapontar-se (vr)	разочароваться (св, возв)	[razɔtʃarɔváʦa]

| suposição (f) | предположение (c) | [pretpɔlɔʒǽnie] |
| supor (vt) | предполагать (нсв, пх) | [pretpɔlagátʲ] |

| advertência (f) | предостережение (c) | [predɔsterezǽnie] |
| advertir (vt) | предостеречь (св, пх) | [predɔsterétʃ] |

67. Discussão, conversação. Parte 3

| convencer (vt) | уговорить (св, пх) | [ugɔvɔrít] |
| acalmar (vt) | успокаивать (нсв, пх) | [uspɔkáivat] |

silêncio (o ~ é de ouro)	молчание (c)	[mɔltʃánie]
ficar em silêncio	молчать (нсв, нпх)	[mɔltʃát]
sussurrar (vt)	шепнуть (св, пх)	[ʃɛpnút]
sussurro (m)	шёпот (м)	[ʃɵpɔt]

| francamente | откровенно | [ɔtkrɔvénnɔ] |
| na minha opinião ... | по моему мнению ... | [pɔ mɔemú mnéniju ...] |

detalhe (~ da história)	подробность (ж)	[pɔdróbnɔst]
detalhado (adj)	подробный	[pɔdróbnij]
detalhadamente	подробно	[pɔdróbnɔ]

| dica (f) | подсказка (ж) | [pɔtskáska] |
| dar uma dica | подсказать (св, пх) | [pɔtskazát] |

olhar (m)	взгляд (м)	[vzglʲád]
dar uma olhada	взглянуть (св, нпх)	[vzglɪnút]
fixo (olhada ~a)	неподвижный	[nepɔdvíʒnij]
piscar (vi)	моргать (нсв, нпх)	[mɔrgát]
piscar (vt)	мигнуть (св, нпх)	[mignút]
acenar com a cabeça	кивнуть (св, н/пх)	[kivnút]

suspiro (m)	вздох (м)	[vzdóh]
suspirar (vi)	вздохнуть (св, нпх)	[vzdɔhnút]
estremecer (vi)	вздрагивать (нсв, нпх)	[vzdrágivat]
gesto (m)	жест (м)	[ʒǽst]
tocar (com as mãos)	прикоснуться (св, возв)	[prikɔsnútsa]
agarrar (~ pelo braço)	хватать (нсв, пх)	[hvatát]
bater de leve	хлопать (нсв, нпх)	[hlópat]

Cuidado!	Осторожно!	[ɔstɔróʒnɔ]
Sério?	Неужели?	[neuʒǽli?]
Tem certeza?	Ты уверен?	[tí uvéren?]
Boa sorte!	Удачи!	[udátʃi]
Entendi!	Ясно!	[jásnɔ]
Que pena!	Жаль!	[ʒálʲ]

68. Acordo. Recusa

consentimento (~ mútuo)	согласие (c)	[sɔglásie]
consentir (vi)	соглашаться (нсв, возв)	[sɔglaʃátsa]
aprovação (f)	одобрение (c)	[ɔdɔbrénie]
aprovar (vt)	одобрить (св, пх)	[ɔdóbrit]
recusa (f)	отказ (м)	[ɔtkás]

negar-se a ...	отказываться (нсв, возв)	[ɔtkázivatsa]
Ótimo!	Отлично!	[ɔtlítʃnɔ]
Tudo bem!	Хорошо!	[hɔrɔʃó]
Está bem! De acordo!	Ладно!	[ládnɔ]

proibido (adj)	запрещённый	[zapreʃǿnij]
é proibido	нельзя	[nelʲzʲá]
é impossível	невозможно	[nevɔzmóʒnɔ]
incorreto (adj)	неправильный	[neprávilʲnij]

rejeitar (~ um pedido)	отклонить (св, пх)	[ɔtklɔnítʲ]
apoiar (vt)	поддержать (св, пх)	[pɔdderʒátʲ]
aceitar (desculpas, etc.)	принять (св, пх)	[prinʲátʲ]

confirmar (vt)	подтвердить (св, пх)	[pɔttverdítʲ]
confirmação (f)	подтверждение (c)	[pɔttverʒdénie]
permissão (f)	разрешение (c)	[razreʃǽnie]
permitir (vt)	разрешить (св, пх)	[razreʃítʲ]
decisão (f)	решение (c)	[reʃǽnie]
não dizer nada	промолчать (св, нпх)	[prɔmɔltʃátʲ]

condição (com uma ~)	условие (c)	[uslóvie]
pretexto (m)	отговорка (ж)	[ɔdgɔvórka]
elogio (m)	похвала (ж)	[pɔhvalá]
elogiar (vt)	похвалить (св, пх)	[pɔhvalítʲ]

69. Sucesso. Boa sorte. Insucesso

êxito, sucesso (m)	успех (м)	[uspéh]
com êxito	успешно	[uspéʃnɔ]
bem sucedido (adj)	успешный	[uspéʃnij]

sorte (fortuna)	удача (ж)	[udátʃa]
Boa sorte!	Удачи!	[udátʃi]
de sorte	удачный	[udátʃnij]
sortudo, felizardo (adj)	удачливый	[udátʃlivij]

fracasso (m)	неудача (ж)	[neudátʃa]
pouca sorte (f)	неудача (ж)	[neudátʃa]
azar (m), má sorte (f)	невезение (c)	[nevezénie]

| mal sucedido (adj) | неудачный | [neudátʃnij] |
| catástrofe (f) | катастрофа (ж) | [katastrófa] |

orgulho (m)	гордость (ж)	[górdɔstʲ]
orgulhoso (adj)	гордый	[górdij]
estar orgulhoso, -a	гордиться (нсв, возв)	[gɔrdítsa]

vencedor (m)	победитель (м)	[pɔbedítelʲ]
vencer (vi, vt)	победить (св, нпх)	[pɔbedítʲ]
perder (vt)	проиграть (св, нпх)	[prɔigrátʲ]
tentativa (f)	попытка (ж)	[pɔpɨtka]
tentar (vt)	пытаться (нсв, возв)	[pitátsa]
chance (m)	шанс (м)	[ʃáns]

70. Conflitos. Emoções negativas

grito (m)	крик (м)	[krík]
gritar (vi)	кричать (нсв, нпх)	[kritʃátʲ]
começar a gritar	закричать (св, нпх)	[zakritʃátʲ]
discussão (f)	ссора (ж)	[ssóra]
brigar (discutir)	ссориться (нсв, возв)	[ssóritsa]
escândalo (m)	скандал (м)	[skandál]
criar escândalo	скандалить (нсв, нпх)	[skandálitʲ]
conflito (m)	конфликт (м)	[kɔnflíkt]
mal-entendido (m)	недоразумение (с)	[nedɔrazuménie]
insulto (m)	оскорбление (с)	[ɔskɔrblénie]
insultar (vt)	оскорблять (нсв, пх)	[ɔskɔrblʲátʲ]
insultado (adj)	оскорблённый	[ɔskɔrblɵnnij]
ofensa (f)	обида (ж)	[ɔbída]
ofender (vt)	обидеть (св, пх)	[ɔbídetʲ]
ofender-se (vr)	обидеться (св, возв)	[ɔbídetsa]
indignação (f)	возмущение (с)	[vɔzmuʃénie]
indignar-se (vr)	возмущаться (нсв, возв)	[vɔzmuʃátsa]
queixa (f)	жалоба (ж)	[ʒálɔba]
queixar-se (vr)	жаловаться (нсв, возв)	[ʒálɔvatsa]
desculpa (f)	извинение (с)	[izvinénie]
desculpar-se (vr)	извиняться (нсв, возв)	[izvinʲátsa]
pedir perdão	просить прощения	[prɔsítʲ prɔʃénija]
crítica (f)	критика (ж)	[krítika]
criticar (vt)	критиковать (нсв, пх)	[kritikɔvátʲ]
acusação (f)	обвинение (с)	[ɔbvinénie]
acusar (vt)	обвинять (нсв, пх)	[ɔbvinʲátʲ]
vingança (f)	месть (ж)	[méstʲ]
vingar (vt)	мстить (нсв, пх)	[mstítʲ]
vingar-se de	отплатить (св, пх)	[ɔtplatítʲ]
desprezo (m)	презрение (с)	[prezrénie]
desprezar (vt)	презирать (нсв, пх)	[prezirátʲ]
ódio (m)	ненависть (ж)	[nénavistʲ]
odiar (vt)	ненавидеть (нсв, пх)	[nenavídetʲ]
nervoso (adj)	нервный	[nérvnij]
estar nervoso	нервничать (нсв, нпх)	[nérvnitʃatʲ]
zangado (adj)	сердитый	[serdítij]
zangar (vt)	рассердить (св, пх)	[rasserdítʲ]
humilhação (f)	унижение (с)	[uniʒǽnie]
humilhar (vt)	унижать (нсв, пх)	[uniʒátʲ]
humilhar-se (vr)	унижаться (нсв, возв)	[uniʒátsa]
choque (m)	шок (м)	[ʃók]
chocar (vt)	шокировать (н/св, пх)	[ʃɔkírɔvatʲ]
aborrecimento (m)	неприятность (ж)	[neprijátnɔstʲ]

desagradável (adj)	неприятный	[neprijátnij]
medo (m)	страх (м)	[stráh]
terrível (tempestade, etc.)	страшный	[stráʃnij]
assustador (ex. história ~a)	страшный	[stráʃnij]
horror (m)	ужас (м)	[úʒas]
horrível (crime, etc.)	ужасный	[uʒásnij]

começar a tremer	задрожать (нсв, нпх)	[zadroʒátʲ]
chorar (vi)	плакать (нсв, нпх)	[plákatʲ]
começar a chorar	заплакать (св, нпх)	[zaplákatʲ]
lágrima (f)	слеза (мн)	[slezá]

falta (f)	вина (ж)	[viná]
culpa (f)	вина (ж)	[viná]
desonra (f)	позор (м)	[pozór]
protesto (m)	протест (м)	[protést]
estresse (m)	стресс (м)	[strés]

perturbar (vt)	беспокоить (нсв, пх)	[bespokóitʲ]
zangar-se com ...	злиться (нсв, возв)	[zlítsa]
zangado (irritado)	злой	[zlój]
terminar (vt)	прекращать (нсв, пх)	[prekraʃátʲ]
praguejar	ругаться (нсв, возв)	[rugátsa]

assustar-se	пугаться (нсв, возв)	[pugátsa]
golpear (vt)	ударить (св, пх)	[udáritʲ]
brigar (na rua, etc.)	драться (нсв, возв)	[drátsa]

resolver (o conflito)	урегулировать (св, пх)	[uregulírovatʲ]
descontente (adj)	недовольный	[nedovólʲnij]
furioso (adj)	яростный	[járosnij]

Não está bem!	Это нехорошо!	[ǽto nehoroʃó]
É ruim!	Это плохо!	[ǽto plóho]

Medicina

doença (f)	болезнь (ж)	[bolézn]
estar doente	болеть (нсв, нпх)	[bolét]
saúde (f)	здоровье (с)	[zdoróvje]
nariz (m) escorrendo	насморк (м)	[násmork]
amigdalite (f)	ангина (ж)	[angína]
resfriado (m)	простуда (ж)	[prostúda]
ficar resfriado	простудиться (св, возв)	[prostudítsa]
bronquite (f)	бронхит (м)	[bronhít]
pneumonia (f)	воспаление (с) лёгких	[vospalénie løhkih]
gripe (f)	грипп (м)	[gríp]
míope (adj)	близорукий	[blizorúkij]
presbita (adj)	дальнозоркий	[dalnozórkij]
estrabismo (m)	косоглазие (с)	[kosoglázie]
estrábico, vesgo (adj)	косоглазый	[kosoglázij]
catarata (f)	катаракта (ж)	[katarákta]
glaucoma (m)	глаукома (ж)	[glaukóma]
AVC (m), apoplexia (f)	инсульт (м)	[insúlt]
ataque (m) cardíaco	инфаркт (м)	[infárkt]
enfarte (m) do miocárdio	инфаркт (м) миокарда	[infárkt miokárda]
paralisia (f)	паралич (м)	[paralít]
paralisar (vt)	парализовать (нсв, пх)	[paralizovát]
alergia (f)	аллергия (ж)	[alergíja]
asma (f)	астма (ж)	[ástma]
diabetes (f)	диабет (м)	[diabét]
dor (f) de dente	зубная боль (ж)	[zubnája ból]
cárie (f)	кариес (м)	[káries]
diarreia (f)	диарея (ж)	[diaréja]
prisão (f) de ventre	запор (м)	[zapór]
desarranjo (m) intestinal	расстройство (с) желудка	[rastrójstvo ʒelútka]
intoxicação (f) alimentar	отравление (с)	[otravlénie]
intoxicar-se	отравиться (св, возв)	[otravítsa]
artrite (f)	артрит (м)	[artrít]
raquitismo (m)	рахит (м)	[rahít]
reumatismo (m)	ревматизм (м)	[revmatízm]
arteriosclerose (f)	атеросклероз (м)	[atɛrosklerós]
gastrite (f)	гастрит (м)	[gastrít]
apendicite (f)	аппендицит (м)	[apenditsĩt]

| colecistite (f) | холецистит (м) | [hɔletsistít] |
| úlcera (f) | язва (ж) | [jázva] |

sarampo (m)	корь (ж)	[kórʲ]
rubéola (f)	краснуха (ж)	[krasnúha]
icterícia (f)	желтуха (ж)	[ʒeltúha]
hepatite (f)	гепатит (м)	[gepatít]

esquizofrenia (f)	шизофрения (ж)	[ʃizɔfreníja]
raiva (f)	бешенство (c)	[béʃɛnstvɔ]
neurose (f)	невроз (м)	[nevrós]
contusão (f) cerebral	сотрясение (c) мозга	[sɔtrɪsénie mózga]

câncer (m)	рак (м)	[rák]
esclerose (f)	склероз (м)	[sklerós]
esclerose (f) múltipla	рассеянный склероз (м)	[rasséɪnnij sklerós]

alcoolismo (m)	алкоголизм (м)	[alkɔgɔlízm]
alcoólico (m)	алкоголик (м)	[alkɔgólik]
sífilis (f)	сифилис (м)	[sífilis]
AIDS (f)	СПИД (м)	[spíd]

tumor (m)	опухоль (ж)	[ópuhɔlʲ]
maligno (adj)	злокачественная	[zlɔkátʃestvenaja]
benigno (adj)	доброкачественная	[dɔbrɔkátʃestvenaja]

febre (f)	лихорадка (ж)	[lihɔrátka]
malária (f)	малярия (ж)	[malîríja]
gangrena (f)	гангрена (ж)	[gangréna]
enjoo (m)	морская болезнь (ж)	[mɔrskája bɔléznʲ]
epilepsia (f)	эпилепсия (ж)	[ɛpilépsija]

epidemia (f)	эпидемия (ж)	[ɛpidémija]
tifo (m)	тиф (м)	[tíf]
tuberculose (f)	туберкулёз (м)	[tuberkulɵs]
cólera (f)	холера (ж)	[hɔléra]
peste (f) bubônica	чума (ж)	[tʃʲumá]

72. Sintomas. Tratamentos. Parte 1

sintoma (m)	симптом (м)	[simptóm]
temperatura (f)	температура (ж)	[temperatúra]
febre (f)	высокая температура (ж)	[visókaja temperatúra]
pulso (m)	пульс (м)	[púlʲs]

vertigem (f)	головокружение (c)	[gólɔvɔ·kruʒǽnie]
quente (testa, etc.)	горячий	[gɔrʲátʃij]
calafrio (m)	озноб (м)	[ɔznób]
pálido (adj)	бледный	[blédnij]

tosse (f)	кашель (м)	[káʃɛlʲ]
tossir (vi)	кашлять (нсв, нпх)	[káʃlɪtʲ]
espirrar (vi)	чихать (нсв, нпх)	[tʃihátʲ]
desmaio (m)	обморок (м)	[óbmɔrɔk]

desmaiar (vi)	упасть в обморок	[upástⁱ v óbmɔrɔk]
mancha (f) preta	синяк (м)	[sinⁱák]
galo (m)	шишка (ж)	[ʃʃka]
machucar-se (vr)	удариться (св, возв)	[udáritsa]
contusão (f)	ушиб (м)	[uʃïb]
machucar-se (vr)	ударить ... (св, пх)	[udáritⁱ ...]
mancar (vi)	хромать (нсв, нпх)	[hrɔmátⁱ]
deslocamento (f)	вывих (м)	[vïvih]
deslocar (vt)	вывихнуть (св, пх)	[vïvihnutⁱ]
fratura (f)	перелом (м)	[perelóm]
fraturar (vt)	получить перелом	[pɔluʧítⁱ perelóm]
corte (m)	порез (м)	[porés]
cortar-se (vr)	порезаться (св, возв)	[porézatsa]
hemorragia (f)	кровотечение (c)	[krɔvɔ·teʧénie]
queimadura (f)	ожог (м)	[ɔʒóg]
queimar-se (vr)	обжечься (св, возв)	[ɔbʒǽʧsⁱa]
picar (vt)	уколоть (св, пх)	[ukɔlótⁱ]
picar-se (vr)	уколоться (св, возв)	[ukɔlótsa]
lesionar (vt)	повредить (св, пх)	[pɔvredítⁱ]
lesão (m)	повреждение (c)	[pɔvreʒdénie]
ferida (f), ferimento (m)	рана (ж)	[rána]
trauma (m)	травма (ж)	[trávma]
delirar (vi)	бредить (нсв, нпх)	[bréditⁱ]
gaguejar (vi)	заикаться (нсв, возв)	[zaikátsa]
insolação (f)	солнечный удар (м)	[sólneʧnij udár]

73. Sintomas. Tratamentos. Parte 2

dor (f)	боль (ж)	[bólⁱ]
farpa (no dedo, etc.)	заноза (ж)	[zanóza]
suor (m)	пот (м)	[pót]
suar (vi)	потеть (нсв, нпх)	[potétⁱ]
vômito (m)	рвота (ж)	[rvóta]
convulsões (f pl)	судороги (ж мн)	[súdɔrɔgi]
grávida (adj)	беременная	[berémennaja]
nascer (vi)	родиться (св, возв)	[rɔdítsa]
parto (m)	роды (мн)	[ródi]
dar à luz	рожать (нсв, пх)	[rɔʒátⁱ]
aborto (m)	аборт (м)	[abórt]
respiração (f)	дыхание (c)	[dihánie]
inspiração (f)	вдох (м)	[vdóh]
expiração (f)	выдох (м)	[vïdɔh]
expirar (vi)	выдохнуть (св, пх)	[vïdɔhnutⁱ]
inspirar (vi)	вдыхать (нсв, нпх)	[vdihátⁱ]
inválido (m)	инвалид (м)	[invalíd]
aleijado (m)	калека (c)	[kaléka]

drogado (m)	наркоман (м)	[narkomán]
surdo (adj)	глухой	[gluhój]
mudo (adj)	немой	[nemój]
surdo-mudo (adj)	глухонемой	[gluho·nemój]
louco, insano (adj)	сумасшедший	[sumaʃǽdʃɛj]
louco (m)	сумасшедший (м)	[sumaʃǽdʃɛj]
louca (f)	сумасшедшая (ж)	[sumaʃǽdʃaja]
ficar louco	сойти с ума	[sojtí s umá]
gene (m)	ген (м)	[gén]
imunidade (f)	иммунитет (м)	[imunitét]
hereditário (adj)	наследственный	[naslétstvenij]
congênito (adj)	врождённый	[vrozdǿnij]
vírus (m)	вирус (м)	[vírus]
micróbio (m)	микроб (м)	[mikrób]
bactéria (f)	бактерия (ж)	[baktǽrija]
infecção (f)	инфекция (ж)	[inféktsija]

74. Sintomas. Tratamentos. Parte 3

hospital (m)	больница (ж)	[bolʲnítsa]
paciente (m)	пациент (м)	[patsiǽnt]
diagnóstico (m)	диагноз (м)	[diágnos]
cura (f)	лечение (с)	[letʃénie]
tratamento (m) médico	лечение (с)	[letʃénie]
curar-se (vr)	лечиться (нсв, возв)	[letʃítsa]
tratar (vt)	лечить (нсв, пх)	[letʃítʲ]
cuidar (pessoa)	ухаживать (нсв, нпх)	[uháʒivatʲ]
cuidado (m)	уход (м)	[uhód]
operação (f)	операция (ж)	[operátsija]
enfaixar (vt)	перевязать (св, пх)	[perevizátʲ]
enfaixamento (m)	перевязка (ж)	[perevʲázka]
vacinação (f)	прививка (ж)	[privífka]
vacinar (vt)	делать прививку	[délatʲ privífku]
injeção (f)	укол (м)	[ukól]
dar uma injeção	делать укол	[délatʲ ukól]
amputação (f)	ампутация (ж)	[amputátsija]
amputar (vt)	ампутировать (н/св, пх)	[amputírovatʲ]
coma (f)	кома (ж)	[kóma]
estar em coma	быть в коме	[bītʲ f kóme]
reanimação (f)	реанимация (ж)	[reanimátsija]
recuperar-se (vr)	выздоравливать (нсв, нпх)	[vizdorávlivatʲ]
estado (~ de saúde)	состояние (с)	[sostojánie]
consciência (perder a ~)	сознание (с)	[soznánie]
memória (f)	память (ж)	[pámitʲ]
tirar (vt)	удалять (нсв, пх)	[udalʲátʲ]
obturação (f)	пломба (ж)	[plómba]

obturar (vt)	пломбировать (нсв, пх)	[plɔmbirɔvátʲ]
hipnose (f)	гипноз (м)	[gipnós]
hipnotizar (vt)	гипнотизировать (нсв, пх)	[gipnɔtizírɔvatʲ]

75. Médicos

médico (m)	врач (м)	[vrátʃ]
enfermeira (f)	медсестра (ж)	[metsestrá]
médico (m) pessoal	личный врач (м)	[lítʃnij vrátʃ]

dentista (m)	стоматолог (м)	[stɔmatólɔg]
oculista (m)	окулист (м)	[ɔkulíst]
terapeuta (m)	терапевт (м)	[terapévt]
cirurgião (m)	хирург (м)	[hirúrg]

psiquiatra (m)	психиатр (м)	[psihiátr]
pediatra (m)	педиатр (м)	[pediátr]
psicólogo (m)	психолог (м)	[psihólɔg]
ginecologista (m)	гинеколог (м)	[ginekólɔg]
cardiologista (m)	кардиолог (м)	[kardiólɔg]

76. Medicina. Drogas. Acessórios

medicamento (m)	лекарство (с)	[lekárstvɔ]
remédio (m)	средство (с)	[srétstvɔ]
receitar (vt)	прописать (нсв, пх)	[prɔpisátʲ]
receita (f)	рецепт (м)	[retsǽpt]

comprimido (m)	таблетка (ж)	[tablétka]
unguento (m)	мазь (ж)	[másʲ]
ampola (f)	ампула (ж)	[ámpula]
solução, preparado (m)	микстура (ж)	[mikstúra]
xarope (m)	сироп (м)	[siróp]
cápsula (f)	пилюля (ж)	[pilʲúlʲa]
pó (m)	порошок (м)	[pɔrɔʃók]

atadura (f)	бинт (м)	[bínt]
algodão (m)	вата (ж)	[váta]
iodo (m)	йод (м)	[jód]
curativo (m) adesivo	лейкопластырь (м)	[lejkɔplástirʲ]
conta-gotas (m)	пипетка (ж)	[pipétka]
termômetro (m)	градусник (м)	[grádusnik]
seringa (f)	шприц (м)	[ʃpríts]

| cadeira (f) de rodas | коляска (ж) | [kɔlʲáska] |
| muletas (f pl) | костыли (м мн) | [kɔstilí] |

analgésico (m)	обезболивающее (с)	[ɔbezbólivajuʃee]
laxante (m)	слабительное (с)	[slabítelʲnɔe]
álcool (m)	спирт (м)	[spírt]
ervas (f pl) medicinais	трава (ж)	[travá]
de ervas (chá ~)	травяной	[travɪnój]

77. Fumar. Produtos tabágicos

tabaco (m)	табак (м)	[tabák]
cigarro (m)	сигарета (ж)	[sigaréta]
charuto (m)	сигара (ж)	[sigára]
cachimbo (m)	трубка (ж)	[trúpka]
maço (~ de cigarros)	пачка (ж)	[pátʃka]
fósforos (m pl)	спички (ж мн)	[spítʃki]
caixa (f) de fósforos	спичечный коробок (м)	[spítʃetʃnij kɔrɔbók]
isqueiro (m)	зажигалка (ж)	[zaʒigálka]
cinzeiro (m)	пепельница (ж)	[pépelʲnitsa]
cigarreira (f)	портсигар (м)	[pɔrtsigár]
piteira (f)	мундштук (м)	[munʃtúk]
filtro (m)	фильтр (м)	[fílʲtr]
fumar (vi, vt)	курить (нсв, н/пх)	[kurítʲ]
acender um cigarro	прикурить (св, н/пх)	[prikurítʲ]
tabagismo (m)	курение (с)	[kurénie]
fumante (m)	курильщик (м)	[kurílʲʃik]
bituca (f)	окурок (м)	[ɔkúrɔk]
fumaça (f)	дым (м)	[dīm]
cinza (f)	пепел (м)	[pépel]

HABITAT HUMANO

Cidade

cidade (f)	город (м)	[górɔd]
capital (f)	столица (ж)	[stɔlítsa]
aldeia (f)	деревня (ж)	[derévnʲa]
mapa (m) da cidade	план (м) города	[plán górɔda]
centro (m) da cidade	центр (м) города	[tsǽntr górɔda]
subúrbio (m)	пригород (м)	[prígɔrɔd]
suburbano (adj)	пригородный	[prígɔrɔdnʲij]
periferia (f)	окраина (ж)	[ɔkráina]
arredores (m pl)	окрестности (ж мн)	[ɔkrésnɔsti]
quarteirão (m)	квартал (м)	[kvartál]
quarteirão (m) residencial	жилой квартал (м)	[ʒiłój kvartál]
tráfego (m)	движение (с)	[dviʒǽnie]
semáforo (m)	светофор (м)	[svetɔfór]
transporte (m) público	городской транспорт (м)	[gɔrɔtskój tránspɔrt]
cruzamento (m)	перекрёсток (м)	[perekrǿstɔk]
faixa (f)	переход (м)	[perehód]
túnel (m) subterrâneo	подземный переход (м)	[pɔdzémnʲij perehód]
cruzar, atravessar (vt)	переходить (нсв, н/пх)	[perehɔdítʲ]
pedestre (m)	пешеход (м)	[peʃchód]
calçada (f)	тротуар (м)	[trɔtuár]
ponte (f)	мост (м)	[móst]
margem (f) do rio	набережная (ж)	[nábereʒnaja]
fonte (f)	фонтан (м)	[fɔntán]
alameda (f)	аллея (ж)	[aléja]
parque (m)	парк (м)	[párk]
bulevar (m)	бульвар (м)	[bulʲvár]
praça (f)	площадь (ж)	[plóʃatʲ]
avenida (f)	проспект (м)	[prɔspékt]
rua (f)	улица (ж)	[úlitsa]
travessa (f)	переулок (м)	[pereúlɔk]
beco (m) sem saída	тупик (м)	[tupík]
casa (f)	дом (м)	[dóm]
edifício, prédio (m)	здание (с)	[zdánie]
arranha-céu (m)	небоскрёб (м)	[nebɔskrǿb]
fachada (f)	фасад (м)	[fasád]
telhado (m)	крыша (ж)	[krýʃa]

janela (f)	окно (с)	[ɔknó]
arco (m)	арка (ж)	[árka]
coluna (f)	колонна (ж)	[kɔlóna]
esquina (f)	угол (м)	[úgɔl]

vitrine (f)	витрина (ж)	[vitrína]
letreiro (m)	вывеска (ж)	[vīveska]
cartaz (do filme, etc.)	афиша (ж)	[afíʃa]
cartaz (m) publicitário	рекламный плакат (м)	[reklámnij plakát]
painel (m) publicitário	рекламный щит (м)	[reklámnij ʃít]

lixo (m)	мусор (м)	[músɔr]
lata (f) de lixo	урна (ж)	[úrna]
jogar lixo na rua	сорить (нсв, нпх)	[sɔrítʲ]
aterro (m) sanitário	свалка (ж)	[sválka]

orelhão (m)	телефонная будка (ж)	[telefónnaja bútka]
poste (m) de luz	фонарный столб (м)	[fɔnárnij stólb]
banco (m)	скамейка (ж)	[skaméjka]

polícia (m)	полицейский (м)	[pɔlitsǽjskij]
polícia (instituição)	полиция (ж)	[pɔlítsija]
mendigo, pedinte (m)	нищий (м)	[níʃij]
desabrigado (m)	бездомный (м)	[bezdómnij]

79. Instituições urbanas

loja (f)	магазин (м)	[magazín]
drogaria (f)	аптека (ж)	[aptéka]
ótica (f)	оптика (ж)	[óptika]
centro (m) comercial	торговый центр (м)	[tɔrgóvij tsǽntr]
supermercado (m)	супермаркет (м)	[supermárket]

padaria (f)	булочная (ж)	[búlotʃnaja]
padeiro (m)	пекарь (м)	[pékarʲ]
pastelaria (f)	кондитерская (ж)	[kɔndíterskaja]
mercearia (f)	продуктовый магазин (м)	[prɔduktóvij magazín]
açougue (m)	мясная лавка (ж)	[mısnája láfka]

| fruteira (f) | овощная лавка (ж) | [ɔvɔʃʲnája láfka] |
| mercado (m) | рынок (м) | [rīnɔk] |

cafeteria (f)	кафе (с)	[kafǽ]
restaurante (m)	ресторан (м)	[restɔrán]
bar (m)	пивная (ж)	[pivnája]
pizzaria (f)	пиццерия (ж)	[pitsǽrija], [pitsɛríja]

salão (m) de cabeleireiro	парикмахерская (ж)	[parihmáherskaja]
agência (f) dos correios	почта (ж)	[pótʃta]
lavanderia (f)	химчистка (ж)	[himtʃístka]
estúdio (m) fotográfico	фотоателье (с)	[foto·atɛljé]

| sapataria (f) | обувной магазин (м) | [ɔbuvnój magazín] |
| livraria (f) | книжный магазин (м) | [kníʒnij magazín] |

loja (f) de artigos esportivos	спортивный магазин (м)	[sportívnij magazín]
costureira (m)	ремонт (м) одежды	[remónt ɔdéʒdʲ]
aluguel (m) de roupa	прокат (м) одежды	[prɔkát ɔdéʒdʲ]
videolocadora (f)	прокат (м) фильмов	[prɔkát fílʲmɔf]

circo (m)	цирк (м)	[tsïrk]
jardim (m) zoológico	зоопарк (м)	[zɔɔpárk]
cinema (m)	кинотеатр (м)	[kinɔteátr]
museu (m)	музей (м)	[muzéj]
biblioteca (f)	библиотека (ж)	[bibliɔtéka]

teatro (m)	театр (м)	[teátr]
ópera (f)	опера (ж)	[ópera]
boate (casa noturna)	ночной клуб (м)	[nɔtʃnój klúb]
cassino (m)	казино (с)	[kazinó]

mesquita (f)	мечеть (ж)	[metʃétʲ]
sinagoga (f)	синагога (ж)	[sinagóga]
catedral (f)	собор (м)	[sɔbór]
templo (m)	храм (м)	[hrám]
igreja (f)	церковь (ж)	[tsǽrkɔfʲ]

faculdade (f)	институт (м)	[institút]
universidade (f)	университет (м)	[universitét]
escola (f)	школа (ж)	[ʃkóla]

prefeitura (f)	префектура (ж)	[prefektúra]
câmara (f) municipal	мэрия (ж)	[mǽrija]
hotel (m)	гостиница (ж)	[gɔstínitsa]
banco (m)	банк (м)	[bánk]

embaixada (f)	посольство (с)	[pɔsólʲstvɔ]
agência (f) de viagens	турагентство (с)	[tur·agénstvɔ]
agência (f) de informações	справочное бюро (с)	[správɔtʃnɔe bʲuró]
casa (f) de câmbio	обменный пункт (м)	[ɔbménnij púnkt]

| metrô (m) | метро (с) | [metró] |
| hospital (m) | больница (ж) | [bolʲnítsa] |

| posto (m) de gasolina | автозаправка (ж) | [aftɔ·zapráfka] |
| parque (m) de estacionamento | стоянка (ж) | [stɔjánka] |

80. Sinais

letreiro (m)	вывеска (ж)	[vïveska]
aviso (m)	надпись (ж)	[nátpisʲ]
cartaz, pôster (m)	плакат, постер (м)	[plakát], [póstɛr]
placa (f) de direção	указатель (м)	[ukazátelʲ]
seta (f)	стрелка (ж)	[strélka]

aviso (advertência)	предостережение (с)	[predɔstereʒénie]
sinal (m) de aviso	предупреждение (с)	[predupreʒdénie]
avisar, advertir (vt)	предупредить (св, пх)	[predupredítʲ]
dia (m) de folga	выходной день (м)	[vïhɔdnój dénʲ]

| horário (~ dos trens, etc.) | расписание (с) | [raspisánie] |
| horário (m) | часы (мн) работы | [ʧasī rabóti] |

BEM-VINDOS!	ДОБРО ПОЖАЛОВАТЬ!	[dɔbró poʒálɔvatʲ]
ENTRADA	ВХОД	[fhód]
SAÍDA	ВЫХОД	[vīhɔd]

EMPURRE	ОТ СЕБЯ	[ɔt sebʲá]
PUXE	НА СЕБЯ	[na sebʲá]
ABERTO	ОТКРЫТО	[ɔtkrītɔ]
FECHADO	ЗАКРЫТО	[zakrītɔ]

| MULHER | ДЛЯ ЖЕНЩИН | [dlʲa ʒǽnʃin] |
| HOMEM | ДЛЯ МУЖЧИН | [dlʲa muʃín] |

DESCONTOS	СКИДКИ	[skítki]
SALDOS, PROMOÇÃO	РАСПРОДАЖА	[rasprɔdáʒa]
NOVIDADE!	НОВИНКА!	[nɔvínka]
GRÁTIS	БЕСПЛАТНО	[besplátnɔ]

ATENÇÃO!	ВНИМАНИЕ!	[vnimánie]
NÃO HÁ VAGAS	МЕСТ НЕТ	[mést nét]
RESERVADO	ЗАРЕЗЕРВИРОВАНО	[zarezervírovano]

ADMINISTRAÇÃO	АДМИНИСТРАЦИЯ	[administrátsija]
SOMENTE PESSOAL	ТОЛЬКО	[tólʲkɔ
AUTORIZADO	ДЛЯ ПЕРСОНАЛА	dlʲa persɔnála]

CUIDADO CÃO FEROZ	ЗЛАЯ СОБАКА	[zlája sɔbáka]
PROIBIDO FUMAR!	НЕ КУРИТЬ!	[ne kurítʲ]
NÃO TOCAR	РУКАМИ НЕ ТРОГАТЬ!	[rukámi ne trógatʲ]

PERIGOSO	ОПАСНО	[ɔpásnɔ]
PERIGO	ОПАСНОСТЬ	[ɔpásnostʲ]
ALTA TENSÃO	ВЫСОКОЕ НАПРЯЖЕНИЕ	[visókɔe naprɪʒǽnie]
PROIBIDO NADAR	КУПАТЬСЯ ЗАПРЕЩЕНО	[kupátsa zapreʃenó]
COM DEFEITO	НЕ РАБОТАЕТ	[ne rabótaet]

INFLAMÁVEL	ОГНЕОПАСНО	[ɔgneɔpásnɔ]
PROIBIDO	ЗАПРЕЩЕНО	[zapreʃenó]
ENTRADA PROIBIDA	ПРОХОД ЗАПРЕЩЁН	[prɔhót zapreʃǿn]
CUIDADO TINTA FRESCA	ОКРАШЕНО	[ɔkráʃɛnɔ]

81. Transportes urbanos

ônibus (m)	автобус (м)	[aftóbus]
bonde (m) elétrico	трамвай (м)	[tramváj]
trólebus (m)	троллейбус (м)	[trɔléjbus]
rota (f), itinerário (m)	маршрут (м)	[marʃrút]
número (m)	номер (м)	[nómer]

ir de … (carro, etc.)	ехать на … (нсв)	[éhatʲ na …]
entrar no …	сесть на … (св)	[séstʲ na …]
descer do …	сойти с … (св)	[sɔjtí s …]

parada (f)	остановка (ж)	[ɔstanófka]
próxima parada (f)	следующая остановка (ж)	[sléduʃaja ɔstanófka]
terminal (m)	конечная остановка (ж)	[kɔnétʃnaja ɔstanófka]
horário (m)	расписание (c)	[raspisánie]
esperar (vt)	ждать (нсв, пх)	[ʒdátʲ]

| passagem (f) | билет (м) | [bilét] |
| tarifa (f) | стоимость (ж) билета | [stóimɔstʲ biléta] |

bilheteiro (m)	кассир (м)	[kassír]
controle (m) de passagens	контроль (м)	[kɔntrólʲ]
revisor (m)	контролёр (м)	[kɔntrɔlǿr]

atrasar-se (vr)	опаздывать на ... (нсв, нпх)	[ɔpázdivatʲ na ...]
perder (o autocarro, etc.)	опоздать на ... (св, нпх)	[ɔpɔzdátʲ na ...]
estar com pressa	спешить (нсв, нпх)	[speʃítʲ]

táxi (m)	такси (c)	[taksí]
taxista (m)	таксист (м)	[taksíst]
de táxi (ir ~)	на такси	[na taksí]
ponto (m) de táxis	стоянка (ж) такси	[stɔjánka taksí]
chamar um táxi	вызвать такси	[vīzvatʲ taksí]
pegar um táxi	взять такси	[vzʲátʲ taksí]

tráfego (m)	уличное движение (c)	[úlitʃnɔe dviʒǽnie]
engarrafamento (m)	пробка (ж)	[própka]
horas (f pl) de pico	часы пик (м)	[tʃasī pík]
estacionar (vi)	парковаться (нсв, возв)	[parkɔvátsa]
estacionar (vt)	парковать (нсв, пх)	[parkɔvátʲ]
parque (m) de estacionamento	стоянка (ж)	[stɔjánka]

metrô (m)	метро (c)	[metró]
estação (f)	станция (ж)	[stántsija]
ir de metrô	ехать на метро	[éhatʲ na metró]
trem (m)	поезд (м)	[póezd]
estação (f) de trem	вокзал (м)	[vɔkzál]

82. Turismo

monumento (m)	памятник (м)	[pámɪtnik]
fortaleza (f)	крепость (ж)	[krépɔstʲ]
palácio (m)	дворец (м)	[dvɔréts]
castelo (m)	замок (м)	[zámɔk]
torre (f)	башня (ж)	[báʃnʲa]
mausoléu (m)	мавзолей (м)	[mavzɔléj]

arquitetura (f)	архитектура (ж)	[arhitektúra]
medieval (adj)	средневековый	[srednevekóvij]
antigo (adj)	старинный	[starínnij]
nacional (adj)	национальный	[natsɪɔnálʲnij]
famoso, conhecido (adj)	известный	[izvésnij]

| turista (m) | турист (м) | [turíst] |
| guia (pessoa) | гид (м) | [gíd] |

excursão (f) экскурсия (ж) [ɛkskúrsija]
mostrar (vt) показывать (нсв, пх) [pɔkázivatʲ]
contar (vt) рассказывать (нсв, пх) [raskázivatʲ]

encontrar (vt) найти (св, пх) [najtí]
perder-se (vr) потеряться (св, возв) [pɔterʲátsa]
mapa (~ do metrô) схема (ж) [sxéma]
mapa (~ da cidade) план (м) [plán]

lembrança (f), presente (m) сувенир (м) [suvenír]
loja (f) de presentes магазин (м) сувениров [magazín suvenírɔf]
tirar fotos, fotografar фотографировать (нсв, пх) [fɔtɔgrafírɔvatʲ]
fotografar-se (vr) фотографироваться [fɔtɔgrafírɔvatsa]
 (нсв, возв)

83. Compras

comprar (vt) покупать (нсв, пх) [pɔkupátʲ]
compra (f) покупка (ж) [pɔkúpka]
fazer compras делать покупки [délatʲ pɔkúpki]
compras (f pl) шоппинг (м) [ʃóping]

estar aberta (loja) работать (нсв, нпх) [rabótatʲ]
estar fechada закрыться (св, возв) [zakrĩtsa]

calçado (m) обувь (ж) [óbufʲ]
roupa (f) одежда (ж) [ɔdéʒda]
cosméticos (m pl) косметика (ж) [kɔsmétika]
alimentos (m pl) продукты (мн) [prɔdúkti]
presente (m) подарок (м) [pɔdárɔk]

vendedor (m) продавец (м) [prɔdavéts]
vendedora (f) продавщица (ж) [prɔdafʃítsa]

caixa (f) касса (ж) [kássa]
espelho (m) зеркало (с) [zérkalɔ]
balcão (m) прилавок (м) [prilávɔk]
provador (m) примерочная (ж) [primérɔtʃnaja]

provar (vt) примерить (св, пх) [priméritʲ]
servir (roupa, caber) подходить (нсв, нпх) [pɔtxɔdítʲ]
gostar (apreciar) нравиться (нсв, возв) [nrávitsa]

preço (m) цена (ж) [tsɛná]
etiqueta (f) de preço ценник (м) [tsǽnnik]
custar (vt) стоить (нсв, пх) [stóitʲ]
Quanto? Сколько? [skólʲkɔ?]
desconto (m) скидка (ж) [skítka]

não caro (adj) недорогой [nedɔrɔgój]
barato (adj) дешёвый [deʃóvij]
caro (adj) дорогой [dɔrɔgój]
É caro Это дорого. [ǽtɔ dórɔgɔ]
aluguel (m) прокат (м) [prɔkát]

alugar (roupas, etc.)	взять напрокат	[vzʲátʲ naprɔkát]
crédito (m)	кредит (м)	[kredít]
a crédito	в кредит	[f kredít]

84. Dinheiro

dinheiro (m)	деньги (мн)	[dénʲgi]
câmbio (m)	обмен (м)	[ɔbmén]
taxa (f) de câmbio	курс (м)	[kúrs]
caixa (m) eletrônico	банкомат (м)	[bankɔmát]
moeda (f)	монета (ж)	[mɔnéta]

| dólar (m) | доллар (м) | [dólar] |
| euro (m) | евро (с) | [évrɔ] |

lira (f)	лира (ж)	[líra]
marco (m)	марка (ж)	[márka]
franco (m)	франк (м)	[fránk]
libra (f) esterlina	фунт стерлингов (м)	[fúnt stérlingɔf]
iene (m)	йена (ж)	[jéna]

dívida (f)	долг (м)	[dólg]
devedor (m)	должник (м)	[dɔlʒník]
emprestar (vt)	дать в долг	[dátʲ v dólg]
pedir emprestado	взять в долг	[vzʲátʲ v dólg]

banco (m)	банк (м)	[bánk]
conta (f)	счёт (м)	[ʃɵt]
depositar (vt)	положить (св, пх)	[pɔlɔʒítʲ]
depositar na conta	положить на счёт	[pɔlɔʒítʲ na ʃɵt]
sacar (vt)	снять со счёта	[snʲátʲ sɔ ʃɵta]

cartão (m) de crédito	кредитная карта (ж)	[kredítnaja kárta]
dinheiro (m) vivo	наличные деньги (мн)	[nalíʧnie dénʲgi]
cheque (m)	чек (м)	[ʧék]
passar um cheque	выписать чек	[vĩpisatʲ ʧék]
talão (m) de cheques	чековая книжка (ж)	[ʧékɔvaja kníʃka]

carteira (f)	бумажник (м)	[bumáʒnik]
niqueleira (f)	кошелёк (м)	[kɔʃɛlɵk]
cofre (m)	сейф (м)	[séjf]

herdeiro (m)	наследник (м)	[naslédnik]
herança (f)	наследство (с)	[naslétstvɔ]
fortuna (riqueza)	состояние (с)	[sɔstɔjánie]

arrendamento (m)	аренда (ж)	[arénda]
aluguel (pagar o ~)	квартирная плата (ж)	[kvartírnaja pláta]
alugar (vt)	снимать (нсв, пх)	[snimátʲ]

preço (m)	цена (ж)	[tsɛná]
custo (m)	стоимость (ж)	[stóimɔstʲ]
soma (f)	сумма (ж)	[súmma]
gastar (vt)	тратить (нсв, пх)	[trátitʲ]

gastos (m pl)	расходы (мн)	[rasxódi]
economizar (vi)	экономить (нсв, н/пх)	[ɛkɔnómitʲ]
econômico (adj)	экономный	[ɛkɔnómnij]

pagar (vt)	платить (нсв, н/пх)	[platítʲ]
pagamento (m)	оплата (ж)	[ɔpláta]
troco (m)	сдача (ж)	[zdátʃa]

imposto (m)	налог (м)	[nalóg]
multa (f)	штраф (м)	[ʃtráf]
multar (vt)	штрафовать (нсв, пх)	[ʃtrafɔvátʲ]

85. Correios. Serviço postal

agência (f) dos correios	почта (ж)	[pótʃta]
correio (m)	почта (ж)	[pótʃta]
carteiro (m)	почтальон (м)	[pɔtʃtaljón]
horário (m)	часы (мн) работы	[tʃasî rabóti]

carta (f)	письмо (с)	[pisʲmó]
carta (f) registada	заказное письмо (с)	[zakaznóe pisʲmó]
cartão (m) postal	открытка (ж)	[ɔtkrĩtka]
telegrama (m)	телеграмма (ж)	[telegráma]
encomenda (f)	посылка (ж)	[pɔsîlka]
transferência (f) de dinheiro	денежный перевод (м)	[déneʒnij perevód]

receber (vt)	получить (св, пх)	[pɔlutʃítʲ]
enviar (vt)	отправить (св, пх)	[ɔtprávitʲ]
envio (m)	отправка (ж)	[ɔtpráfka]

endereço (m)	адрес (м)	[ádres]
código (m) postal	индекс (м)	[índɛks]
remetente (m)	отправитель (м)	[ɔtpravítelʲ]
destinatário (m)	получатель (м)	[pɔlutʃátelʲ]

| nome (m) | имя (с) | [ímʲa] |
| sobrenome (m) | фамилия (ж) | [famílija] |

tarifa (f)	тариф (м)	[taríf]
ordinário (adj)	обычный	[ɔbîtʃnij]
econômico (adj)	экономичный	[ɛkɔnɔmítʃnij]

peso (m)	вес (м)	[vés]
pesar (estabelecer o peso)	взвешивать (нсв, пх)	[vzvéʃivatʲ]
envelope (m)	конверт (м)	[kɔnvért]
selo (m) postal	марка (ж)	[márka]
colar o selo	наклеивать марку	[nakléivatʲ márku]

Moradia. Casa. Lar

casa (f)	дом (м)	[dóm]
em casa	дома	[dóma]
pátio (m), quintal (f)	двор (м)	[dvór]
cerca, grade (f)	ограда (ж)	[ɔgráda]
tijolo (m)	кирпич (м)	[kirpítʃ]
de tijolos	кирпичный	[kirpítʃnij]
pedra (f)	камень (м)	[kámenʲ]
de pedra	каменный	[kámennij]
concreto (m)	бетон (м)	[betón]
concreto (adj)	бетонный	[betónnij]
novo (adj)	новый	[nóvij]
velho (adj)	старый	[stárij]
decrépito (adj)	ветхий	[vétxij]
moderno (adj)	современный	[sɔvreménnij]
de vários andares	многоэтажный	[mnɔgɔ·etáʒnij]
alto (adj)	высокий	[visókij]
andar (m)	этаж (м)	[etáʃ]
de um andar	одноэтажный	[ɔdnɔ·etáʒnij]
térreo (m)	нижний этаж (м)	[níʒnij etáʃ]
andar (m) de cima	верхний этаж (м)	[vérhnij etáʃ]
telhado (m)	крыша (ж)	[krɨ̃ʃa]
chaminé (f)	труба (ж)	[trubá]
telha (f)	черепица (ж)	[tʃerepítsa]
de telha	черепичный	[tʃerepítʃnij]
sótão (m)	чердак (м)	[tʃerdák]
janela (f)	окно (с)	[ɔknó]
vidro (m)	стекло (с)	[steklró]
parapeito (m)	подоконник (м)	[pɔdɔkónik]
persianas (f pl)	ставни (ж мн)	[stávni]
parede (f)	стена (ж)	[stená]
varanda (f)	балкон (м)	[balkón]
calha (f)	водосточная труба (ж)	[vɔdɔstótʃnaja trubá]
em cima	наверху	[naverhú]
subir (vi)	подниматься (нсв, возв)	[pɔdnimátsa]
descer (vi)	спускаться (нсв, возв)	[spuskátsa]
mudar-se (vr)	переезжать (нсв, нпх)	[pereeʒʒátʲ]

87. Casa. Entrada. Elevador

entrada (f)	подъезд (м)	[pɔdjézd]
escada (f)	лестница (ж)	[lésnitsa]
degraus (m pl)	ступени (ж мн)	[stupéni]
corrimão (m)	перила (мн)	[períla]
hall (m) de entrada	холл (м)	[hól]
caixa (f) de correio	почтовый ящик (м)	[pɔtʃtóvij jáʃik]
lata (f) do lixo	мусорный бак (м)	[músɔrnij bák]
calha (f) de lixo	мусоропровод (м)	[musɔrɔ·prɔvód]
elevador (m)	лифт (м)	[líft]
elevador (m) de carga	грузовой лифт (м)	[gruzɔvój líft]
cabine (f)	кабина (ж)	[kabína]
pegar o elevador	ехать на лифте	[éhatʲ na lífte]
apartamento (m)	квартира (ж)	[kvartíra]
residentes (pl)	жильцы (мн)	[ʒilʲtsi]
vizinho (m)	сосед (м)	[sɔséd]
vizinha (f)	соседка (ж)	[sɔsétka]
vizinhos (pl)	соседи (мн)	[sɔsédi]

88. Casa. Eletricidade

eletricidade (f)	электричество (с)	[ɛlektrítʃestvɔ]
lâmpada (f)	лампочка (ж)	[lámpɔtʃka]
interruptor (m)	выключатель (м)	[viklʲutʃátelʲ]
fusível, disjuntor (m)	пробка (ж)	[própka]
fio, cabo (m)	провод (м)	[próvɔd]
instalação (f) elétrica	проводка (ж)	[prɔvótka]
medidor (m) de eletricidade	счётчик (м)	[ʃʲóttʃik]
indicação (f), registro (m)	показание (с)	[pɔkazánie]

89. Casa. Portas. Fechaduras

porta (f)	дверь (ж)	[dvérʲ]
portão (m)	ворота (мн)	[vɔróta]
maçaneta (f)	ручка (ж)	[rútʃka]
destrancar (vt)	отпереть (св, н/пх)	[ɔtperétʲ]
abrir (vt)	открывать (нсв, пх)	[ɔtkrivátʲ]
fechar (vt)	закрывать (нсв, пх)	[zakrivátʲ]
chave (f)	ключ (м)	[klʲútʃ]
molho (m)	связка (ж)	[svʲáska]
ranger (vi)	скрипеть (нсв, нпх)	[skripétʲ]
rangido (m)	скрип (м)	[skríp]
dobradiça (f)	петля (ж)	[petlʲá]
capacho (m)	коврик (м)	[kóvrik]
fechadura (f)	замок (м)	[zámɔk]

buraco (m) da fechadura	замочная скважина (ж)	[zamótʃnaja skváʒina]
barra (f)	засов (м)	[zasóf]
fecho (ferrolho pequeno)	задвижка (ж)	[zadvíʃka]
cadeado (m)	навесной замок (м)	[navesnój zamók]

tocar (vt)	звонить (нсв, нпх)	[zvɔnítʲ]
toque (m)	звонок (м)	[zvɔnók]
campainha (f)	звонок (м)	[zvɔnók]
botão (m)	кнопка (ж)	[knópka]
batida (f)	стук (м)	[stúk]
bater (vi)	стучать (нсв, нпх)	[stutʃátʲ]

código (m)	код (м)	[kód]
fechadura (f) de código	кодовый замок (м)	[kódɔvɨj zamók]
interfone (m)	домофон (м)	[dɔmofón]
número (m)	номер (м)	[nómer]
placa (f) de porta	табличка (ж)	[tablítʃka]
olho (m) mágico	глазок (м)	[glazók]

90. Casa de campo

aldeia (f)	деревня (ж)	[derévnʲa]
horta (f)	огород (м)	[ɔgɔród]
cerca (f)	забор (м)	[zabór]
cerca (f) de piquete	изгородь (ж)	[ízgɔrɔtʲ]
portão (f) do jardim	калитка (ж)	[kalítka]

celeiro (m)	амбар (м)	[ambár]
adega (f)	погреб (м)	[pógreb]
galpão, barracão (m)	сарай (м)	[saráj]
poço (m)	колодец (м)	[kɔlódets]

fogão (m)	печь (ж)	[pétʃʲ]
atiçar o fogo	топить печь (нсв)	[tɔpítʲ pétʃʲ]
lenha (carvão ou ~)	дрова (ж)	[drɔvá]
acha, lenha (f)	полено (с)	[pɔlénɔ]

varanda (f)	веранда (ж)	[veránda]
alpendre (m)	терраса (ж)	[terása]
degraus (m pl) de entrada	крыльцо (с)	[krilʲtsó]
balanço (m)	качели (мн)	[katʃéli]

91. Moradia. Mansão

casa (f) de campo	загородный дом (м)	[zágɔrɔdnɨj dɔm]
vila (f)	вилла (ж)	[vílla]
ala (~ do edifício)	крыло (с)	[kriló]

jardim (m)	сад (м)	[sád]
parque (m)	парк (м)	[párk]
estufa (f)	оранжерея (ж)	[ɔranʒeréja]
cuidar de ...	ухаживать (нсв, нпх)	[uháʒivatʲ]

piscina (f)	бассейн (м)	[basǽjn]
academia (f) de ginástica	тренажёрный зал (м)	[trenaʒórnij zál]
quadra (f) de tênis	теннисный корт (м)	[tǽnisnij kórt]
cinema (m)	кинотеатр (м)	[kinɔteátr]
garagem (f)	гараж (м)	[garáʃ]

| propriedade (f) privada | частная собственность (ж) | [ʧásnaja sópstvenɔstʲ] |
| terreno (m) privado | частные владения (с мн) | [ʧásnʲe vladénija] |

| advertência (f) | предупреждение (с) | [preduprɛʒdénie] |
| sinal (m) de aviso | предупреждающая надпись (ж) | [preduprɛʒdájuʃaja nátpisʲ] |

guarda (f)	охрана (ж)	[ɔhrána]
guarda (m)	охранник (м)	[ɔhránnik]
alarme (m)	сигнализация (ж)	[signalizátsija]

92. Castelo. Palácio

castelo (m)	замок (м)	[zámɔk]
palácio (m)	дворец (м)	[dvɔréts]
fortaleza (f)	крепость (ж)	[krépɔstʲ]
muralha (f)	стена (ж)	[stená]
torre (f)	башня (ж)	[báʃnʲa]
calabouço (m)	главная башня (ж)	[glávnaja báʃnʲa]

grade (f) levadiça	подъёмные ворота (мн)	[pɔdjómnʲe vɔróta]
passagem (f) subterrânea	подземный ход (м)	[pɔdzémnij hód]
fosso (m)	ров (м)	[róf]
corrente, cadeia (f)	цепь (ж)	[tsǽpʲ]
seteira (f)	бойница (ж)	[bɔjnítsa]

magnífico (adj)	великолепный	[velikɔlépnij]
majestoso (adj)	величественный	[velíʧestvenij]
inexpugnável (adj)	неприступный	[nepristúpnij]
medieval (adj)	средневековый	[srednevekóvij]

93. Apartamento

apartamento (m)	квартира (ж)	[kvartíra]
quarto, cômodo (m)	комната (ж)	[kómnata]
quarto (m) de dormir	спальня (ж)	[spálʲnʲa]
sala (f) de jantar	столовая (ж)	[stɔlóvaja]
sala (f) de estar	гостиная (ж)	[gɔstínaja]
escritório (m)	кабинет (м)	[kabinét]

sala (f) de entrada	прихожая (ж)	[prihóʒaja]
banheiro (m)	ванная комната (ж)	[vánnaja kómnata]
lavabo (m)	туалет (м)	[tualét]
teto (m)	потолок (м)	[pɔtɔlók]
chão, piso (m)	пол (м)	[pól]
canto (m)	угол (м)	[úgɔl]

94. Apartamento. Limpeza

arrumar, limpar (vt)	убирать (нсв, пх)	[ubirátʲ]
guardar (no armário, etc.)	уносить (нсв, пх)	[unɔsítʲ]
pó (m)	пыль (ж)	[pīlʲ]
empoeirado (adj)	пыльный	[pīlʲnij]
tirar o pó	вытирать пыль	[vitirátʲ pīlʲ]
aspirador (m)	пылесос (м)	[piɫesós]
aspirar (vt)	пылесосить (нсв, н/пх)	[piɫesósitʲ]

varrer (vt)	подметать (нсв, н/пх)	[pɔdmetátʲ]
sujeira (f)	мусор (м)	[músɔr]
arrumação, ordem (f)	порядок (м)	[pɔrʲádɔk]
desordem (f)	беспорядок (м)	[bespɔrʲádɔk]

esfregão (m)	швабра (ж)	[ʃvábra]
pano (m), trapo (m)	тряпка (ж)	[trʲápka]
vassoura (f)	веник (м)	[vénik]
pá (f) de lixo	совок (м) для мусора	[sɔvók dlʲa músɔra]

95. Mobiliário. Interior

mobiliário (m)	мебель (ж)	[mébelʲ]
mesa (f)	стол (м)	[stól]
cadeira (f)	стул (м)	[stúl]
cama (f)	кровать (ж)	[krɔvátʲ]
sofá, divã (m)	диван (м)	[diván]
poltrona (f)	кресло (с)	[késlɔ]

| estante (f) | книжный шкаф (м) | [kníʒnij ʃkáf] |
| prateleira (f) | полка (ж) | [pólka] |

guarda-roupas (m)	гардероб (м)	[garderób]
cabide (m) de parede	вешалка (ж)	[véʃəlka]
cabideiro (m) de pé	вешалка (ж)	[véʃəlka]

| cômoda (f) | комод (м) | [kɔmód] |
| mesinha (f) de centro | журнальный столик (м) | [ʒurnálʲnij stólik] |

espelho (m)	зеркало (с)	[zérkalɔ]
tapete (m)	ковёр (м)	[kɔvǿr]
tapete (m) pequeno	коврик (м)	[kóvrik]

lareira (f)	камин (м)	[kamín]
vela (f)	свеча (ж)	[svetʃá]
castiçal (m)	подсвечник (м)	[pɔtsvétʃnik]

cortinas (f pl)	шторы (ж мн)	[ʃtóri]
papel (m) de parede	обои (мн)	[ɔbói]
persianas (f pl)	жалюзи (мн)	[ʒalʲuzí]

| luminária (f) de mesa | настольная лампа (ж) | [nastólʲnaja lámpa] |
| luminária (f) de parede | светильник (м) | [svetílʲnik] |

| abajur (m) de pé | торшер (м) | [tɔrʃǽr] |
| lustre (m) | люстра (ж) | [lʲústra] |

pé (de mesa, etc.)	ножка (ж)	[nóʃka]
braço, descanso (m)	подлокотник (м)	[pɔdlɔkótnik]
costas (f pl)	спинка (ж)	[spínka]
gaveta (f)	ящик (м)	[jáʃʲik]

96. Quarto de dormir

roupa (f) de cama	постельное бельё (с)	[pɔstélʲnɔe beljǿ]
travesseiro (m)	подушка (ж)	[pɔdúʃka]
fronha (f)	наволочка (ж)	[návɔlɔʧka]
cobertor (m)	одеяло (с)	[ɔdejálɔ]
lençol (m)	простыня (ж)	[prɔstinʲá]
colcha (f)	покрывало (с)	[pɔkríválɔ]

97. Cozinha

cozinha (f)	кухня (ж)	[kúhnʲa]
gás (m)	газ (м)	[gás]
fogão (m) a gás	газовая плита (ж)	[gázɔvaja plitá]
fogão (m) elétrico	электроплита (ж)	[ɛléktrɔ·plitá]
forno (m)	духовка (ж)	[duhófka]
forno (m) de micro-ondas	микроволновая печь (ж)	[mikrɔ·vɔlnóvaja péʧʲ]

geladeira (f)	холодильник (м)	[hɔlɔdílʲnik]
congelador (m)	морозильник (м)	[mɔrɔzílʲnik]
máquina (f) de lavar louça	посудомоечная машина (ж)	[pɔsúdɔ·móeʧnaja maʃína]

moedor (m) de carne	мясорубка (ж)	[mɪsɔrúpka]
espremedor (m)	соковыжималка (ж)	[sɔkɔ·viʒimálka]
torradeira (f)	тостер (м)	[tóstɛr]
batedeira (f)	миксер (м)	[míkser]

máquina (f) de café	кофеварка (ж)	[kɔfevárka]
cafeteira (f)	кофейник (м)	[kɔféjnik]
moedor (m) de café	кофемолка (ж)	[kɔfemólka]

chaleira (f)	чайник (м)	[ʧájnik]
bule (m)	чайник (м)	[ʧájnik]
tampa (f)	крышка (ж)	[krɪ́ʃka]
coador (m) de chá	ситечко (с)	[síteʧkɔ]

colher (f)	ложка (ж)	[lóʃka]
colher (f) de chá	чайная ложка (ж)	[ʧájnaja lóʃka]
colher (f) de sopa	столовая ложка (ж)	[stɔlóvaja lóʃka]
garfo (m)	вилка (ж)	[vílka]
faca (f)	нож (м)	[nóʃ]

| louça (f) | посуда (ж) | [pɔsúda] |
| prato (m) | тарелка (ж) | [tarélka] |

pires (m)	блюдце (c)	[blʲútse]
cálice (m)	рюмка (ж)	[rʲúmka]
copo (m)	стакан (м)	[stakán]
xícara (f)	чашка (ж)	[ʧáʃka]

açucareiro (m)	сахарница (ж)	[sáharnitsa]
saleiro (m)	солонка (ж)	[sɔlónka]
pimenteiro (m)	перечница (ж)	[péreʧnitsa]
manteigueira (f)	маслёнка (ж)	[maslǿnka]

panela (f)	кастрюля (ж)	[kastrʲúlʲa]
frigideira (f)	сковородка (ж)	[skɔvɔrótka]
concha (f)	половник (м)	[pɔlóvnik]
coador (m)	дуршлаг (м)	[durʃlág]
bandeja (f)	поднос (м)	[pɔdnós]

garrafa (f)	бутылка (ж)	[butɨlka]
pote (m) de vidro	банка (ж)	[bánka]
lata (~ de cerveja)	банка (ж)	[bánka]

abridor (m) de garrafa	открывалка (ж)	[ɔtkriválka]
abridor (m) de latas	открывалка (ж)	[ɔtkriválka]
saca-rolhas (m)	штопор (м)	[ʃtópɔr]
filtro (m)	фильтр (м)	[fílʲtr]
filtrar (vt)	фильтровать (нсв, пх)	[filʲtrɔvátʲ]

| lixo (m) | мусор (м) | [músɔr] |
| lixeira (f) | мусорное ведро (c) | [músɔrnɔe vedró] |

98. Casa de banho

banheiro (m)	ванная комната (ж)	[vánnaja kómnata]
água (f)	вода (ж)	[vɔdá]
torneira (f)	кран (м)	[krán]
água (f) quente	горячая вода (ж)	[gɔrʲáʧaja vɔdá]
água (f) fria	холодная вода (ж)	[hɔlódnaja vɔdá]

pasta (f) de dente	зубная паста (ж)	[zubnája pásta]
escovar os dentes	чистить зубы	[ʧístitʲ zúbi]
escova (f) de dente	зубная щётка (ж)	[zubnája ʃǿtka]

barbear-se (vr)	бриться (нсв, возв)	[brítsa]
espuma (f) de barbear	пена (ж) для бритья	[péna dlʲa britjá]
gilete (f)	бритва (ж)	[brítva]

lavar (vt)	мыть (нсв, пх)	[mɨtʲ]
tomar banho	мыться (нсв, возв)	[mɨtsa]
chuveiro (m), ducha (f)	душ (м)	[dúʃ]
tomar uma ducha	принимать душ	[prinimátʲ dúʃ]

banheira (f)	ванна (ж)	[vánna]
vaso (m) sanitário	унитаз (м)	[unitás]
pia (f)	раковина (ж)	[rákɔvina]
sabonete (m)	мыло (c)	[mɨlɔ]

saboneteira (f)	мыльница (ж)	[mɨlʲnitsa]
esponja (f)	губка (ж)	[gúpka]
xampu (m)	шампунь (м)	[ʃampúnʲ]
toalha (f)	полотенце (c)	[polotɛ́ntse]
roupão (m) de banho	халат (м)	[halát]

lavagem (f)	стирка (ж)	[stírka]
lavadora (f) de roupas	стиральная машина (ж)	[stirálʲnaja maʃína]
lavar a roupa	стирать бельё	[stirátʲ beljǿ]
detergente (m)	стиральный порошок (м)	[stirálʲnɨj poroʃók]

99. Eletrodomésticos

televisor (m)	телевизор (м)	[televízor]
gravador (m)	магнитофон (м)	[magnitofón]
videogravador (m)	видеомагнитофон (м)	[vídeo·magnitofón]
rádio (m)	приёмник (м)	[prijómnik]
leitor (m)	плеер (м)	[plǽjer]

projetor (m)	видеопроектор (м)	[vídeo·proǽktor]
cinema (m) em casa	домашний кинотеатр (м)	[domáʃnij kinoteátr]
DVD Player (m)	DVD проигрыватель (м)	[di·vi·dí proígrivatelʲ]
amplificador (m)	усилитель (м)	[usilítelʲ]
console (f) de jogos	игровая приставка (ж)	[igrovája pristáfka]

câmera (f) de vídeo	видеокамера (ж)	[vídeo·kámera]
máquina (f) fotográfica	фотоаппарат (м)	[foto·aparát]
câmera (f) digital	цифровой фотоаппарат (м)	[tsifrovój fotoaparát]

aspirador (m)	пылесос (м)	[pilesós]
ferro (m) de passar	утюг (м)	[utʲúg]
tábua (f) de passar	гладильная доска (ж)	[gladílʲnaja doská]

telefone (m)	телефон (м)	[telefón]
celular (m)	мобильный телефон (м)	[mobílʲnɨj telefón]
máquina (f) de costura	швейная машинка (ж)	[ʃvejnaja maʃínka]

microfone (m)	микрофон (м)	[mikrofón]
fone (m) de ouvido	наушники (м мн)	[naúʃniki]
controle remoto (m)	пульт (м)	[púlʲt]

CD (m)	компакт-диск (м)	[kompákt-dísk]
fita (f) cassete	кассета (ж)	[kaséta]
disco (m) de vinil	пластинка (ж)	[plastínka]

100. Reparações. Renovação

renovação (f)	ремонт (м)	[remónt]
renovar (vt), fazer obras	делать ремонт	[délatʲ remónt]
reparar (vt)	ремонтировать (нсв, пх)	[remontírovatʲ]
consertar (vt)	приводить в порядок	[privodítʲ f porʲádok]

refazer (vt)	переделывать (нсв, пх)	[peredélivatʲ]
tinta (f)	краска (ж)	[kráska]
pintar (vt)	красить (нсв, пх)	[krásitʲ]
pintor (m)	маляр (м)	[malʲár]
pincel (m)	кисть (ж)	[kístʲ]

| cal (f) | побелка (ж) | [pɔbélka] |
| caiar (vt) | белить (нсв, пх) | [belítʲ] |

papel (m) de parede	обои (мн)	[ɔbói]
colocar papel de parede	оклеить обоями	[ɔkléitʲ ɔbójɪmi]
verniz (m)	лак (м)	[lák]
envernizar (vt)	покрывать лаком	[pɔkrivátʲ lákɔm]

101. Canalizações

água (f)	вода (ж)	[vɔdá]
água (f) quente	горячая вода (ж)	[gɔrʲátʃaja vɔdá]
água (f) fria	холодная вода (ж)	[hɔlódnaja vɔdá]
torneira (f)	кран (м)	[krán]

gota (f)	капля (ж)	[káplʲa]
gotejar (vi)	капать (нсв, нпх)	[kápatʲ]
vazar (vt)	течь (нсв, нпх)	[tétʃʲ]
vazamento (m)	течь (ж)	[tétʃʲ]
poça (f)	лужа (ж)	[lúʒa]

tubo (m)	труба (ж)	[trubá]
válvula (f)	вентиль (м)	[véntilʲ]
entupir-se (vr)	засориться (св, возв)	[zasɔrítsa]

ferramentas (f pl)	инструменты (м⁻мн)	[instruménti]
chave (f) inglesa	разводной ключ (м)	[razvɔdnój klʲútʃ]
desenroscar (vt)	открутить (св, пх)	[otkrutítʲ]
enroscar (vt)	закрутить (св, пх)	[zakrutítʲ]

desentupir (vt)	прочищать (нсв, пх)	[protʃíʃátʲ]
encanador (m)	сантехник (м)	[santéhnik]
porão (m)	подвал (м)	[pɔdvál]
rede (f) de esgotos	канализация (ж)	[kanalizátsija]

102. Fogo. Deflagração

incêndio (m)	пожар (м)	[pɔʒár]
chama (f)	пламя (ж)	[plámʲa]
faísca (f)	искра (ж)	[ískra]
fumaça (f)	дым (м)	[dïm]
tocha (f)	факел (м)	[fákel]
fogueira (f)	костёр (м)	[kɔstǿr]

| gasolina (f) | бензин (м) | [benzín] |
| querosene (m) | керосин (м) | [kerɔsín] |

inflamável (adj)	горючий	[gɔrʲútʃij]
explosivo (adj)	взрывоопасный	[vzrivɔ·ɔpásnij]
PROIBIDO FUMAR!	НЕ КУРИТЬ!	[ne kurítʲ]

segurança (f)	безопасность (ж)	[bezɔpásnɔstʲ]
perigo (m)	опасность (ж)	[ɔpásnɔstʲ]
perigoso (adj)	опасный	[ɔpásnij]

incendiar-se (vr)	загореться (св, возв)	[zagɔrétsa]
explosão (f)	взрыв (м)	[vzrīf]
incendiar (vt)	поджечь (св, пх)	[pɔdʒǽtʃʲ]
incendiário (m)	поджигатель (м)	[pɔdʒigátelʲ]
incêndio (m) criminoso	поджог (м)	[pɔdʒóg]

flamejar (vi)	пылать (нсв, нпх)	[piɫátʲ]
queimar (vi)	гореть (нсв, нпх)	[gɔrétʲ]
queimar tudo (vi)	сгореть (св, нпх)	[sgɔrétʲ]

chamar os bombeiros	вызвать пожарных	[vīzvatʲ pɔʒárnih]
bombeiro (m)	пожарный (м)	[pɔʒárnij]
caminhão (m) de bombeiros	пожарная машина (ж)	[pɔʒárnaja maʃína]
corpo (m) de bombeiros	пожарная команда (ж)	[pɔʒárnaja kɔmánda]
escada (f) extensível	пожарная лестница (ж)	[pɔʒárnaja lésnitsa]

mangueira (f)	шланг (м)	[ʃláng]
extintor (m)	огнетушитель (м)	[ɔgnetuʃítelʲ]
capacete (m)	каска (ж)	[káska]
sirene (f)	сирена (ж)	[siréna]

gritar (vi)	кричать (нсв, нпх)	[kritʃátʲ]
chamar por socorro	звать на помощь	[zvátʲ na pómɔʃ]
socorrista (m)	спасатель (м)	[spasátelʲ]
salvar, resgatar (vt)	спасать (нсв, пх)	[spasátʲ]

chegar (vi)	приехать (св, нпх)	[priéhatʲ]
apagar (vt)	тушить (нсв, пх)	[tuʃítʲ]
água (f)	вода (ж)	[vɔdá]
areia (f)	песок (м)	[pesók]

ruínas (f pl)	руины (мн)	[ruíni]
ruir (vi)	рухнуть (св, нпх)	[rúhnutʲ]
desmoronar (vi)	обвалиться (св, возв)	[ɔbvalítsa]
desabar (vi)	обрушиться (св, возв)	[ɔbrúʃitsa]

| fragmento (m) | обломок (м) | [ɔblómɔk] |
| cinza (f) | пепел (м) | [pépel] |

| sufocar (vi) | задохнуться (св, возв) | [zadɔhnútsa] |
| perecer (vi) | погибнуть (св, нпх) | [pɔgíbnutʲ] |

ATIVIDADES HUMANAS

Emprego. Negócios. Parte 1

103. Escritório. O trabalho no escritório

escritório (~ de advogados)	офис (м)	[ófis]
escritório (do diretor, etc.)	кабинет (м)	[kabinét]
recepção (f)	ресепшн (м)	[resépʃn]
secretário (m)	секретарь (м, ж)	[sekretárʲ]
secretária (f)	секретарша (ж)	[sekretárʃa]
diretor (m)	директор (м)	[diréktɔr]
gerente (m)	менеджер (м)	[ménɛdʒɛr]
contador (m)	бухгалтер (м)	[buhgálter]
empregado (m)	сотрудник (м)	[sɔtrúdnik]
mobiliário (m)	мебель (ж)	[mébelʲ]
mesa (f)	стол (м)	[stól]
cadeira (f)	кресло (c)	[kréslɔ]
gaveteiro (m)	тумбочка (ж)	[túmbɔtʃka]
cabideiro (m) de pé	вешалка (ж)	[véʃəlka]
computador (m)	компьютер (м)	[kɔmpjútɛr]
impressora (f)	принтер (м)	[príntɛr]
fax (m)	факс (м)	[fáks]
fotocopiadora (f)	копировальный аппарат (м)	[kɔpirɔválʲnij aparát]
papel (m)	бумага (ж)	[bumága]
artigos (m pl) de escritório	канцтовары (ж мн)	[kants·tɔvári]
tapete (m) para mouse	коврик (м) для мыши	[kóvrik dlʲa mɨ̄ʃɨ]
folha (f)	лист (м)	[líst]
pasta (f)	папка (ж)	[pápka]
catálogo (m)	каталог (м)	[katalóg]
lista (f) telefônica	справочник (м)	[správɔtʃnik]
documentação (f)	документация (ж)	[dɔkumentátsija]
brochura (f)	брошюра (ж)	[brɔʃúra]
panfleto (m)	листовка (ж)	[listófka]
amostra (f)	образец (м)	[ɔbrazéts]
formação (f)	тренинг (м)	[tréning]
reunião (f)	совещание (c)	[sɔveʃʲánie]
hora (f) de almoço	перерыв (м) на обед	[pererɨ̄f na ɔbéd]
fazer uma cópia	делать копию	[délatʲ kópiju]
tirar cópias	размножить (св, пх)	[razmnóʒitʲ]
receber um fax	получать факс	[pɔlutʃátʲ fáks]

enviar um fax	отправлять факс	[ɔtpravlʲátʲ fáks]
fazer uma chamada	позвонить (св, н/пх)	[pɔzvɔnítʲ]
responder (vt)	ответить (св, пх)	[ɔtvétitʲ]
passar (vt)	соединить (св, пх)	[sɔedinítʲ]

marcar (vt)	назначать (нсв, пх)	[naznatʃátʲ]
demonstrar (vt)	демонстрировать (нсв, пх)	[demɔnstrírɔvatʲ]
estar ausente	отсутствовать (нсв, нпх)	[ɔtsútstvɔvatʲ]
ausência (f)	пропуск (м)	[própusk]

104. Processos negociais. Parte 1

negócio (m)	бизнес (м)	[bíznɛs]
ocupação (f)	дело (с)	[délɔ]

firma, empresa (f)	фирма (ж)	[fírma]
companhia (f)	компания (ж)	[kɔmpánija]
corporação (f)	корпорация (ж)	[kɔrpɔrátsija]
empresa (f)	предприятие (с)	[pretprijátie]
agência (f)	агентство (с)	[agénstvɔ]

acordo (documento)	договор (м)	[dɔgɔvór]
contrato (m)	контракт (м)	[kɔntrákt]
acordo (transação)	сделка (ж)	[zdélka]
pedido (m)	заказ (м)	[zakás]
termos (m pl)	условие (с)	[uslóvie]

por atacado	оптом	[óptɔm]
por atacado (adj)	оптовый	[ɔptóvij]
venda (f) por atacado	продажа (ж) оптом	[prɔdáʒa óptɔm]
a varejo	розничный	[róznitʃnij]
venda (f) a varejo	продажа (ж) в розницу	[prɔdáʒa v róznitsu]

concorrente (m)	конкурент (м)	[kɔnkurént]
concorrência (f)	конкуренция (ж)	[kɔnkuréntsija]
competir (vi)	конкурировать (нсв, нпх)	[kɔnkurírɔvatʲ]

sócio (m)	партнёр (м)	[partnǿr]
parceria (f)	партнёрство (с)	[partnǿrstvɔ]

crise (f)	кризис (м)	[krízis]
falência (f)	банкротство (с)	[bankrótstvɔ]
entrar em falência	обанкротиться (нсв, возв)	[ɔbankrótitsa]
dificuldade (f)	трудность (ж)	[trúdnɔstʲ]
problema (m)	проблема (ж)	[prɔbléma]
catástrofe (f)	катастрофа (ж)	[katastrófa]

economia (f)	экономика (ж)	[ɛkɔnómika]
econômico (adj)	экономический	[ɛkɔnɔmítʃeskij]
recessão (f) econômica	экономический спад (м)	[ɛkɔnɔmítʃeskij spád]

objetivo (m)	цель (ж)	[tsǽlʲ]
tarefa (f)	задача (ж)	[zadátʃa]
comerciar (vi, vt)	торговать (нсв, нпх)	[tɔrgɔvátʲ]

rede (de distribuição)	сеть (ж)	[sétʲ]
estoque (m)	склад (м)	[sklád]
sortimento (m)	ассортимент (м)	[asɔrtimént]

líder (m)	лидер (м)	[líder]
grande (~ empresa)	крупный	[krúpnij]
monopólio (m)	монополия (ж)	[mɔnɔpólija]

teoria (f)	теория (ж)	[teórija]
prática (f)	практика (ж)	[práktika]
experiência (f)	опыт (м)	[ópit]
tendência (f)	тенденция (ж)	[tɛndǽntsija]
desenvolvimento (m)	развитие (с)	[razvítie]

105. Processos negociais. Parte 2

| rentabilidade (f) | выгода (ж) | [vɨ́gɔda] |
| rentável (adj) | выгодный | [vɨ́gɔdnij] |

delegação (f)	делегация (ж)	[delegátsija]
salário, ordenado (m)	заработная плата (ж)	[zárabɔtnaja pláta]
corrigir (~ um erro)	исправлять (нсв, пх)	[ispravlʲátʲ]
viagem (f) de negócios	командировка (ж)	[kɔmandirófka]
comissão (f)	комиссия (ж)	[kɔmísija]

controlar (vt)	контролировать (нсв, пх)	[kɔntrɔlírɔvatʲ]
conferência (f)	конференция (ж)	[kɔnferéntsija]
licença (f)	лицензия (ж)	[litsǽnzija]
confiável (adj)	надёжный	[nadǿʒnij]

empreendimento (m)	начинание (с)	[natʃinánie]
norma (f)	норма (ж)	[nórma]
circunstância (f)	обстоятельство (с)	[ɔpstɔjátelʲstvɔ]
dever (do empregado)	обязанность (ж)	[ɔbʲázanɔstʲ]

empresa (f)	организация (ж)	[ɔrganizátsija]
organização (f)	организация (ж)	[ɔrganizátsija]
organizado (adj)	организованный	[ɔrganizóvanij]
anulação (f)	отмена (ж)	[ɔtména]
anular, cancelar (vt)	отменить (св, пх)	[ɔtmenítʲ]
relatório (m)	отчёт (м)	[ɔttʃót]

patente (f)	патент (м)	[patént]
patentear (vt)	патентовать (н/св, пх)	[patentɔvátʲ]
planejar (vt)	планировать (нсв, пх)	[planírɔvatʲ]

bônus (m)	премия (ж)	[prémija]
profissional (adj)	профессиональный	[prɔfesiɔnálʲnij]
procedimento (m)	процедура (ж)	[prɔtsɛdúra]

examinar (~ a questão)	рассмотреть (св, пх)	[rasmɔtrétʲ]
cálculo (m)	расчёт (м)	[raʃót]
reputação (f)	репутация (ж)	[reputátsija]
risco (m)	риск (м)	[rísk]

dirigir (~ uma empresa)	руководить (нсв, пх)	[rukɔvɔdítʲ]
informação (f)	сведения (мн)	[svédenja]
propriedade (f)	собственность (ж)	[sópstvenɔstʲ]
união (f)	союз (м)	[sɔjús]

seguro (m) de vida	страхование (c) жизни	[strahɔvánie ʒĩzni]
fazer um seguro	страховать (нсв, пх)	[strahɔvátʲ]
seguro (m)	страховка (ж)	[strahófka]

leilão (m)	торги (мн)	[tɔrgí]
notificar (vt)	уведомить (св, пх)	[uvédɔmitʲ]
gestão (f)	управление (c)	[upravlénie]
serviço (indústria de ~s)	услуга (ж)	[uslúga]

fórum (m)	форум (м)	[fórum]
funcionar (vi)	функционировать (нсв, нпх)	[funktsiɔnírɔvatʲ]
estágio (m)	этап (м)	[ɛtáp]
jurídico, legal (adj)	юридический	[juridítʃeskij]
advogado (m)	юрист (м)	[juríst]

106. Produção. Trabalhos

usina (f)	завод (м)	[zavód]
fábrica (f)	фабрика (ж)	[fábrika]
oficina (f)	цех (м)	[tsɛh]
local (m) de produção	производство (c)	[prɔizvótstvɔ]

indústria (f)	промышленность (ж)	[prɔmĩʃlenɔstʲ]
industrial (adj)	промышленный	[prɔmĩʃlenij]
indústria (f) pesada	тяжёлая промышленность (ж)	[tɪʒólaja prɔmĩʃlenɔstʲ]
indústria (f) ligeira	лёгкая промышленность (ж)	[lǿhkaja prɔmĩʃlenɔstʲ]

produção (f)	продукция (ж)	[prɔdúktsija]
produzir (vt)	производить (нсв, пх)	[prɔizvɔdítʲ]
matérias-primas (f pl)	сырьё (c)	[sirjǿ]

chefe (m) de obras	бригадир (м)	[brigadír]
equipe (f)	бригада (ж)	[brigáda]
operário (m)	рабочий (м)	[rabótʃij]

dia (m) de trabalho	рабочий день (м)	[rabótʃij dénʲ]
intervalo (m)	остановка (ж)	[ɔstanófka]
reunião (f)	собрание (c)	[sɔbránie]
discutir (vt)	обсуждать (нсв, пх)	[ɔpsuʒdátʲ]

plano (m)	план (м)	[plán]
cumprir o plano	выполнять план	[vĩpɔlnʲátʲ plán]
taxa (f) de produção	норма (ж) выработки	[nórma vĩrabɔtki]
qualidade (f)	качество (c)	[kátʃestvɔ]
controle (m)	контроль (м)	[kɔntrólʲ]
controle (m) da qualidade	контроль (м) качества	[kɔntrólʲ kátʃestva]
segurança (f) no trabalho	безопасность (ж) труда	[bezɔpásnɔstʲ trudá]

disciplina (f)	дисциплина (ж)	[distsiplína]
infração (f)	нарушение (c)	[naruʃǽnie]
violar (as regras)	нарушать (нсв, пх)	[naruʃátʲ]

greve (f)	забастовка (ж)	[zabastófka]
grevista (m)	забастовщик (м)	[zabastófʲik]
estar em greve	бастовать (нсв, нпх)	[bastovátʲ]
sindicato (m)	профсоюз (м)	[prɔfsɔjús]

inventar (vt)	изобретать (нсв, пх)	[izɔbretátʲ]
invenção (f)	изобретение (c)	[izɔbreténie]
pesquisa (f)	исследование (c)	[islédɔvanie]
melhorar (vt)	улучшать (нсв, пх)	[ulutʃátʲ]
tecnologia (f)	технология (ж)	[tehnɔlógija]
desenho (m) técnico	чертёж (м)	[tʃertǿʃ]

carga (f)	груз (м)	[grús]
carregador (m)	грузчик (м)	[grúʃʲik]
carregar (o caminhão, etc.)	грузить (нсв, пх)	[gruzítʲ]
carregamento (m)	погрузка (ж)	[pɔgrúzka]
descarregar (vt)	разгружать (нсв, пх)	[razgruʒátʲ]
descarga (f)	разгрузка (ж)	[razgrúska]

transporte (m)	транспорт (м)	[tránspɔrt]
companhia (f) de transporte	транспортная компания (ж)	[tránspɔrtnaja kɔmpánija]
transportar (vt)	перевозить (нсв, пх)	[perevɔzítʲ]

vagão (m) de carga	вагон (м)	[vagón]
tanque (m)	цистерна (ж)	[tsistǽrna]
caminhão (m)	грузовик (м)	[gruzɔvík]

| máquina (f) operatriz | станок (м) | [stanók] |
| mecanismo (m) | механизм (м) | [mehanízm] |

resíduos (m pl) industriais	отходы (мн)	[ɔtxódi]
embalagem (f)	упаковка (ж)	[upakófka]
embalar (vt)	упаковать (св, пх)	[upakɔvátʲ]

107. Contrato. Acordo

contrato (m)	контракт (м)	[kɔntrákt]
acordo (m)	соглашение (c)	[sɔglaʃǽnie]
adendo, anexo (m)	приложение (c)	[prilɔʒǽnie]

assinar o contrato	заключить контракт	[zaklʲutʃítʲ kɔntrákt]
assinatura (f)	подпись (ж)	[pótpisʲ]
assinar (vt)	подписать (св, пх)	[pɔtpisátʲ]
carimbo (m)	печать (ж)	[petʃátʲ]

objeto (m) do contrato	предмет (м) договора	[predmét dɔgɔvóra]
cláusula (f)	пункт (м)	[púnkt]
partes (f pl)	стороны (ж мн)	[stórɔnɪ]
domicílio (m) legal	юридический адрес (м)	[juridítʃeskij ádres]
violar o contrato	нарушить контракт	[narúʃitʲ kɔntrákt]

obrigação (f) обязательство (c) [ɔbɪzáteľstvɔ]
responsabilidade (f) ответственность (ж) [ɔtvétstvenɔstʲ]
força (f) maior форс-мажор (м) [fórs-maʒór]
litígio (m), disputa (f) спор (м) [spór]
multas (f pl) штрафные санкции (ж мн) [ʃtrafnĩe sánktsii]

108. Importação & Exportação

importação (f) импорт (м) [ímpɔrt]
importador (m) импортёр (м) [impɔrtǿr]
importar (vt) импортировать (нсв, пх) [impɔrtírɔvatʲ]
de importação импортный [ímpɔrtnij]

exportação (f) экспорт (м) [ǽkspɔrt]
exportador (m) экспортёр (м) [ɛkspɔrtǿr]
exportar (vt) экспортировать (н/св, пх) [ɛkspɔrtírɔvatʲ]
de exportação экспортный [ǽkspɔrtnij]

mercadoria (f) товар (м) [tɔvár]
lote (de mercadorias) партия (ж) [pártija]

peso (m) вес (м) [vés]
volume (m) объём (м) [ɔbjóm]
metro (m) cúbico кубический метр (м) [kubítʃeskij métr]

produtor (m) производитель (м) [prɔizvɔdíteľ]
companhia (f) de transporte транспортная компания (ж) [tránspɔrtnaja kɔmpánija]
contêiner (m) контейнер (м) [kɔntǽjner]

fronteira (f) граница (ж) [granítsa]
alfândega (f) таможня (ж) [tamóʒnʲa]
taxa (f) alfandegária таможенная пошлина (ж) [tamóʒenaja póʃlina]
funcionário (m) da alfândega таможенник (м) [tamóʒenik]
contrabando (atividade) контрабанда (ж) [kɔntrabánda]
contrabando (produtos) контрабанда (ж) [kɔntrabánda]

109. Finanças

ação (f) акция (ж) [áktsija]
obrigação (f) облигация (ж) [ɔbligátsija]
nota (f) promissória вексель (м) [vékseľ]

bolsa (f) de valores биржа (ж) [bírʒa]
cotação (m) das ações курс (м) акций [kúrs áktsij]

tornar-se mais barato подешеветь (св, нпх) [pɔdeʃɛvétʲ]
tornar-se mais caro подорожать (св, нпх) [pɔdɔraʒátʲ]

parte (f) доля (ж), пай [dólʲa], [páj]
participação (f) majoritária контрольный пакет (м) [kɔntrólʲnij pakét]
investimento (m) инвестиции (ж мн) [investítsii]
investir (vt) инвестировать (н/св, н/пх) [investírɔvatʲ]

99

porcentagem (f)	процент (м)	[prɔˈtsǽnt]
juros (m pl)	проценты (м мн)	[prɔˈtsǽnti]
lucro (m)	прибыль (ж)	[príbilʲ]
lucrativo (adj)	прибыльный	[príbilʲnij]
imposto (m)	налог (м)	[nalóg]
divisa (f)	валюта (ж)	[valʲúta]
nacional (adj)	национальный	[natsɪɔnálʲnij]
câmbio (m)	обмен (м)	[ɔbmén]
contador (m)	бухгалтер (м)	[buhgálter]
contabilidade (f)	бухгалтерия (ж)	[buhgaltérija]
falência (f)	банкротство (с)	[bankrótstvɔ]
falência, quebra (f)	крах (м)	[kráh]
ruína (f)	разорение (с)	[razɔrénie]
estar quebrado	разориться (св, возв)	[razɔrítsa]
inflação (f)	инфляция (ж)	[inflʲátsija]
desvalorização (f)	девальвация (ж)	[devalʲvátsija]
capital (m)	капитал (м)	[kapitál]
rendimento (m)	доход (м)	[dɔhód]
volume (m) de negócios	оборот (м)	[ɔbɔrót]
recursos (m pl)	ресурсы (м мн)	[resúrsi]
recursos (m pl) financeiros	денежные средства (с мн)	[déneʒnie srétstva]
despesas (f pl) gerais	накладные расходы (мн)	[nakladnîe rasxódi]
reduzir (vt)	сократить (св, пх)	[sɔkratítʲ]

110. Marketing

marketing (m)	маркетинг (м)	[markéting]
mercado (m)	рынок (м)	[rînɔk]
segmento (m) do mercado	сегмент (м) рынка	[segmént rînka]
produto (m)	продукт (м)	[prɔdúkt]
mercadoria (f)	товар (м)	[tɔvár]
marca (f) registrada	торговая марка (ж)	[tɔrgóvaja márka]
logotipo (m)	фирменный знак (м)	[fírmenij znák]
logo (m)	логотип (м)	[lɔgɔtíp]
demanda (f)	спрос (м)	[sprós]
oferta (f)	предложение (с)	[predlɔʒǽnie]
necessidade (f)	потребность (ж)	[pɔtrébnostʲ]
consumidor (m)	потребитель (м)	[pɔtrebítelʲ]
análise (f)	анализ (м)	[anális]
analisar (vt)	анализировать (нсв, пх)	[analizírovatʲ]
posicionamento (m)	позиционирование (с)	[pɔzitsionírovanie]
posicionar (vt)	позиционировать (нсв, пх)	[pɔzitsionírovatʲ]
preço (m)	цена (ж)	[tsɛná]
política (f) de preços	ценовая политика (ж)	[tsɛnɔvája polítika]
formação (f) de preços	ценообразование (с)	[tsɛnɔ-ɔbrazɔvánie]

111. Publicidade

publicidade (f)	реклама (ж)	[rekláma]
fazer publicidade	рекламировать (нсв, пх)	[reklamírɔvatʲ]
orçamento (m)	бюджет (м)	[bʲudʒǽt]

anúncio (m)	реклама (ж)	[rekláma]
publicidade (f) na TV	телереклама (ж)	[tele·réklama]
publicidade (f) na rádio	реклама (ж) на радио	[rekláma na rádiɔ]
publicidade (f) exterior	наружная реклама (ж)	[narúʒnaja rekláma]

comunicação (f) de massa	масс медиа (мн)	[mas·média]
periódico (m)	периодическое издание (с)	[periɔdítʃeskɔe izdánie]
imagem (f)	имидж (м)	[ímidʒ]

| slogan (m) | лозунг (м) | [lózung] |
| mote (m), lema (f) | девиз (м) | [devís] |

campanha (f)	кампания (ж)	[kampánija]
campanha (f) publicitária	рекламная кампания (ж)	[reklámnaja kampánija]
grupo (m) alvo	целевая аудитория (ж)	[tsɛlevája auditórija]

cartão (m) de visita	визитная карточка (ж)	[vizítnaja kártɔtʃka]
panfleto (m)	листовка (ж)	[listófka]
brochura (f)	брошюра (ж)	[brɔʃúra]
folheto (m)	буклет (м)	[buklét]
boletim (~ informativo)	бюллетень (м)	[bʲuleténʲ]

letreiro (m)	вывеска (ж)	[vı̄veska]
cartaz, pôster (m)	плакат, постер (м)	[plakát], [póstɛr]
painel (m) publicitário	рекламный щит (м)	[reklámnij ʃít]

112. Banca

| banco (m) | банк (м) | [bánk] |
| balcão (f) | отделение (с) | [ɔtdelénie] |

| consultor (m) bancário | консультант (м) | [kɔnsulʲtánt] |
| gerente (m) | управляющий (м) | [upravlʲájuʃij] |

conta (f)	счёт (м)	[ʃót]
número (m) da conta	номер (м) счёта	[nómer ʃóta]
conta (f) corrente	текущий счёт (м)	[tekúʃij ʃót]
conta (f) poupança	накопительный счёт (м)	[nakɔpítelʲnij ʃót]

abrir uma conta	открыть счёт	[ɔtkrı̄tʲ ʃót]
fechar uma conta	закрыть счёт	[zakrı̄tʲ ʃót]
depositar na conta	положить на счёт	[pɔlɔʒítʲ na ʃót]
sacar (vt)	снять со счёта	[snʲátʲ sɔ ʃóta]

depósito (m)	вклад (м)	[fkládʲ]
fazer um depósito	сделать вклад	[zdélatʲ fkládʲ]
transferência (f) bancária	перевод (м)	[perevódʲ]

transferir (vt)	сделать перевод	[zdélatʲ perevód]
soma (f)	сумма (ж)	[súmma]
Quanto?	Сколько?	[skólʲkɔ?]

assinatura (f)	подпись (ж)	[pótpisʲ]
assinar (vt)	подписать (св, пх)	[pɔtpisátʲ]

cartão (m) de crédito	кредитная карта (ж)	[kredítnaja kárta]
senha (f)	код (м)	[kód]
número (m) do cartão de crédito	номер (м) кредитной карты	[nómer kredítnɔj kártʲ]
caixa (m) eletrônico	банкомат (м)	[bankɔmát]

cheque (m)	чек (м)	[ʧék]
passar um cheque	выписать чек	[vĩpisatʲ ʧék]
talão (m) de cheques	чековая книжка (ж)	[ʧékɔvaja kníʃka]

empréstimo (m)	кредит (м)	[kredít]
pedir um empréstimo	обращаться за кредитом	[ɔbraʃátsa za kredítɔm]
obter empréstimo	брать кредит	[brátʲ kredít]
dar um empréstimo	предоставлять кредит	[predɔstavlʲátʲ kredít]
garantia (f)	гарантия (ж)	[garántija]

113. Telefone. Conversação telefônica

telefone (m)	телефон (м)	[telefón]
celular (m)	мобильный телефон (м)	[mɔbílʲnij telefón]
secretária (f) eletrônica	автоответчик (м)	[áftɔ·ɔtvétʧik]

fazer uma chamada	звонить (нсв, н/пх)	[zvɔnítʲ]
chamada (f)	звонок (м)	[zvɔnók]

discar um número	набрать номер	[nabrátʲ nómer]
Alô!	Алло!	[aló]
perguntar (vt)	спросить (св, пх)	[sprɔsítʲ]
responder (vt)	ответить (св, пх)	[ɔtvétitʲ]

ouvir (vt)	слышать (нсв, пх)	[slĩʃatʲ]
bem	хорошо	[hɔrɔʃó]
mal	плохо	[plóhɔ]
ruído (m)	помехи (ж мн)	[pɔméhi]

fone (m)	трубка (ж)	[trúpka]
pegar o telefone	снять трубку	[snʲátʲ trúpku]
desligar (vi)	положить трубку	[pɔlɔʒĩtʲ trúpku]

ocupado (adj)	занятый	[zánʲtij]
tocar (vi)	звонить (нсв, нпх)	[zvɔnítʲ]
lista (f) telefônica	телефонная книга (ж)	[telefónnaja kníga]
local (adj)	местный	[mésnij]
chamada (f) local	местный звонок (м)	[mésnij zvɔnók]
de longa distância	междугородний	[meʒdugɔródnij]
chamada (f) de longa distância	междугородний звонок (м)	[meʒdugɔródnij zvɔnók]

| internacional (adj) | международный | [meʒdunaródnɨj] |
| chamada (f) internacional | международный звонок | [meʒdunaródnɨj zvɔnók] |

114. Telefone móvel

celular (m)	мобильный телефон (м)	[mɔbílʲnɨj telefón]
tela (f)	дисплей (м)	[displǽj]
botão (m)	кнопка (ж)	[knópka]
cartão SIM (m)	SIM-карта (ж)	[sim-kárta]
bateria (f)	батарея (ж)	[bataréja]
descarregar-se (vr)	разрядиться (св, возв)	[razrɪdítsa]
carregador (m)	зарядное устройство (с)	[zarʲádnɔe ustrójstvɔ]
menu (m)	меню (с)	[menʲú]
configurações (f pl)	настройки (ж мн)	[nastrójki]
melodia (f)	мелодия (ж)	[melódija]
escolher (vt)	выбрать (св, пх)	[vībratʲ]
calculadora (f)	калькулятор (м)	[kalʲkulʲátɔr]
correio (m) de voz	голосовая почта (ж)	[gɔlɔsɔvája pótʃta]
despertador (m)	будильник (м)	[budílʲnik]
contatos (m pl)	телефонная книга (ж)	[telefónnaja kníga]
mensagem (f) de texto	SMS-сообщение (с)	[ɛs·ɛm·æs-sɔɔpʃénie]
assinante (m)	абонент (м)	[abɔnént]

115. Estacionário

caneta (f)	шариковая ручка (ж)	[ʃárikɔvaja rútʃka]
caneta (f) tinteiro	перьевая ручка (ж)	[perjevája rútʃka]
lápis (m)	карандаш (м)	[karandáʃ]
marcador (m) de texto	маркер (м)	[márker]
caneta (f) hidrográfica	фломастер (м)	[flɔmáster]
bloco (m) de notas	блокнот (м)	[blɔknót]
agenda (f)	ежедневник (м)	[eʒednévnik]
régua (f)	линейка (ж)	[linéjka]
calculadora (f)	калькулятор (м)	[kalʲkulʲátɔr]
borracha (f)	ластик (м)	[lástik]
alfinete (m)	кнопка (ж)	[knópka]
clipe (m)	скрепка (ж)	[skrépka]
cola (f)	клей (м)	[kléj]
grampeador (m)	степлер (м)	[stǽpler]
furador (m) de papel	дырокол (м)	[dirɔkól]
apontador (m)	точилка (ж)	[tɔtʃílka]

116. Vários tipos de documentos

relatório (m)	отчёт (м)	[ɔtʃót]
acordo (m)	соглашение (с)	[sɔglaʃǽnie]
ficha (f) de inscrição	заявка (ж)	[zajáfka]
autêntico (adj)	подлинный	[pódlinij]
crachá (m)	бэдж (м)	[bǽdʒ]
cartão (m) de visita	визитная карточка (ж)	[vizítnaja kártɔtʃka]
certificado (m)	сертификат (м)	[sertifikát]
cheque (m)	чек (м)	[tʃék]
conta (f)	счёт (м)	[ʃǿt]
constituição (f)	конституция (ж)	[kɔnstitútsija]
contrato (m)	договор (м)	[dɔgɔvór]
cópia (f)	копия (ж)	[kópija]
exemplar (~ assinado)	экземпляр (м)	[ɛkzɛmpljár]
declaração (f) alfandegária	декларация (ж)	[deklarátsija]
documento (m)	документ (м)	[dɔkumént]
carteira (f) de motorista	водительские права (мн)	[vɔdíteljskie pravá]
adendo, anexo (m)	приложение (с)	[prilɔʒǽnie]
questionário (m)	анкета (ж)	[ankéta]
carteira (f) de identidade	удостоверение (с)	[udɔstɔverénie]
inquérito (m)	запрос (м)	[zaprós]
convite (m)	приглашение (с)	[priglaʃǽnie]
fatura (f)	счёт (м)	[ʃǿt]
lei (f)	закон (м)	[zakón]
carta (correio)	письмо (с)	[pisjmó]
papel (m) timbrado	бланк (м)	[blánk]
lista (f)	список (м)	[spísɔk]
manuscrito (m)	рукопись (ж)	[rúkɔpisj]
boletim (~ informativo)	бюллетень (м)	[bjuleténj]
bilhete (mensagem breve)	записка (ж)	[zapíska]
passe (m)	пропуск (м)	[própusk]
passaporte (m)	паспорт (м)	[páspɔrt]
permissão (f)	разрешение (с)	[razreʃǽnie]
currículo (m)	резюме (с)	[rezjumé]
nota (f) promissória	расписка (ж)	[raspíska]
recibo (m)	квитанция (ж)	[kvitántsija]
talão (f)	чек (м)	[tʃék]
relatório (m)	рапорт (м)	[rápɔrt]
mostrar (vt)	предъявлять (нсв, пх)	[predjɪvljátj]
assinar (vt)	подписать (св, пх)	[pɔtpisátj]
assinatura (f)	подпись (ж)	[pótpisj]
carimbo (m)	печать (ж)	[petʃátj]
texto (m)	текст (м)	[tékst]
ingresso (m)	билет (м)	[bilét]
riscar (vt)	зачеркнуть (св, пх)	[zatʃerknútj]
preencher (vt)	заполнить (св, пх)	[zapólnitj]

104

carta (f) de porte | накладная (ж) | [nakladnája]
testamento (m) | завещание (c) | [zaveʃánie]

117. Tipos de negócios

serviços (m pl) de contabilidade	бухгалтерские услуги (ж мн)	[buhgálterskie uslúgi]
publicidade (f)	реклама (ж)	[rekláma]
agência (f) de publicidade	рекламное агентство (c)	[reklámnɔe agénstvɔ]
ar (m) condicionado	кондиционеры (м мн)	[kɔnditsiɔnéri]
companhia (f) aérea	авиакомпания (ж)	[avia·kɔmpánija]
bebidas (f pl) alcoólicas	спиртные напитки (м мн)	[spirtnīe napítki]
comércio (m) de antiguidades	антиквариат (м)	[antikvariát]
galeria (f) de arte	арт-галерея (ж)	[art-galeréja]
serviços (m pl) de auditoria	аудиторские услуги (ж мн)	[audítɔrskie uslúgi]
negócios (m pl) bancários	банковский бизнес (м)	[bánkɔfskij bíznɛs]
bar (m)	бар (м)	[bár]
salão (m) de beleza	салон (м) красоты	[salón krasɔtī]
livraria (f)	книжный магазин (м)	[kníʒnij magazín]
cervejaria (f)	пивоварня (ж)	[pivɔvárniа]
centro (m) de escritórios	бизнес-центр (м)	[bíznɛs-tsǽntr]
escola (f) de negócios	бизнес-школа (ж)	[bíznɛs-ʃkóla]
cassino (m)	казино (c)	[kazinó]
construção (f)	строительство (c)	[strɔítelіstvɔ]
consultoria (f)	консалтинг (м)	[kɔnsálting]
clínica (f) dentária	стоматология (ж)	[stɔmatɔlógija]
design (m)	дизайн (м)	[dizájn]
drogaria (f)	аптека (ж)	[aptéka]
lavanderia (f)	химчистка (ж)	[himtʃístka]
agência (f) de emprego	кадровое агентство (c)	[kádrɔvɔe agénstvɔ]
serviços (m pl) financeiros	финансовые услуги (ж мн)	[finánsɔvie uslúgi]
alimentos (m pl)	продукты (м мн) питания	[prɔdúkti pitánija]
funerária (f)	похоронное бюро (c)	[pɔhɔrónnɔe biuró]
mobiliário (m)	мебель (ж)	[mébelі]
roupa (f)	одежда (ж)	[ɔdéʒda]
hotel (m)	гостиница (ж)	[gɔstínitsa]
sorvete (m)	мороженое (c)	[mɔróʒenɔe]
indústria (f)	промышленность (ж)	[prɔmīʃlenɔstі]
seguro (~ de vida, etc.)	страхование (c)	[strahɔvánie]
internet (f)	интернет (м)	[intɛrnǽt]
investimento (m)	инвестиции (ж мн)	[investítsii]
joalheiro (m)	ювелир (м)	[juvelír]
joias (f pl)	ювелирные изделия (c мн)	[juvelírnіe izdélija]
lavanderia (f)	прачечная (ж)	[prátʃetʃnaja]
assessorias (f pl) jurídicas	юридические услуги (ж мн)	[juridítʃeskie uslúgi]
indústria (f) ligeira	лёгкая промышленность (ж)	[lǿhkaja prɔmīʃlenɔstі]

revista (f)	журнал (м)	[ʒurnál]
vendas (f pl) por catálogo	торговля (ж) по каталогу	[tɔrgóvlʲa pɔ katalógu]
medicina (f)	медицина (ж)	[meditsĩna]
cinema (m)	кинотеатр (м)	[kinɔteátr]
museu (m)	музей (м)	[muzéj]

agência (f) de notícias	информационное агентство (c)	[infɔrmatsiónnɔe agénstvɔ]
jornal (m)	газета (ж)	[gazéta]
boate (casa noturna)	ночной клуб (м)	[nɔtʃnój klúb]

petróleo (m)	нефть (ж)	[néftʲ]
serviços (m pl) de remessa	курьерская служба (ж)	[kurʲérskaja slúʒba]
indústria (f) farmacêutica	фармацевтика (ж)	[farmatsǽftika]
tipografia (f)	полиграфия (ж)	[pɔligrafíja]
editora (f)	издательство (c)	[izdátelʲstvɔ]

rádio (m)	радио (c)	[rádiɔ]
imobiliário (m)	недвижимость (ж)	[nedvíʒimɔstʲ]
restaurante (m)	ресторан (м)	[restɔrán]

empresa (f) de segurança	охранное агентство (c)	[ɔhránnɔe agénstvɔ]
esporte (m)	спорт (м)	[spórt]
bolsa (f) de valores	биржа (ж)	[bírʒa]
loja (f)	магазин (м)	[magazín]
supermercado (m)	супермаркет (м)	[supermárket]
piscina (f)	бассейн (м)	[basǽjn]

alfaiataria (f)	ателье (c)	[atɛljé]
televisão (f)	телевидение (c)	[televídenje]
teatro (m)	театр (м)	[teátr]
comércio (m)	торговля (ж)	[tɔrgóvlʲa]
serviços (m pl) de transporte	перевозки (ж мн)	[perevóski]
viagens (f pl)	туризм (м)	[turízm]

veterinário (m)	ветеринар (м)	[veterinár]
armazém (m)	склад (м)	[sklád]
recolha (f) do lixo	вывоз (м) мусора	[vĩvɔs músɔra]

Emprego. Negócios. Parte 2

118. Espetáculo. Feira

feira, exposição (f)	выставка (ж)	[vĩstafka]
feira (f) comercial	торговая выставка (ж)	[tɔrgóvaja vĩstafka]
participação (f)	участие (c)	[utʃástie]
participar (vi)	участвовать (нсв, нпх)	[utʃástvɔvatʲ]
participante (m)	участник (м)	[utʃásnik]
diretor (m)	директор (м)	[diréktɔr]
direção (f)	дирекция (ж)	[diréktsija]
organizador (m)	организатор (м)	[ɔrganizátɔr]
organizar (vt)	организовывать (нсв, пх)	[ɔrganizóvivatʲ]
ficha (f) de inscrição	заявка (ж) на участие	[zajáfka na utʃástie]
preencher (vt)	заполнить (св, пх)	[zapólnitʲ]
detalhes (m pl)	детали (ж мн)	[detáli]
informação (f)	информация (ж)	[infɔrmátsija]
preço (m)	цена (ж)	[tsɛná]
incluindo	включая	[fklʲutʃája]
incluir (vt)	включать (нсв, пх)	[fklʲutʃátʲ]
pagar (vt)	платить (нсв, н/пх)	[platítʲ]
taxa (f) de inscrição	регистрационный взнос (м)	[registratsiónij vznós]
entrada (f)	вход (м)	[fhód]
pavilhão (m), salão (f)	павильон (м)	[paviljón]
inscrever (vt)	регистрировать (нсв, пх)	[registrírɔvatʲ]
crachá (m)	бэдж (м)	[bǽdʒ]
stand (m)	выставочный стенд (м)	[vĩstavɔtʃnij stǽnd]
reservar (vt)	резервировать (н/св, пх)	[rezervírɔvatʲ]
vitrine (f)	витрина (ж)	[vitrína]
lâmpada (f)	светильник (м)	[svetílʲnik]
design (m)	дизайн (м)	[dizájn]
pôr (posicionar)	располагать (нсв, пх)	[raspɔlagátʲ]
ser colocado, -a	располагаться (нсв, возв)	[raspɔlagátsa]
distribuidor (m)	дистрибьютор (м)	[distribjútɔr]
fornecedor (m)	поставщик (м)	[pɔstafʃʲík]
fornecer (vt)	поставлять (нсв, пх)	[pɔstavlʲátʲ]
país (m)	страна (ж)	[straná]
estrangeiro (adj)	иностранный	[inɔstránnij]
produto (m)	продукт (м)	[prɔdúkt]
associação (f)	ассоциация (ж)	[asɔtsiátsija]

sala (f) de conferência	конференц-зал (м)	[kɔnferénts-zál]
congresso (m)	конгресс (м)	[kɔngrés]
concurso (m)	конкурс (м)	[kónkurs]

visitante (m)	посетитель (м)	[pɔsetítelʲ]
visitar (vt)	посещать (нсв, пх)	[pɔseʃátʲ]
cliente (m)	заказчик (м)	[zakáʃʲik]

119. Media

jornal (m)	газета (ж)	[gazéta]
revista (f)	журнал (м)	[ʒurnál]
imprensa (f)	пресса (ж)	[présa]
rádio (m)	радио (c)	[rádiɔ]
estação (f) de rádio	радиостанция (ж)	[radiɔ·stántsija]
televisão (f)	телевидение (c)	[televídenje]

apresentador (m)	ведущий (м)	[vedúʃij]
locutor (m)	диктор (м)	[díktɔr]
comentarista (m)	комментатор (м)	[kɔmentátɔr]

jornalista (m)	журналист (м)	[ʒurnalíst]
correspondente (m)	корреспондент (м)	[kɔrespɔndént]
repórter (m) fotográfico	фотокорреспондент (м)	[fotɔ·kɔrespɔndént]
repórter (m)	репортёр (м)	[repɔrtǿr]

| redator (m) | редактор (м) | [redáktɔr] |
| redator-chefe (m) | главный редактор (м) | [glávnij redáktɔr] |

assinar a ...	подписаться (св, возв)	[pɔtpisátsa]
assinatura (f)	подписка (ж)	[pɔtpíska]
assinante (m)	подписчик (м)	[pɔtpíʃʲik]
ler (vt)	читать (нсв, н/пх)	[tʃitátʲ]
leitor (m)	читатель (м)	[tʃitátelʲ]

tiragem (f)	тираж (м)	[tiráʃ]
mensal (adj)	ежемесячный	[eʒemésɪtʃnij]
semanal (adj)	еженедельный	[eʒenedélʲnij]
número (jornal, revista)	номер (м)	[nómer]
recente, novo (adj)	свежий	[svéʒij]

manchete (f)	заголовок (м)	[zagɔlóvɔk]
pequeno artigo (m)	заметка (ж)	[zamétka]
coluna (~ semanal)	рубрика (ж)	[rúbrika]
artigo (m)	статья (ж)	[statjá]
página (f)	страница (ж)	[stranítsa]

reportagem (f)	репортаж (м)	[repɔrtáʃ]
evento (festa, etc.)	событие (c)	[sobĩtie]
sensação (f)	сенсация (ж)	[sensátsija]
escândalo (m)	скандал (м)	[skandál]
escandaloso (adj)	скандальный	[skandálʲnij]
grande (adj)	громкий	[grómkij]
programa (m)	передача (ж)	[peredátʃa]

entrevista (f)	интервью (c)	[intɛrvjú]
transmissão (f) ao vivo	прямая трансляция (ж)	[prɪmája translátsija]
canal (m)	канал (м)	[kanál]

120. Agricultura

agricultura (f)	сельское хозяйство (с)	[sélʲskɔe hɔzʲájstvɔ]
camponês (m)	крестьянин (м)	[krestjánin]
camponesa (f)	крестьянка (ж)	[krestjánka]
agricultor, fazendeiro (m)	фермер (м)	[férmer]

| trator (m) | трактор (м) | [tráktɔr] |
| colheitadeira (f) | комбайн (м) | [kɔmbájn] |

arado (m)	плуг (м)	[plúg]
arar (vt)	пахать (нсв, н/пх)	[pahátʲ]
campo (m) lavrado	пашня (ж)	[páʃnʲa]
sulco (m)	борозда (ж)	[bɔrɔzdá]

semear (vt)	сеять (нсв, пх)	[séjatʲ]
plantadeira (f)	сеялка (ж)	[séjalka]
semeadura (f)	посев (м)	[pɔséf]

| foice (m) | коса (ж) | [kɔsá] |
| cortar com foice | косить (нсв, н/пх) | [kɔsítʲ] |

| pá (f) | лопата (ж) | [lɔpáta] |
| cavar (vt) | копать (нсв, пх) | [kɔpátʲ] |

enxada (f)	тяпка (ж)	[tʲápka]
capinar (vt)	полоть (нсв, пх)	[pɔlótʲ]
erva (f) daninha	сорняк (м)	[sɔrnʲák]

regador (m)	лейка (ж)	[léjka]
regar (plantas)	поливать (нсв, пх)	[pɔlivátʲ]
rega (f)	полив (м)	[pɔlíf]

| forquilha (f) | вилы (мн) | [vílɨ] |
| ancinho (m) | грабли (мн) | [grábli] |

fertilizante (m)	удобрение (с)	[udɔbrénie]
fertilizar (vt)	удобрять (нсв, пх)	[udɔbrʲátʲ]
estrume, esterco (m)	навоз (м)	[navós]

campo (m)	поле (с)	[póle]
prado (m)	луг (м)	[lúg]
horta (f)	огород (м)	[ɔgɔród]
pomar (m)	сад (м)	[sád]

pastar (vt)	пасти (нсв, пх)	[pastí]
pastor (m)	пастух (м)	[pastúh]
pastagem (f)	пастбище (с)	[pázbiʃʲe]
pecuária (f)	животноводство (с)	[ʒivɔtnɔvótstvɔ]
criação (f) de ovelhas	овцеводство (с)	[ɔftsɛvótstvɔ]

plantação (f)	плантация (ж)	[plantátsija]
canteiro (m)	грядка (ж)	[grʲátka]
estufa (f)	парник (м)	[parník]

| seca (f) | засуха (ж) | [zásuha] |
| seco (verão ~) | засушливый | [zasúʃlivij] |

grão (m)	зерно (c)	[zernó]
cereais (m pl)	зерновые (мн)	[zernɔvije]
colher (vt)	убирать (нсв, пх)	[ubirátʲ]

moleiro (m)	мельник (м)	[mélʲnik]
moinho (m)	мельница (ж)	[mélʲnitsa]
moer (vt)	молоть (нсв, пх)	[mɔlótʲ]
farinha (f)	мука (ж)	[muká]
palha (f)	солома (ж)	[sɔlóma]

121. Construção. Processo de construção

canteiro (m) de obras	стройка (ж)	[strójka]
construir (vt)	строить (нсв, пх)	[stróitʲ]
construtor (m)	строитель (м)	[strɔítelʲ]

projeto (m)	проект (м)	[prɔǽkt]
arquiteto (m)	архитектор (м)	[arhitéktɔr]
operário (m)	рабочий (м)	[rabótʃij]

fundação (f)	фундамент (м)	[fundáment]
telhado (m)	крыша (ж)	[kríʃa]
estaca (f)	свая (ж)	[svája]
parede (f)	стена (ж)	[stená]

| colunas (f pl) de sustentação | арматура (ж) | [armatúra] |
| andaime (m) | строительные леса (мн) | [strɔítelʲnie lesá] |

concreto (m)	бетон (м)	[betón]
granito (m)	гранит (м)	[granít]
pedra (f)	камень (м)	[kámenʲ]
tijolo (m)	кирпич (м)	[kirpítʃ]

areia (f)	песок (м)	[pesók]
cimento (m)	цемент (м)	[tsɛmént]
emboço, reboco (m)	штукатурка (ж)	[ʃtukatúrka]
emboçar, rebocar (vt)	штукатурить (нсв, пх)	[ʃtukatúritʲ]

tinta (f)	краска (ж)	[kráska]
pintar (vt)	красить (нсв, пх)	[krásitʲ]
barril (m)	бочка (ж)	[bótʃka]

grua (f), guindaste (m)	кран (м)	[krán]
erguer (vt)	поднимать (нсв, пх)	[pɔdnimátʲ]
baixar (vt)	опускать (нсв, пх)	[ɔpuskátʲ]
buldózer (m)	бульдозер (м)	[bulʲdózer]
escavadora (f)	экскаватор (м)	[ɛkskavátɔr]

caçamba (f)	ковш (м)	[kóvʃ]
escavar (vt)	копать (нсв, пх)	[kɔpátʲ]
capacete (m) de proteção	каска (ж)	[káska]

122. Ciência. Investigação. Cientistas

ciência (f)	наука (ж)	[naúka]
científico (adj)	научный	[naútʃnij]
cientista (m)	учёный (м)	[utʃónij]
teoria (f)	теория (ж)	[teórija]

axioma (m)	аксиома (ж)	[aksióma]
análise (f)	анализ (м)	[anális]
analisar (vt)	анализировать (нсв, пх)	[analizírɔvatʲ]
argumento (m)	аргумент (м)	[argumént]
substância (f)	вещество (с)	[veʃestvó]

hipótese (f)	гипотеза (ж)	[gipóteza]
dilema (m)	дилемма (ж)	[diléma]
tese (f)	диссертация (ж)	[disertátsija]
dogma (m)	догма (ж)	[dógma]

doutrina (f)	доктрина (ж)	[dɔktrína]
pesquisa (f)	исследование (с)	[islédɔvanie]
pesquisar (vt)	исследовать (н/св, пх)	[islédɔvatʲ]
testes (m pl)	контроль (м)	[kɔntrólʲ]
laboratório (m)	лаборатория (ж)	[labɔratórija]

método (m)	метод (м)	[métɔd]
molécula (f)	молекула (ж)	[mɔlékula]
monitoramento (m)	мониторинг (м)	[mɔnitóring]
descoberta (f)	открытие (с)	[ɔtkrĩtie]

postulado (m)	постулат (м)	[pɔstulát]
princípio (m)	принцип (м)	[príntsɨp]
prognóstico (previsão)	прогноз (м)	[prɔgnós]
prognosticar (vt)	прогнозировать (нсв, пх)	[prɔgnɔzírɔvatʲ]

síntese (f)	синтез (м)	[síntɛs]
tendência (f)	тенденция (ж)	[tɛndǽntsija]
teorema (m)	теорема (ж)	[teɔréma]

| ensinamentos (m pl) | учение (с) | [utʃénie] |
| fato (m) | факт (м) | [fákt] |

| expedição (f) | экспедиция (ж) | [ɛkspedítsija] |
| experiência (f) | эксперимент (м) | [ɛksperimént] |

acadêmico (m)	академик (м)	[akadémik]
bacharel (m)	бакалавр (м)	[bakalávr]
doutor (m)	доктор (м)	[dóktɔr]
professor (m) associado	доцент (м)	[dɔtsǽnt]
mestrado (m)	магистр (м)	[magístr]
professor (m)	профессор (м)	[prɔfésɔr]

Profissões e ocupações

trabalho (m)	работа (ж)	[rabóta]
equipe (f)	сотрудники (мн)	[sɔtrúdniki]
pessoal (m)	персонал (м)	[persɔnál]
carreira (f)	карьера (ж)	[karjéra]
perspectivas (f pl)	перспектива (ж)	[perspektíva]
habilidades (f pl)	мастерство (c)	[masterstvó]
seleção (f)	подбор (м)	[pɔdbór]
agência (f) de emprego	кадровое агентство (c)	[kádrɔvɔe agénstvɔ]
currículo (m)	резюме (c)	[rezʲumé]
entrevista (f) de emprego	собеседование (c)	[sɔbesédɔvanie]
vaga (f)	вакансия (ж)	[vakánsija]
salário (m)	зарплата (ж)	[zarpláta]
salário (m) fixo	оклад (м)	[ɔklád]
pagamento (m)	оплата (ж)	[ɔpláta]
cargo (m)	должность (ж)	[dólʒnɔstʲ]
dever (do empregado)	обязанность (ж)	[ɔbʲázanɔstʲ]
gama (f) de deveres	круг (м)	[krúg]
ocupado (adj)	занятой	[zanɪtój]
despedir, demitir (vt)	уволить (св, пх)	[uvólitʲ]
demissão (f)	увольнение (c)	[uvɔlʲnénie]
desemprego (m)	безработица (ж)	[bezrabótiʦa]
desempregado (m)	безработный (м)	[bezrabótnij]
aposentadoria (f)	пенсия (ж)	[pénsija]
aposentar-se (vr)	уйти на пенсию	[ujtí na pénsiju]

diretor (m)	директор (м)	[diréktɔr]
gerente (m)	управляющий (м)	[upravlʲájuʃʲij]
patrão, chefe (m)	руководитель, шеф (м)	[rukɔvɔdítelʲ], [ʃæf]
superior (m)	начальник (м)	[natʃálʲnik]
superiores (m pl)	начальство (c)	[natʃálʲstvɔ]
presidente (m)	президент (м)	[prezidént]
chairman (m)	председатель (м)	[pretsedátelʲ]
substituto (m)	заместитель (м)	[zamestítelʲ]
assistente (m)	помощник (м)	[pɔmóʃnik]

| secretário (m) | секретарь (м) | [sekretárʲ] |
| secretário (m) pessoal | личный секретарь (м) | [lítʃnⁱj sekretárʲ] |

homem (m) de negócios	бизнесмен (м)	[biznɛsmén]
empreendedor (m)	предприниматель (м)	[pretprinimátelʲ]
fundador (m)	основатель (м)	[ɔsnɔvátelʲ]
fundar (vt)	основать (св, пх)	[ɔsnɔvátʲ]

principiador (m)	учредитель (м)	[utʃredítelʲ]
parceiro, sócio (m)	партнёр (м)	[partnǿr]
acionista (m)	акционер (м)	[aktsiɔnér]

milionário (m)	миллионер (м)	[miliɔnér]
bilionário (m)	миллиардер (м)	[miliardér]
proprietário (m)	владелец (м)	[vladélets]
proprietário (m) de terras	землевладелец (м)	[zemle·vladélets]

cliente (m)	клиент (м)	[kliént]
cliente (m) habitual	постоянный клиент (м)	[pɔstɔjánnij kliént]
comprador (m)	покупатель (м)	[pɔkupátelʲ]
visitante (m)	посетитель (м)	[pɔsetítelʲ]

profissional (m)	профессионал (м)	[prɔfesiɔnál]
perito (m)	эксперт (м)	[ɛkspért]
especialista (m)	специалист (м)	[spetsialíst]

| banqueiro (m) | банкир (м) | [bankír] |
| corretor (m) | брокер (м) | [bróker] |

caixa (m, f)	кассир (м)	[kassír]
contador (m)	бухгалтер (м)	[buhgálter]
guarda (m)	охранник (м)	[ɔhránnik]

investidor (m)	инвестор (м)	[invéstɔr]
devedor (m)	должник (м)	[dɔlʒník]
credor (m)	кредитор (м)	[kreditór]
mutuário (m)	заёмщик (м)	[zajómʃik]

| importador (m) | импортёр (м) | [impɔrtǿr] |
| exportador (m) | экспортёр (м) | [ɛkspɔrtǿr] |

produtor (m)	производитель (м)	[prɔizvɔdítelʲ]
distribuidor (m)	дистрибьютор (м)	[distribjútɔr]
intermediário (m)	посредник (м)	[pɔsrédnik]

consultor (m)	консультант (м)	[kɔnsulʲtánt]
representante comercial	представитель (м)	[pretstavítelʲ]
agente (m)	агент (м)	[agént]
agente (m) de seguros	страховой агент (м)	[strahɔvój agént]

125. Profissões de serviços

| cozinheiro (m) | повар (м) | [póvar] |
| chefe (m) de cozinha | шеф-повар (м) | [ʃæf-póvar] |

padeiro (m)	пекарь (м)	[pékarⁱ]
barman (m)	бармен (м)	[bármɛn]
garçom (m)	официант (м)	[ɔfitsiánt]
garçonete (f)	официантка (ж)	[ɔfitsiántka]

advogado (m)	адвокат (м)	[advɔkát]
jurista (m)	юрист (м)	[juríst]
notário (m)	нотариус (м)	[nɔtárius]

eletricista (m)	электрик (м)	[ɛléktrik]
encanador (m)	сантехник (м)	[santéhnik]
carpinteiro (m)	плотник (м)	[plótnik]

massagista (m)	массажист (м)	[masaʒĩst]
massagista (f)	массажистка (ж)	[masaʒĩstka]
médico (m)	врач (м)	[vrátʃ]

taxista (m)	таксист (м)	[taksíst]
condutor (automobilista)	шофёр (м)	[ʃɔfǿr]
entregador (m)	курьер (м)	[kurjér]

camareira (f)	горничная (ж)	[górnitʃnaja]
guarda (m)	охранник (м)	[ɔhránnik]
aeromoça (f)	стюардесса (ж)	[stⁱuardǽsa]

professor (m)	учитель (м)	[utʃítelⁱ]
bibliotecário (m)	библиотекарь (м)	[bibliɔtékarⁱ]
tradutor (m)	переводчик (м)	[perevóttʃik]
intérprete (m)	переводчик (м)	[perevóttʃik]
guia (m)	гид (м)	[gíd]

cabeleireiro (m)	парикмахер (м)	[parikmáher]
carteiro (m)	почтальон (м)	[pɔtʃtaljón]
vendedor (m)	продавец (м)	[prɔdavéts]

jardineiro (m)	садовник (м)	[sadóvnik]
criado (m)	слуга (ж)	[slugá]
criada (f)	служанка (ж)	[sluʒánka]
empregada (f) de limpeza	уборщица (ж)	[ubórʃⁱitsa]

126. Profissões militares e postos

soldado (m) raso	рядовой (м)	[rɪdɔvój]
sargento (m)	сержант (м)	[serʒánt]
tenente (m)	лейтенант (м)	[lejtenánt]
capitão (m)	капитан (м)	[kapitán]

major (m)	майор (м)	[majór]
coronel (m)	полковник (м)	[pɔlkóvnik]
general (m)	генерал (м)	[generál]
marechal (m)	маршал (м)	[márʃal]
almirante (m)	адмирал (м)	[admirál]
militar (m)	военный (м)	[vɔénnij]
soldado (m)	солдат (м)	[sɔldát]

| oficial (m) | офицер (м) | [ɔfitsǽr] |
| comandante (m) | командир (м) | [kɔmandír] |

guarda (m) de fronteira	пограничник (м)	[pɔɡranítʃnik]
operador (m) de rádio	радист (м)	[radíst]
explorador (m)	разведчик (м)	[razvéttʃik]
sapador-mineiro (m)	сапёр (м)	[sapǿr]
atirador (m)	стрелок (м)	[strelók]
navegador (m)	штурман (м)	[ʃtúrman]

127. Oficiais. Padres

| rei (m) | король (м) | [kɔrólʲ] |
| rainha (f) | королева (ж) | [kɔrɔléva] |

| príncipe (m) | принц (м) | [prínts] |
| princesa (f) | принцесса (ж) | [printsǽsa] |

| czar (m) | царь (м) | [tsárʲ] |
| czarina (f) | царица (ж) | [tsarítsa] |

presidente (m)	президент (м)	[prezidént]
ministro (m)	министр (м)	[minístr]
primeiro-ministro (m)	премьер-министр (м)	[premjér-minístr]
senador (m)	сенатор (м)	[senátɔr]

diplomata (m)	дипломат (м)	[diplɔmát]
cônsul (m)	консул (м)	[kónsul]
embaixador (m)	посол (м)	[pɔsól]
conselheiro (m)	советник (м)	[sɔvétnik]

funcionário (m)	чиновник (м)	[tʃinóvnik]
prefeito (m)	префект (м)	[prefékt]
Presidente (m) da Câmara	мэр (м)	[mǽr]

| juiz (m) | судья (ж) | [sudjá] |
| procurador (m) | прокурор (м) | [prɔkurór] |

missionário (m)	миссионер (м)	[misiɔnér]
monge (m)	монах (м)	[mɔnáh]
abade (m)	аббат (м)	[abát]
rabino (m)	раввин (м)	[ravín]

vizir (m)	визирь (м)	[vizírʲ]
xá (m)	шах (м)	[ʃáh]
xeique (m)	шейх (м)	[ʃǽjh]

128. Profissões agrícolas

abelheiro (m)	пчеловод (м)	[ptʃelɔvód]
pastor (m)	пастух (м)	[pastúh]
agrônomo (m)	агроном (м)	[agrɔnóm]

| criador (m) de gado | животновод (м) | [ʒivotnɔvód] |
| veterinário (m) | ветеринар (м) | [veterinár] |

agricultor, fazendeiro (m)	фермер (м)	[férmer]
vinicultor (m)	винодел (м)	[vinɔdél]
zoólogo (m)	зоолог (м)	[zoólɔg]
vaqueiro (m)	ковбой (м)	[kɔvbój]

129. Profissões artísticas

| ator (m) | актёр (м) | [aktǿr] |
| atriz (f) | актриса (ж) | [aktrísa] |

| cantor (m) | певец (м) | [pevéts] |
| cantora (f) | певица (ж) | [pevítsa] |

| bailarino (m) | танцор (м) | [tantsór] |
| bailarina (f) | танцовщица (ж) | [tantsófʃitsa] |

| artista (m) | артист (м) | [artíst] |
| artista (f) | артистка (ж) | [artístka] |

músico (m)	музыкант (м)	[muzikánt]
pianista (m)	пианист (м)	[pianíst]
guitarrista (m)	гитарист (м)	[gitaríst]

maestro (m)	дирижёр (м)	[diriʒór]
compositor (m)	композитор (м)	[kɔmpɔzítɔr]
empresário (m)	импресарио (м)	[impresáriɔ]

diretor (m) de cinema	режиссёр (м)	[reʒisǿr]
produtor (m)	продюсер (м)	[prɔdʲúsɛr]
roteirista (m)	сценарист (м)	[stsɛnaríst]
crítico (m)	критик (м)	[krítik]

escritor (m)	писатель (м)	[pisátelʲ]
poeta (m)	поэт (м)	[pɔǽt]
escultor (m)	скульптор (м)	[skúlʲptɔr]
pintor (m)	художник (м)	[hudóʒnik]

malabarista (m)	жонглёр (м)	[ʒɔnglǿr]
palhaço (m)	клоун (м)	[klóun]
acrobata (m)	акробат (м)	[akrɔbát]
ilusionista (m)	фокусник (м)	[fókusnik]

130. Várias profissões

médico (m)	врач (м)	[vrátʃ]
enfermeira (f)	медсестра (ж)	[metsestrá]
psiquiatra (m)	психиатр (м)	[psihiátr]
dentista (m)	стоматолог (м)	[stɔmatólɔg]
cirurgião (m)	хирург (м)	[hirúrg]

astronauta (m)	астронавт (м)	[astrɔnávt]
astrônomo (m)	астроном (м)	[astrɔnóm]
motorista (m)	водитель (м)	[vɔdítelʲ]
maquinista (m)	машинист (м)	[maʃiníst]
mecânico (m)	механик (м)	[mehánik]
mineiro (m)	шахтёр (м)	[ʃahtǿr]
operário (m)	рабочий (м)	[rabótʃij]
serralheiro (m)	слесарь (м)	[slésarʲ]
marceneiro (m)	столяр (м)	[stɔlʲár]
torneiro (m)	токарь (м)	[tókarʲ]
construtor (m)	строитель (м)	[strɔítelʲ]
soldador (m)	сварщик (м)	[svárʃik]
professor (m)	профессор (м)	[prɔfésɔr]
arquiteto (m)	архитектор (м)	[arhitéktɔr]
historiador (m)	историк (м)	[istórik]
cientista (m)	учёный (м)	[utʃónij]
físico (m)	физик (м)	[fízik]
químico (m)	химик (м)	[hímik]
arqueólogo (m)	археолог (м)	[arheólɔg]
geólogo (m)	геолог (м)	[geólɔg]
pesquisador (cientista)	исследователь (м)	[islédɔvatelʲ]
babysitter, babá (f)	няня (ж)	[nʲánʲa]
professor (m)	учитель (м)	[utʃítelʲ]
redator (m)	редактор (м)	[redáktɔr]
redator-chefe (m)	главный редактор (м)	[glávnij redáktɔr]
correspondente (m)	корреспондент (м)	[kɔrespɔndént]
datilógrafa (f)	машинистка (ж)	[maʃinístka]
designer (m)	дизайнер (м)	[dizájner]
especialista (m) em informática	компьютерщик (м)	[kɔmpjúterʃik]
programador (m)	программист (м)	[prɔgramíst]
engenheiro (m)	инженер (м)	[inʒenér]
marujo (m)	моряк (м)	[mɔrʲák]
marinheiro (m)	матрос (м)	[matrós]
socorrista (m)	спасатель (м)	[spasátelʲ]
bombeiro (m)	пожарный (м)	[pɔʒárnij]
polícia (m)	полицейский (м)	[pɔlitsǽjskij]
guarda-noturno (m)	сторож (м)	[stórɔʃ]
detetive (m)	сыщик (м)	[sïʃʲik]
funcionário (m) da alfândega	таможенник (м)	[tamóʒenik]
guarda-costas (m)	телохранитель (м)	[telɔhranítelʲ]
guarda (m) prisional	охранник (м)	[ɔhránnik]
inspetor (m)	инспектор (м)	[inspéktɔr]
esportista (m)	спортсмен (м)	[spɔrtsmén]
treinador (m)	тренер (м)	[tréner]

açougueiro (m)	мясник (м)	[mɪsník]
sapateiro (m)	сапожник (м)	[sapóʒnik]
comerciante (m)	коммерсант (м)	[kɔmersánt]
carregador (m)	грузчик (м)	[grúʃʲik]
estilista (m)	модельер (м)	[mɔdɛljér]
modelo (f)	модель (ж)	[mɔdǽlʲ]

131. Ocupações. Estatuto social

estudante (~ de escola)	школьник (м)	[ʃkólʲnik]
estudante (~ universitária)	студент (м)	[studént]
filósofo (m)	философ (м)	[filósɔf]
economista (m)	экономист (м)	[ɛkɔnɔmíst]
inventor (m)	изобретатель (м)	[izɔbretátelʲ]
desempregado (m)	безработный (м)	[bezrabótnɨj]
aposentado (m)	пенсионер (м)	[pensiɔnér]
espião (m)	шпион (м)	[ʃpión]
preso, prisioneiro (m)	заключённый (м)	[zaklʲutʃónnɨj]
grevista (m)	забастовщик (м)	[zabastófʃʲik]
burocrata (m)	бюрократ (м)	[bʲurɔkrát]
viajante (m)	путешественник (м)	[puteʃǽstvenik]
homossexual (m)	гомосексуалист (м)	[gɔmɔ·sɛksualíst]
hacker (m)	хакер (м)	[háker]
hippie (m, f)	хиппи (м)	[híppi]
bandido (m)	бандит (м)	[bandít]
assassino (m)	наёмный убийца (м)	[najómnɨj ubíjtsa]
drogado (m)	наркоман (м)	[narkɔmán]
traficante (m)	торговец (м) наркотиками	[tɔrgóvets narkótikami]
prostituta (f)	проститутка (ж)	[prɔstitútka]
cafetão (m)	сутенёр (м)	[sutenǿr]
bruxo (m)	колдун (м)	[kɔldún]
bruxa (f)	колдунья (ж)	[kɔldúnja]
pirata (m)	пират (м)	[pirát]
escravo (m)	раб (м)	[ráb]
samurai (m)	самурай (м)	[samuráj]
selvagem (m)	дикарь (м)	[dikárʲ]

Desportos

esportista (m)	спортсмен (м)	[sportsmén]
tipo (m) de esporte	вид (м) спорта	[víd spórta]
basquete (m)	баскетбол (м)	[basketból]
jogador (m) de basquete	баскетболист (м)	[basketbolíst]
beisebol (m)	бейсбол (м)	[bejzból]
jogador (m) de beisebol	бейсболист (м)	[bejzbolíst]
futebol (m)	футбол (м)	[futból]
jogador (m) de futebol	футболист (м)	[futbolíst]
goleiro (m)	вратарь (м)	[vratárʲ]
hóquei (m)	хоккей (м)	[hɔkéj]
jogador (m) de hóquei	хоккеист (м)	[hɔkeíst]
vôlei (m)	волейбол (м)	[vɔlejból]
jogador (m) de vôlei	волейболист (м)	[vɔlejbolíst]
boxe (m)	бокс (м)	[bóks]
boxeador (m)	боксёр (м)	[boksør]
luta (f)	борьба (ж)	[borʲbá]
lutador (m)	борец (м)	[boréts]
caratê (m)	карате (с)	[karatǽ]
carateca (m)	каратист (м)	[karatíst]
judô (m)	дзюдо (с)	[dzʲudó]
judoca (m)	дзюдоист (м)	[dzʲudoíst]
tênis (m)	теннис (м)	[tǽnis]
tenista (m)	теннисист (м)	[tɛnisíst]
natação (f)	плавание (с)	[plávanie]
nadador (m)	пловец (м)	[plɔvéts]
esgrima (f)	фехтование (с)	[fehtɔvánie]
esgrimista (m)	фехтовальщик (м)	[fehtɔválʲʃik]
xadrez (m)	шахматы (мн)	[ʃáhmatɨ]
jogador (m) de xadrez	шахматист (м)	[ʃahmatíst]
alpinismo (m)	альпинизм (м)	[alʲpinízm]
alpinista (m)	альпинист (м)	[alʲpiníst]
corrida (f)	бег (м)	[bég]

corredor (m)	бегун (м)	[begún]
atletismo (m)	лёгкая атлетика (ж)	[lǿhkaja atlétika]
atleta (m)	атлет (м)	[atlét]

| hipismo (m) | конный спорт (м) | [kónnij spórt] |
| cavaleiro (m) | наездник (м) | [naéznik] |

patinação (f) artística	фигурное катание (c)	[figúrnɔe katánie]
patinador (m)	фигурист (м)	[figuríst]
patinadora (f)	фигуристка (ж)	[figurístka]

| halterofilismo (m) | тяжёлая атлетика (ж) | [tɪʒólaja atlétika] |
| halterofilista (m) | штангист (м) | [ʃtangíst] |

| corrida (f) de carros | автогонки (ж мн) | [aftɔ·gónki] |
| piloto (m) | гонщик (м) | [gónʃik] |

| ciclismo (m) | велоспорт (м) | [velɔspórt] |
| ciclista (m) | велосипедист (м) | [velɔsipedíst] |

salto (m) em distância	прыжки (м мн) в длину	[priʃkí v dlinú]
salto (m) com vara	прыжки (м мн) с шестом	[priʃkí s ʃɛstóm]
atleta (m) de saltos	прыгун (м)	[prigún]

133. Tipos de desportos. Diversos

futebol (m) americano	американский футбол (м)	[amerikánskij futból]
badminton (m)	бадминтон (м)	[badmintón]
biatlo (m)	биатлон (м)	[biatlón]
bilhar (m)	бильярд (м)	[biljárd]

bobsled (m)	бобслей (м)	[bobsléj]
musculação (f)	бодибилдинг (м)	[bɔdibílding]
polo (m) aquático	водное поло (c)	[vódnɔe pólɔ]
handebol (m)	гандбол (м)	[ganból]
golfe (m)	гольф (м)	[gólʲf]

remo (m)	гребля (ж)	[gréblʲa]
mergulho (m)	дайвинг (м)	[dájving]
corrida (f) de esqui	лыжные гонки (ж мн)	[lïʒnɪe gónki]
tênis (m) de mesa	настольный теннис (м)	[nastólʲnij tǽnis]

vela (f)	парусный спорт (м)	[párusnij spórt]
rali (m)	ралли (c)	[ráli]
rúgbi (m)	регби (c)	[rǽgbi]
snowboard (m)	сноуборд (м)	[snɔubórd]
arco-e-flecha (m)	стрельба (ж) из лука	[strelʲbá iz lúka]

134. Ginásio

| barra (f) | штанга (ж) | [ʃtánga] |
| halteres (m pl) | гантели (ж мн) | [gantéli] |

aparelho (m) de musculação	тренажёр (м)	[trenaʒór]
bicicleta (f) ergométrica	велотренажёр (м)	[velɔ·trenaʒór]
esteira (f) de corrida	беговая дорожка (ж)	[begɔvája dɔróʃka]
barra (f) fixa	перекладина (ж)	[perekládina]
barras (f pl) paralelas	брусья (мн)	[brúsja]
cavalo (m)	конь (м)	[kónʲ]
tapete (m) de ginástica	мат (м)	[mát]
corda (f) de saltar	скакалка (ж)	[skakálka]
aeróbica (f)	аэробика (ж)	[aɛróbika]
ioga, yoga (f)	йога (ж)	[jóga]

135. Hóquei

hóquei (m)	хоккей (м)	[hɔkéj]
jogador (m) de hóquei	хоккеист (м)	[hɔkeíst]
jogar hóquei	играть в хоккей	[igrátʲ f hɔkéj]
gelo (m)	лёд (м)	[lʲǿd]
disco (m)	шайба (ж)	[ʃájba]
taco (m) de hóquei	клюшка (ж)	[klʲúʃka]
patins (m pl) de gelo	коньки (м мн)	[kɔnʲkí]
muro (m)	борт (м)	[bórt]
tiro (m)	бросок (м)	[brɔsók]
goleiro (m)	вратарь (м)	[vratárʲ]
gol (m)	гол (м)	[gól]
marcar um gol	забить гол	[zabítʲ gól]
tempo (m)	период (м)	[períud]
segundo tempo (m)	2-й период	[ftɔrój períud]
banco (m) de reservas	скамейка (ж) запасных	[skaméjka zapasnîh]

136. Futebol

futebol (m)	футбол (м)	[futból]
jogador (m) de futebol	футболист (м)	[futbɔlíst]
jogar futebol	играть в футбол	[igrátʲ f futból]
Time (m) Principal	высшая лига (ж)	[vîsʃaja líga]
time (m) de futebol	футбольный клуб (м)	[futbólʲnij klúb]
treinador (m)	тренер (м)	[tréner]
proprietário (m)	владелец (м)	[vladéleʦ]
equipe (f)	команда (ж)	[kɔmánda]
capitão (m)	капитан (м) команды	[kapitán kɔmándi]
jogador (m)	игрок (м)	[igrók]
jogador (m) reserva	запасной игрок (м)	[zapasnój igrók]
atacante (m)	нападающий (м)	[napadájuʃij]
centroavante (m)	центральный нападающий (м)	[ʦɛntrálʲnij napadájuʃij]

121

marcador (m)	бомбардир (м)	[bombardír]
defesa (m)	защитник (м)	[zaʃítnik]
meio-campo (m)	полузащитник (м)	[poluzaʃítnik]

jogo (m), partida (f)	матч (м)	[máttʃ]
encontrar-se (vr)	встречаться (нсв, возв)	[fstretʃátsa]
final (m)	финал (м)	[finál]
semifinal (f)	полуфинал (м)	[polu·finál]
campeonato (m)	чемпионат (м)	[tʃempionát]

tempo (m)	тайм (м)	[tájm]
primeiro tempo (m)	1-й тайм (м)	[pérvij tájm]
intervalo (m)	перерыв (м)	[pereríf]

goleira (f)	ворота (мн)	[voróta]
goleiro (m)	вратарь (м)	[vratárʲ]
trave (f)	штанга (ж)	[ʃtánga]
travessão (m)	перекладина (ж)	[perekládina]
rede (f)	сетка (ж)	[sétka]
tomar um gol	пропустить гол	[propustítʲ gól]

bola (f)	мяч (м)	[mʲátʃ]
passe (m)	пас, передача (ж)	[pás], [peredátʃa]
chute (m)	удар (м)	[udár]
chutar (vt)	нанести удар	[nanestí udár]
pontapé (m)	штрафной удар (м)	[ʃtrafnój udár]
escanteio (m)	угловой удар (м)	[uglovój udár]

ataque (m)	атака (ж)	[atáka]
contra-ataque (m)	контратака (ж)	[kontratáka]
combinação (f)	комбинация (ж)	[kombinátsija]

árbitro (m)	арбитр (м)	[arbítr]
apitar (vi)	свистеть (нсв, нпх)	[svistétʲ]
apito (m)	свисток (м)	[svistók]
falta (f)	нарушение (с)	[naruʃǽnie]
cometer a falta	нарушить (св, пх)	[narúʃitʲ]
expulsar (vt)	удалить с поля	[udalítʲ s pólʲa]

cartão (m) amarelo	жёлтая карточка (ж)	[ʒóltaja kártotʃka]
cartão (m) vermelho	красная карточка (ж)	[krásnaja kártotʃka]
desqualificação (f)	дисквалификация (ж)	[diskvalifikátsija]
desqualificar (vt)	дисквалифицировать (нсв, пх)	[diskvalifitsīrovatʲ]

pênalti (m)	пенальти (м)	[penálʲti]
barreira (f)	стенка (ж)	[sténka]
marcar (vt)	забить (св, н/пх)	[zabítʲ]
gol (m)	гол (м)	[gól]
marcar um gol	забить гол	[zabítʲ gól]

substituição (f)	замена (ж)	[zaména]
substituir (vt)	заменить (св, пх)	[zamenítʲ]
regras (f pl)	правила (с мн)	[právila]
tática (f)	тактика (ж)	[táktika]
estádio (m)	стадион (м)	[stadión]

arquibancadas (f pl)	трибуна (ж)	[tribúna]
fã, torcedor (m)	болельщик (м)	[bʌlélʲʃik]
gritar (vi)	кричать (нсв, нпх)	[kritʃátʲ]

placar (m)	табло (c)	[tabló]
resultado (m)	счёт (м)	[ʃʲót]

derrota (f)	поражение (c)	[pʌraʒǽnie]
perder (vt)	проиграть (св, нпх)	[prʌigrátʲ]
empate (m)	ничья (ж)	[nitʃjá]
empatar (vi)	сыграть вничью	[sigrátʲ vnitʃjú]

vitória (f)	победа (ж)	[pʌbéda]
vencer (vi, vt)	победить (св, н/пх)	[pʌbedítʲ]
campeão (m)	чемпион (м)	[tʃempión]
melhor (adj)	лучший	[lútʃij]
felicitar (vt)	поздравлять (нсв, пх)	[pʌzdravlʲátʲ]

comentarista (m)	комментатор (м)	[kʌmentátor]
comentar (vt)	комментировать (нсв, пх)	[kʌmentírovatʲ]
transmissão (f)	трансляция (ж)	[translʲátsija]

137. Esqui alpino

esqui (m)	лыжи (ж мн)	[lɨʒɨ]
esquiar (vi)	кататься на лыжах	[katátsa na lɨʒah]
estação (f) de esqui	горнолыжный курорт (м)	[gʌrnʌlɨʒnɨj kurórt]
teleférico (m)	подъёмник (м)	[pʌdjómnik]

bastões (m pl) de esqui	палки (ж мн)	[pálki]
declive (m)	склон (м)	[sklón]
slalom (m)	слалом (м)	[slálom]

138. Tênis. Golfe

golfe (m)	гольф (м)	[gólʲf]
clube (m) de golfe	гольф-клуб (м)	[gólʲf-klúb]
jogador (m) de golfe	игрок в гольф (м)	[igrók v gólʲf]

buraco (m)	лунка (ж)	[lúnka]
taco (m)	клюшка (ж)	[klʲúʃka]
trolley (m)	тележка (ж) для клюшек	[teléʃka dlʲa klʲúʃɛk]

tênis (m)	теннис (м)	[tǽnis]
quadra (f) de tênis	корт (м)	[kórt]

saque (m)	подача (ж)	[pʌdátʃa]
sacar (vi)	подавать (нсв, пх)	[pʌdavátʲ]

raquete (f)	ракетка (ж)	[rakétka]
rede (f)	сетка (ж)	[sétka]
bola (f)	мяч (м)	[mʲátʃ]

139. Xadrez

xadrez (m)	шахматы (мн)	[ʃáhmati]
peças (f pl) de xadrez	шахматы (мн)	[ʃáhmati]
jogador (m) de xadrez	шахматист (м)	[ʃahmatíst]
tabuleiro (m) de xadrez	шахматная доска (ж)	[ʃáhmatnaja dɔská]
peça (f)	фигура (ж)	[figúra]
brancas (f pl)	белые (мн)	[bélie]
pretas (f pl)	чёрные (мн)	[tʃórnie]
peão (m)	пешка (ж)	[péʃka]
bispo (m)	слон (м)	[slón]
cavalo (m)	конь (м)	[kónʲ]
torre (f)	ладья (ж)	[ladjá]
dama (f)	ферзь (м)	[fʲérsʲ]
rei (m)	король (м)	[kɔrólʲ]
vez (f)	ход (м)	[hód]
mover (vt)	ходить (нсв, нпх)	[hɔdítʲ]
sacrificar (vt)	пожертвовать (св, пх)	[pɔʒǽrtvɔvatʲ]
roque (m)	рокировка (ж)	[rɔkirófka]
xeque (m)	шах (м)	[ʃáh]
xeque-mate (m)	мат (м)	[mát]
torneio (m) de xadrez	шахматный турнир (м)	[ʃáhmatnij turnír]
grão-mestre (m)	гроссмейстер (м)	[grɔsméjster]
combinação (f)	комбинация (ж)	[kɔmbinátsija]
partida (f)	партия (ж)	[pártija]
jogo (m) de damas	шашки (ж мн)	[ʃáʃki]

140. Boxe

boxe (m)	бокс (м)	[bóks]
combate (m)	бой (м)	[bój]
luta (f) de boxe	поединок (м)	[pɔedínɔk]
round (m)	раунд (м)	[ráund]
ringue (m)	ринг (м)	[ríng]
gongo (m)	гонг (м)	[góng]
murro, soco (m)	удар (м)	[udár]
derrubada (f)	нокдаун (м)	[nɔkdáun]
nocaute (m)	нокаут (м)	[nɔkáut]
nocautear (vt)	нокаутировать (св, пх)	[nɔkautírɔvatʲ]
luva (f) de boxe	боксёрская перчатка (ж)	[bɔksǿrskaja pertʃátka]
juiz (m)	рефери (м)	[réferi]
peso-pena (m)	лёгкий вес (м)	[lǿhkij vés]
peso-médio (m)	средний вес (м)	[srédnij vés]
peso-pesado (m)	тяжёлый вес (м)	[tɪʒólij vés]

141. Desportos. Diversos

Jogos (m pl) Olímpicos	Олимпийские игры (ж мн)	[ɔlimpíjskie ígri]
vencedor (m)	победитель (м)	[pɔbedítelʲ]
vencer (vi)	побеждать (нсв, нпх)	[pɔbeʒdátʲ]
vencer (vi, vt)	выиграть (св, нпх)	[vĩigratʲ]

| líder (m) | лидер (м) | [líder] |
| liderar (vt) | лидировать (нсв, нпх) | [lidírɔvatʲ] |

primeiro lugar (m)	первое место (c)	[pérvɔe méstɔ]
segundo lugar (m)	второе место (c)	[ftɔróe méstɔ]
terceiro lugar (m)	третье место (c)	[trétje méstɔ]

medalha (f)	медаль (ж)	[medálʲ]
troféu (m)	трофей (м)	[trɔféj]
taça (f)	кубок (м)	[kúbɔk]
prêmio (m)	приз (м)	[prís]
prêmio (m) principal	главный приз (м)	[glávnij prís]

| recorde (m) | рекорд (м) | [rekórd] |
| estabelecer um recorde | ставить рекорд | [stávitʲ rekórd] |

| final (m) | финал (м) | [finál] |
| final (adj) | финальный | [finálʲnij] |

| campeão (m) | чемпион (м) | [ʧempión] |
| campeonato (m) | чемпионат (м) | [ʧempiɔnát] |

estádio (m)	стадион (м)	[stadión]
arquibancadas (f pl)	трибуна (ж)	[tribúna]
fã, torcedor (m)	болельщик (м)	[bɔlélʲʃik]
adversário (m)	противник (м)	[prɔtívnik]

| partida (f) | старт (м) | [stárt] |
| linha (f) de chegada | финиш (м) | [fíniʃ] |

| derrota (f) | поражение (c) | [pɔraʒǽnie] |
| perder (vt) | проиграть (св, нпх) | [prɔigrátʲ] |

árbitro, juiz (m)	судья (ж)	[sudjá]
júri (m)	жюри (c)	[ʒurí]
resultado (m)	счёт (м)	[ʃǿt]
empate (m)	ничья (ж)	[niʧjá]
empatar (vi)	сыграть вничью	[sigrátʲ vniʧjú]
ponto (m)	очко (c)	[ɔʧkó]
resultado (m) final	результат (м)	[rezulʲtát]

intervalo (m)	перерыв (м)	[pererĩf]
doping (m)	допинг (м)	[dóping]
penalizar (vt)	штрафовать (нсв, пх)	[ʃtrafɔvátʲ]
desqualificar (vt)	дисквалифицировать (нсв, пх)	[diskvalifiˈtsirɔvatʲ]

| aparelho, aparato (m) | снаряд (м) | [snarʲád] |
| dardo (m) | копьё (c) | [kɔpjǿ] |

| peso (m) | ядро (c) | [jɪdró] |
| bola (f) | шар (м) | [ʃár] |

alvo, objetivo (m)	цель (ж)	[tsǽlʲ]
alvo (~ de papel)	мишень (ж)	[miʃǽnʲ]
disparar, atirar (vi)	стрелять (нсв, нпх)	[strelʲátʲ]
preciso (tiro ~)	точный	[tótʃnij]

treinador (m)	тренер (м)	[tréner]
treinar (vt)	тренировать (нсв, пх)	[trenirɔvátʲ]
treinar-se (vr)	тренироваться (нсв, возв)	[trenirɔvátsa]
treino (m)	тренировка (ж)	[trenirófka]

academia (f) de ginástica	спортзал (м)	[spɔrtzál]
exercício (m)	упражнение (c)	[upraʒnénie]
aquecimento (m)	разминка (ж)	[razmínka]

Educação

| escola (f) | школа (ж) | [ʃkóla] |
| diretor (m) de escola | директор (м) школы | [diréktɔr ʃkóli] |

aluno (m)	ученик (м)	[utʃeník]
aluna (f)	ученица (ж)	[utʃenítsa]
estudante (m)	школьник (м)	[ʃkólʲnik]
estudante (f)	школьница (ж)	[ʃkólʲnitsa]

ensinar (vt)	учить (нсв, пх)	[utʃítʲ]
aprender (vt)	учить (нсв, пх)	[utʃítʲ]
decorar (vt)	учить наизусть	[utʃítʲ naizústʲ]

estudar (vi)	учиться (нсв, возв)	[utʃítsa]
estar na escola	учиться (нсв, возв)	[utʃítsa]
ir à escola	идти в школу	[itʲtí f ʃkólu]

| alfabeto (m) | алфавит (м) | [alfavít] |
| disciplina (f) | предмет (м) | [predmét] |

sala (f) de aula	класс (м)	[klás]
lição, aula (f)	урок (м)	[urók]
recreio (m)	перемена (ж)	[pereména]
toque (m)	звонок (м)	[zvɔnók]
classe (f)	парта (ж)	[párta]
quadro (m) negro	доска (ж)	[dɔská]

nota (f)	отметка (ж)	[ɔtmétka]
boa nota (f)	хорошая отметка (ж)	[hɔróʃaja ɔtmétka]
nota (f) baixa	плохая отметка (ж)	[plɔhája ɔtmétka]
dar uma nota	ставить отметку	[stávitʲ ɔtmétku]

erro (m)	ошибка (ж)	[ɔʃípka]
errar (vi)	делать ошибки	[délatʲ ɔʃípki]
corrigir (~ um erro)	исправлять (нсв, пх)	[ispravlʲátʲ]
cola (f)	шпаргалка (ж)	[ʃpargálka]

| dever (m) de casa | домашнее задание (с) | [dɔmáʃnee zadánie] |
| exercício (m) | упражнение (с) | [upraʒnénie] |

estar presente	присутствовать (нсв, нпх)	[prisútstvɔvatʲ]
estar ausente	отсутствовать (нсв, нпх)	[ɔtsútstvɔvatʲ]
faltar às aulas	пропускать уроки	[prɔpuskátʲ uróki]

punir (vt)	наказывать (нсв, пх)	[nakázivatʲ]
punição (f)	наказание (с)	[nakazánie]
comportamento (m)	поведение (с)	[pɔvedénie]

boletim (m) escolar	дневник (м)	[dnevník]
lápis (m)	карандаш (м)	[karandáʃ]
borracha (f)	ластик (м)	[lástik]
giz (m)	мел (м)	[mél]
porta-lápis (m)	пенал (м)	[penál]

mala, pasta, mochila (f)	портфель (м)	[pɔrtfélʲ]
caneta (f)	ручка (ж)	[rútʲka]
caderno (m)	тетрадь (ж)	[tetrátʲ]
livro (m) didático	учебник (м)	[utʃébnik]
compasso (m)	циркуль (м)	[tsĩrkulʲ]

traçar (vt)	чертить (нсв, пх)	[tʃertítʲ]
desenho (m) técnico	чертёж (м)	[tʃertǿʃ]

poesia (f)	стихотворение (с)	[stihɔtvɔrénie]
de cor	наизусть	[naizústʲ]
decorar (vt)	учить наизусть	[utʃítʲ naizústʲ]

férias (f pl)	каникулы (мн)	[kaníkulɨ]
estar de férias	быть на каникулах	[bɨtʲ na kaníkulah]
passar as férias	провести каникулы	[prɔvestí kaníkulɨ]

teste (m), prova (f)	контрольная работа (ж)	[kɔntrólʲnaja rabóta]
redação (f)	сочинение (с)	[sɔtʃinénie]
ditado (m)	диктант (м)	[diktánt]
exame (m), prova (f)	экзамен (м)	[ɛkzámen]
fazer prova	сдавать экзамены	[zdavátʲ ɛkzámenɨ]
experiência (~ química)	опыт (м)	[ópɨt]

143. Colégio. Universidade

academia (f)	академия (ж)	[akadémija]
universidade (f)	университет (м)	[universitét]
faculdade (f)	факультет (м)	[fakulʲtét]

estudante (m)	студент (м)	[studént]
estudante (f)	студентка (ж)	[studéntka]
professor (m)	преподаватель (м)	[prepɔdavátelʲ]

auditório (m)	аудитория (ж)	[auditórija]
graduado (m)	выпускник (м)	[vɨpuskník]

diploma (m)	диплом (м)	[diplóm]
tese (f)	диссертация (ж)	[disertátsija]

estudo (obra)	исследование (с)	[islédɔvanie]
laboratório (m)	лаборатория (ж)	[laboratórija]

palestra (f)	лекция (ж)	[léktsija]
colega (m) de curso	однокурсник (м)	[ɔdnɔkúrsnik]

bolsa (f) de estudos	стипендия (ж)	[stipéndija]
grau (m) acadêmico	учёная степень (ж)	[utʃónaja stépenʲ]

144. Ciências. Disciplinas

matemática (f)	математика (ж)	[matemátika]
álgebra (f)	алгебра (ж)	[álgebra]
geometria (f)	геометрия (ж)	[geométrija]
astronomia (f)	астрономия (ж)	[astronómija]
biologia (f)	биология (ж)	[biológija]
geografia (f)	география (ж)	[geográfija]
geologia (f)	геология (ж)	[geológija]
história (f)	история (ж)	[istórija]
medicina (f)	медицина (ж)	[meditsĩna]
pedagogia (f)	педагогика (ж)	[pedagógika]
direito (m)	право (c)	[právɔ]
física (f)	физика (ж)	[fízika]
química (f)	химия (ж)	[hímija]
filosofia (f)	философия (ж)	[filɔsófija]
psicologia (f)	психология (ж)	[psihológija]

145. Sistema de escrita. Ortografia

gramática (f)	грамматика (ж)	[gramátika]
vocabulário (m)	лексика (ж)	[léksika]
fonética (f)	фонетика (ж)	[fonǽtika]
substantivo (m)	существительное (c)	[suʃestvítelʲnɔe]
adjetivo (m)	прилагательное (c)	[prilagátelʲnɔe]
verbo (m)	глагол (м)	[glagól]
advérbio (m)	наречие (c)	[narétʃie]
pronome (m)	местоимение (c)	[mestɔiménie]
interjeição (f)	междометие (c)	[meʒdɔmétie]
preposição (f)	предлог (м)	[predlóg]
raiz (f)	корень (м) слова	[kórenʲ slóva]
terminação (f)	окончание (c)	[ɔkɔntʃánie]
prefixo (m)	приставка (ж)	[pristáfka]
sílaba (f)	слог (м)	[slóg]
sufixo (m)	суффикс (м)	[súfiks]
acento (m)	ударение (c)	[udarénie]
apóstrofo (f)	апостроф (м)	[apóstrɔf]
ponto (m)	точка (ж)	[tótʃka]
vírgula (f)	запятая (ж)	[zapɪtája]
ponto e vírgula (m)	точка (ж) с запятой	[tótʃka s zapɪtój]
dois pontos (m pl)	двоеточие (c)	[dvɔetótʃie]
reticências (f pl)	многоточие (c)	[mnɔgotótʃie]
ponto (m) de interrogação	вопросительный знак (м)	[vɔprɔsítelʲnij znák]
ponto (m) de exclamação	восклицательный знак (м)	[vɔsklitsátelʲnij znák]

aspas (f pl)	кавычки (ж мн)	[kavʼiʧki]
entre aspas	в кавычках	[f kavʼiʧkah]
parênteses (m pl)	скобки (ж мн)	[skópki]
entre parênteses	в скобках	[f skópkah]
hífen (m)	дефис (м)	[defís]
travessão (m)	тире (с)	[tirǽ]
espaço (m)	пробел (м)	[prɔbél]
letra (f)	буква (ж)	[búkva]
letra (f) maiúscula	большая буква (ж)	[bolʼʃája búkva]
vogal (f)	гласный звук (м)	[glásnɨj zvúk]
consoante (f)	согласный звук (м)	[sɔglásnɨj zvúk]
frase (f)	предложение (с)	[predlɔʒǽnie]
sujeito (m)	подлежащее (с)	[pɔdleʒáʃee]
predicado (m)	сказуемое (с)	[skazúemɔe]
linha (f)	строка (ж)	[strɔká]
em uma nova linha	с новой строки	[s nóvɔj strɔkí]
parágrafo (m)	абзац (м)	[abzáts]
palavra (f)	слово (с)	[slóvɔ]
grupo (m) de palavras	словосочетание (с)	[slɔvɔ·sɔʧetánie]
expressão (f)	выражение (с)	[vɨraʒǽnie]
sinônimo (m)	синоним (м)	[sinónim]
antônimo (m)	антоним (м)	[antónim]
regra (f)	правило (с)	[právilɔ]
exceção (f)	исключение (с)	[isklʼuʧénie]
correto (adj)	верный	[vérnɨj]
conjugação (f)	спряжение (с)	[sprɨʒǽnie]
declinação (f)	склонение (с)	[sklɔnénie]
caso (m)	падеж (м)	[padéʃ]
pergunta (f)	вопрос (м)	[vɔprós]
sublinhar (vt)	подчеркнуть (св, пх)	[pɔtʧerknútʼ]
linha (f) pontilhada	пунктир (м)	[punktír]

146. Línguas estrangeiras

língua (f)	язык (м)	[jɨzɨ̃k]
estrangeiro (adj)	иностранный	[inɔstránnɨj]
língua (f) estrangeira	иностранный язык (м)	[inɔstránnɨj jɨzɨ̃k]
estudar (vt)	изучать (нсв, пх)	[izuʧátʼ]
aprender (vt)	учить (нсв, пх)	[uʧítʼ]
ler (vt)	читать (нсв, н/пх)	[ʧitátʼ]
falar (vi)	говорить (нсв, н/пх)	[gɔvɔrítʼ]
entender (vt)	понимать (нсв, пх)	[pɔnimátʼ]
escrever (vt)	писать (нсв, пх)	[pisátʼ]
rapidamente	быстро	[bɨ̃strɔ]
devagar, lentamente	медленно	[médlenɔ]

fluentemente	свободно (c мн)	[svɔbódnɔ]
regras (f pl)	правила (c мн)	[právila]
gramática (f)	грамматика (ж)	[gramátika]
vocabulário (m)	лексика (ж)	[léksika]
fonética (f)	фонетика (ж)	[fɔnǽtika]

livro (m) didático	учебник (м)	[utʃébnik]
dicionário (m)	словарь (м)	[slɔvárʲ]
manual (m) autodidático	самоучитель (м)	[samɔutʃítelʲ]
guia (m) de conversação	разговорник (м)	[razgɔvórnik]

fita (f) cassete	кассета (ж)	[kaséta]
videoteipe (m)	видеокассета (ж)	[vídeɔ·kaséta]
CD (m)	компакт-диск (м)	[kɔmpákt-dísk]
DVD (m)	DVD-диск (м)	[di·vi·dí dísk]

alfabeto (m)	алфавит (м)	[alfavít]
soletrar (vt)	говорить по буквам	[gɔvɔrítʲ pɔ búkvam]
pronúncia (f)	произношение (c)	[prɔiznɔʃǽnie]

sotaque (m)	акцент (м)	[aktsǽnt]
com sotaque	с акцентом	[s aktsǽntɔm]
sem sotaque	без акцента	[bez aktsǽnta]

palavra (f)	слово (c)	[slóvɔ]
sentido (m)	смысл (м)	[smȋsl]

curso (m)	курсы (мн)	[kúrsɨ]
inscrever-se (vr)	записаться (cв, возв)	[zapisátsa]
professor (m)	преподаватель (м)	[prepɔdavátelʲ]

tradução (processo)	перевод (м)	[perevód]
tradução (texto)	перевод (м)	[perevód]
tradutor (m)	переводчик (м)	[perevóttʃik]
intérprete (m)	переводчик (м)	[perevóttʃik]

poliglota (m)	полиглот (м)	[pɔliglót]
memória (f)	память (ж)	[pámɨtʲ]

147. Personagens de contos de fadas

Papai Noel (m)	Санта Клаус (м)	[sánta kláus]
Cinderela (f)	Золушка (ж)	[zóluʃka]
sereia (f)	русалка (ж)	[rusálka]
Netuno (m)	Нептун (м)	[neptún]

bruxo, feiticeiro (m)	волшебник (м)	[vɔlʃǽbnik]
fada (f)	волшебница (ж)	[vɔlʃǽbnitsa]
mágico (adj)	волшебный	[vɔlʃǽbnij]
varinha (f) mágica	волшебная палочка (ж)	[vɔlʃǽbnaja pálɔtʃka]

conto (m) de fadas	сказка (ж)	[skáska]
milagre (m)	чудо (c)	[tʃúdɔ]
anão (m)	гном (м)	[gnóm]

131

transformar-se em ...	превратиться в ... (св)	[prevratítsa f ...]
fantasma (m)	призрак (м)	[prízrak]
fantasma (m)	привидение (c)	[prividénie]
monstro (m)	чудовище (c)	[ʧudóviʃe]
dragão (m)	дракон (м)	[drakón]
gigante (m)	великан (м)	[velikán]

148. Signos do Zodíaco

Áries (f)	Овен (м)	[ɔven]
Touro (m)	Телец (м)	[teléts]
Gêmeos (m pl)	Близнецы (мн)	[bliznetsɨ]
Câncer (m)	Рак (м)	[rák]
Leão (m)	Лев (м)	[léf]
Virgem (f)	Дева (ж)	[déva]

Libra (f)	Весы (мн)	[vesɨ]
Escorpião (m)	Скорпион (м)	[skɔrpión]
Sagitário (m)	Стрелец (м)	[streléts]
Capricórnio (m)	Козерог (м)	[kɔzeróg]
Aquário (m)	Водолей (м)	[vɔdɔléj]
Peixes (pl)	Рыбы (мн)	[rɨbi]

caráter (m)	характер (м)	[harákter]
traços (m pl) do caráter	черты (ж мн) характера	[ʧertɨ haráktera]
comportamento (m)	поведение (c)	[pɔvedénie]
prever a sorte	гадать (нсв, нпх)	[gadátʲ]
adivinha (f)	гадалка (ж)	[gadálka]
horóscopo (m)	гороскоп (м)	[gɔrɔskóp]

Artes

teatro (m)	театр (м)	[teátr]
ópera (f)	опера (ж)	[ópera]
opereta (f)	оперетта (ж)	[ɔperétta]
balé (m)	балет (м)	[balét]
cartaz (m)	афиша (ж)	[afíʃa]
companhia (f) de teatro	труппа (ж)	[trúpa]
turnê (f)	гастроли (мн)	[gastróli]
estar em turnê	гастролировать (нсв, нпх)	[gastrɔlírɔvatʲ]
ensaiar (vt)	репетировать (нсв, н/пх)	[repetírɔvatʲ]
ensaio (m)	репетиция (ж)	[repetítsija]
repertório (m)	репертуар (м)	[repertuár]
apresentação (f)	представление (с)	[pretstavlénie]
espetáculo (m)	спектакль (м)	[spektáklʲ]
peça (f)	пьеса (ж)	[pjésa]
entrada (m)	билет (м)	[bilét]
bilheteira (f)	билетная касса (ж)	[bilétnaja kássa]
hall (m)	холл (м)	[hól]
vestiário (m)	гардероб (м)	[garderób]
senha (f) numerada	номерок (м)	[nɔmerók]
binóculo (m)	бинокль (м)	[binóklʲ]
lanterninha (m)	контролёр (м)	[kɔntrɔlǿr]
plateia (f)	партер (м)	[partǽr]
balcão (m)	балкон (м)	[balkón]
primeiro balcão (m)	бельэтаж (м)	[beljetáʃ]
camarote (m)	ложа (ж)	[lóʒa]
fila (f)	ряд (м)	[rʲád]
assento (m)	место (с)	[méstɔ]
público (m)	публика (ж)	[públika]
espectador (m)	зритель (м)	[zrítelʲ]
aplaudir (vt)	хлопать (нсв, нпх)	[hlópatʲ]
aplauso (m)	аплодисменты (мн)	[aplɔdisménti]
ovação (f)	овации (ж мн)	[ɔvátsii]
palco (m)	сцена (ж)	[stsǽna]
cortina (f)	занавес (м)	[zánaves]
cenário (m)	декорация (ж)	[dekɔrátsija]
bastidores (m pl)	кулисы (мн)	[kulísi]
cena (f)	сцена (ж)	[stsǽna]
ato (m)	акт (м)	[ákt]
intervalo (m)	антракт (м)	[antrákt]

150. Cinema

ator (m)	актёр (м)	[aktǿr]
atriz (f)	актриса (ж)	[aktrísa]
cinema (m)	кино (с)	[kinó]
filme (m)	кино, фильм (м)	[kinó], [fílʲm]
episódio (m)	серия (ж)	[sérija]
filme (m) policial	детектив (м)	[dɛtɛktíf]
filme (m) de ação	боевик (м)	[bɔevík]
filme (m) de aventuras	приключенческий фильм (м)	[priklʲutʃéntʃeskij fílʲm]
filme (m) de ficção científica	фантастический фильм (м)	[fantastítʃeskij fílʲm]
filme (m) de horror	фильм (м) ужасов	[fílʲm úʒasɔf]
comédia (f)	кинокомедия (ж)	[kinɔ·kɔmédija]
melodrama (m)	мелодрама (ж)	[melɔdráma]
drama (m)	драма (ж)	[dráma]
filme (m) de ficção	художественный фильм (м)	[hudóʒestvenij fílʲm]
documentário (m)	документальный фильм (м)	[dɔkumentálʲnij fílʲm]
desenho (m) animado	мультфильм (м)	[mulʲtfílʲm]
cinema (m) mudo	немое кино (с)	[nemóe kinó]
papel (m)	роль (ж)	[rólʲ]
papel (m) principal	главная роль (ж)	[glávnaja rólʲ]
representar (vt)	играть (нсв, н/пх)	[igrátʲ]
estrela (f) de cinema	кинозвезда (ж)	[kinɔ·zvezdá]
conhecido (adj)	известный	[izvésnij]
famoso (adj)	знаменитый	[znamenítij]
popular (adj)	популярный	[pɔpulʲárnij]
roteiro (m)	сценарий (м)	[stsɛnárij]
roteirista (m)	сценарист (м)	[stsɛnaríst]
diretor (m) de cinema	режиссёр (м)	[reʒisǿr]
produtor (m)	продюсер (м)	[prɔdʲúsɛr]
assistente (m)	ассистент (м)	[asistént]
diretor (m) de fotografia	оператор (м)	[ɔperátɔr]
dublê (m)	каскадёр (м)	[kaskadǿr]
dublê (m) de corpo	дублёр (м)	[dublǿr]
filmar (vt)	снимать фильм	[snimátʲ fílʲm]
audição (f)	пробы (мн)	[próbi]
filmagem (f)	съёмки (мн)	[sjómki]
equipe (f) de filmagem	съёмочная группа (ж)	[sjómɔtʃnaja grúpa]
set (m) de filmagem	съёмочная площадка (ж)	[sjómɔtʃnaja plɔʃátka]
câmera (f)	кинокамера (ж)	[kinɔ·kámera]
cinema (m)	кинотеатр (м)	[kinoteátr]
tela (f)	экран (м)	[ɛkrán]

exibir um filme	показывать фильм	[pɔkázivatʲ fílʲm]
trilha (f) sonora	звуковая дорожка (ж)	[zvukɔvája dɔróʃka]
efeitos (m pl) especiais	специальные	[speʦiálʲnie
	эффекты (м мн)	ɛfékti]
legendas (f pl)	субтитры (мн)	[suptítri]
crédito (m)	титры (мн)	[títri]
tradução (f)	перевод (м)	[perevód]

151. Pintura

arte (f)	искусство (с)	[iskústvɔ]
belas-artes (f pl)	изящные искусства (с мн)	[izʲáʃʲnie iskústva]
galeria (f) de arte	арт-галерея (ж)	[art-galeréja]
exibição (f) de arte	выставка (ж) картин	[vīstafka kartín]

pintura (f)	живопись (ж)	[ʒīvɔpisʲ]
arte (f) gráfica	графика (ж)	[gráfika]
arte (f) abstrata	абстракционизм (м)	[abstraktsionízm]
impressionismo (m)	импрессионизм (м)	[impresionízm]

pintura (f), quadro (m)	картина (ж)	[kartína]
desenho (m)	рисунок (м)	[risúnɔk]
cartaz, pôster (m)	постер (м)	[póstɛr]

ilustração (f)	иллюстрация (ж)	[ilʲustrátsija]
miniatura (f)	миниатюра (ж)	[miniatʲúra]
cópia (f)	копия (ж)	[kópija]
reprodução (f)	репродукция (ж)	[reprɔdúktsija]

mosaico (m)	мозаика (ж)	[mɔзáika]
vitral (m)	витраж (м)	[vitráʃ]
afresco (m)	фреска (ж)	[fréska]
gravura (f)	гравюра (ж)	[gravʲúra]

busto (m)	бюст (м)	[bʲúst]
escultura (f)	скульптура (ж)	[skulʲptúra]
estátua (f)	статуя (ж)	[státuja]
gesso (m)	гипс (м)	[gíps]
em gesso (adj)	из гипса	[iz gípsa]

retrato (m)	портрет (м)	[portrét]
autorretrato (m)	автопортрет (м)	[aftɔ·portrét]
paisagem (f)	пейзаж (м)	[pejzáʃ]
natureza (f) morta	натюрморт (м)	[natʲurmórt]
caricatura (f)	карикатура (ж)	[karikatúra]
esboço (m)	набросок (м)	[nabrósɔk]

tinta (f)	краска (ж)	[kráska]
aquarela (f)	акварель (ж)	[akvarélʲ]
tinta (f) a óleo	масло (с)	[máslɔ]
lápis (m)	карандаш (м)	[karandáʃ]
tinta (f) nanquim	тушь (ж)	[túʃ]
carvão (m)	уголь (м)	[úgɔlʲ]
desenhar (vt)	рисовать (нсв, н/пх)	[risɔvátʲ]

pintar (vt)	рисовать (нсв, н/пх)	[risɔvátʲ]
posar (vi)	позировать (нсв, нпх)	[pozírɔvatʲ]
modelo (m)	натурщик (м)	[natúrʃik]
modelo (f)	натурщица (ж)	[natúrʃitsa]

pintor (m)	художник (м)	[hudóʒnik]
obra (f)	произведение (с)	[prɔizvedénie]
obra-prima (f)	шедевр (м)	[ʃɛdǽvr]
estúdio (m)	мастерская (ж)	[masterskája]

tela (f)	холст (м)	[hólst]
cavalete (m)	мольберт (м)	[mɔlʲbért]
paleta (f)	палитра (ж)	[palítra]

moldura (f)	рама (ж)	[ráma]
restauração (f)	реставрация (ж)	[restavrátsija]
restaurar (vt)	реставрировать (нсв, пх)	[restavrírɔvatʲ]

152. Literatura & Poesia

literatura (f)	литература (ж)	[literatúra]
autor (m)	автор (м)	[áftɔr]
pseudônimo (m)	псевдоним (м)	[psevdɔním]

livro (m)	книга (ж)	[kníga]
volume (m)	том (м)	[tóm]
índice (m)	оглавление (с)	[ɔglavlénie]
página (f)	страница (ж)	[stranítsa]
protagonista (m)	главный герой (м)	[glávnij gerój]
autógrafo (m)	автограф (м)	[aftógraf]

conto (m)	рассказ (м)	[raskás]
novela (f)	повесть (ж)	[póvestʲ]
romance (m)	роман (м)	[rɔmán]
obra (f)	сочинение (с)	[sɔtʃinénie]
fábula (m)	басня (ж)	[básnʲa]
romance (m) policial	детектив (м)	[dɛtɛktíf]
verso (m)	стихотворение (с)	[stihɔtvɔrénie]
poesia (f)	поэзия (ж)	[pɔǽzija]
poema (m)	поэма (ж)	[pɔǽma]
poeta (m)	поэт (м)	[pɔǽt]

ficção (f)	беллетристика (ж)	[beletrístika]
ficção (f) científica	научная фантастика (ж)	[naútʃnaja fantástika]
aventuras (f pl)	приключения (ж)	[priklʲutʃénija]
literatura (f) didática	учебная литература (ж)	[utʃébnaja literatúra]
literatura (f) infantil	детская литература (ж)	[détskaja literatúra]

153. Circo

circo (m)	цирк (м)	[tsïrk]
circo (m) ambulante	цирк-шапито (м)	[tsïrk-ʃapitó]

| programa (m) | программа (ж) | [prɔgráma] |
| apresentação (f) | представление (c) | [pretstavlénie] |

| número (m) | номер (м) | [nómer] |
| picadeiro (f) | арена (ж) | [aréna] |

| pantomima (f) | пантомима (ж) | [pantɔmíma] |
| palhaço (m) | клоун (м) | [klóun] |

acrobata (m)	акробат (м)	[akrɔbát]
acrobacia (f)	акробатика (ж)	[akrɔbátika]
ginasta (m)	гимнаст (м)	[gimnást]
ginástica (f)	гимнастика (ж)	[gimnástika]
salto (m) mortal	сальто (c)	[sálʲtɔ]

homem (m) forte	атлет (м)	[atlét]
domador (m)	укротитель (м)	[ukrɔtítelʲ]
cavaleiro (m) equilibrista	наездник (м)	[naéznik]
assistente (m)	ассистент (м)	[asistént]

truque (m)	трюк (м)	[trʲúk]
truque (m) de mágica	фокус (м)	[fókus]
ilusionista (m)	фокусник (м)	[fókusnik]

malabarista (m)	жонглёр (м)	[ʒɔnglǿr]
fazer malabarismos	жонглировать (нсв, н/пх)	[ʒɔnglírɔvatʲ]
adestrador (m)	дрессировщик (м)	[dresirófʃʲik]
adestramento (m)	дрессировка (ж)	[dresirófka]
adestrar (vt)	дрессировать (нсв, пх)	[dresirɔvátʲ]

154. Música. Música popular

música (f)	музыка (ж)	[múzɨka]
músico (m)	музыкант (м)	[muzɨkánt]
instrumento (m) musical	музыкальный инструмент (м)	[muzɨkálʲnij instrumént]
tocar ...	играть на ... (нсв)	[igrátʲ na ...]

guitarra (f)	гитара (ж)	[gitára]
violino (m)	скрипка (ж)	[skrípka]
violoncelo (m)	виолончель (ж)	[viɔlɔnʧélʲ]
contrabaixo (m)	контрабас (м)	[kɔntrabás]
harpa (f)	арфа (ж)	[árfa]

piano (m)	пианино (c)	[pianínɔ]
piano (m) de cauda	рояль (м)	[rɔjálʲ]
órgão (m)	орган (м)	[ɔrgán]

instrumentos (m pl) de sopro	духовые инструменты (м мн)	[duhɔvīe instruménti]
oboé (m)	гобой (м)	[gɔbój]
saxofone (m)	саксофон (м)	[saksɔfón]
clarinote (m)	кларнет (м)	[klarnét]
flauta (f)	флейта (ж)	[fléjta]

trompete (m)	труба (ж)	[trubá]
acordeão (m)	аккордеон (м)	[akɔrdeón]
tambor (m)	барабан (м)	[barabán]

dueto (m)	дуэт (м)	[duǽt]
trio (m)	трио (c)	[tríɔ]
quarteto (m)	квартет (м)	[kvartét]
coro (m)	хор (м)	[hór]
orquestra (f)	оркестр (м)	[ɔrkéstr]

música (f) pop	поп-музыка (ж)	[póp-múzɨka]
música (f) rock	рок-музыка (ж)	[rók-múzɨka]
grupo (m) de rock	рок-группа (ж)	[rɔk-grúpa]
jazz (m)	джаз (м)	[dʒás]

| ídolo (m) | кумир (м) | [kumír] |
| fã, admirador (m) | поклонник (м) | [pɔklónnik] |

concerto (m)	концерт (м)	[kɔntsǽrt]
sinfonia (f)	симфония (ж)	[simfónija]
composição (f)	сочинение (c)	[sɔtʃinénie]
compor (vt)	сочинить (св, пх)	[sɔtʃinítʲ]

canto (m)	пение (c)	[pénie]
canção (f)	песня (ж)	[pésnʲa]
melodia (f)	мелодия (ж)	[melódija]
ritmo (m)	ритм (м)	[rítm]
blues (m)	блюз (м)	[blʲús]

notas (f pl)	ноты (ж мн)	[nóti]
batuta (f)	палочка (ж)	[pálɔtʃka]
arco (m)	смычок (м)	[smɨtʃók]
corda (f)	струна (ж)	[struná]
estojo (m)	футляр (м)	[futlʲár]

Descanso. Entretenimento. Viagens

155. Viagens

turismo (m)	туризм (м)	[turízm]
turista (m)	турист (м)	[turíst]
viagem (f)	путешествие (c)	[puteʃǽstvie]
aventura (f)	приключение (c)	[priklʲutʃénie]
percurso (curta viagem)	поездка (ж)	[pɔéstka]
férias (f pl)	отпуск (м)	[ótpusk]
estar de férias	быть в отпуске	[bɨtʲ v ótpuske]
descanso (m)	отдых (м)	[ótdɨh]
trem (m)	поезд (м)	[póezd]
de trem (chegar ~)	поездом	[póezdɔm]
avião (m)	самолёт (м)	[samɔlɵ́t]
de avião	самолётом	[samɔlɵ́tɔm]
de carro	на автомобиле	[na aftɔmɔbíle]
de navio	на корабле	[na kɔrablé]
bagagem (f)	багаж (м)	[bagáʃ]
mala (f)	чемодан (м)	[tʃemɔdán]
carrinho (m)	тележка (ж) для багажа	[teléʃka dlʲa bagaʒá]
passaporte (m)	паспорт (м)	[páspɔrt]
visto (m)	виза (ж)	[víza]
passagem (f)	билет (м)	[bilét]
passagem (f) aérea	авиабилет (м)	[aviabilét]
guia (m) de viagem	путеводитель (м)	[putevɔdítelʲ]
mapa (m)	карта (ж)	[kárta]
área (f)	местность (ж)	[mésnɔstʲ]
lugar (m)	место (c)	[méstɔ]
exotismo (m)	экзотика (ж)	[ɛkzótika]
exótico (adj)	экзотический	[ɛkzɔtítʃeskij]
surpreendente (adj)	удивительный	[udivítelʲnij]
grupo (m)	группа (ж)	[grúpa]
excursão (f)	экскурсия (ж)	[ɛkskúrsija]
guia (m)	экскурсовод (м)	[ɛkskursɔvód]

156. Hotel

hotel (m)	гостиница (ж)	[gɔstínitsa]
motel (m)	мотель (м)	[mɔtǽlʲ]
três estrelas	3 звезды	[trí zvezdɨ̃]

| cinco estrelas | 5 звёзд | [pʲátʲ zvǿzd] |
| ficar (vi, vt) | остановиться (св, возв) | [ɔstanɔvítsa] |

quarto (m)	номер (м)	[nómer]
quarto (m) individual	одноместный номер (м)	[ɔdnɔ·mésnʲij nómer]
quarto (m) duplo	двухместный номер (м)	[dvuh·mésnʲij nómer]
reservar um quarto	бронировать номер	[brɔnírɔvatʲ nómer]

| meia pensão (f) | полупансион (м) | [pɔlu·pansión] |
| pensão (f) completa | полный пансион (м) | [pólnʲij pansión] |

com banheira	с ванной	[s vánnɔj]
com chuveiro	с душем	[s dúʃɛm]
televisão (m) por satélite	спутниковое телевидение (с)	[spútnikɔvɔe televídenie]
ar (m) condicionado	кондиционер (м)	[kɔnditsionér]
toalha (f)	полотенце (с)	[pɔloténtse]
chave (f)	ключ (м)	[klʲútʃ]

administrador (m)	администратор (м)	[administrátɔr]
camareira (f)	горничная (ж)	[górnitʃnaja]
bagageiro (m)	носильщик (м)	[nɔsílʲʃʲik]
porteiro (m)	портье (с)	[pɔrtjé]

restaurante (m)	ресторан (м)	[restɔrán]
bar (m)	бар (м)	[bár]
café (m) da manhã	завтрак (м)	[záftrak]
jantar (m)	ужин (м)	[úʒin]
bufê (m)	шведский стол (м)	[ʃvétskij stól]

| saguão (m) | вестибюль (м) | [vestibʲúlʲ] |
| elevador (m) | лифт (м) | [líft] |

| NÃO PERTURBE | НЕ БЕСПОКОИТЬ | [ne bespɔkóitʲ] |
| PROIBIDO FUMAR! | НЕ КУРИТЬ! | [ne kurítʲ] |

157. Livros. Leitura

livro (m)	книга (ж)	[kníga]
autor (m)	автор (м)	[áftɔr]
escritor (m)	писатель (м)	[pisátelʲ]
escrever (~ um livro)	написать (св, пх)	[napisátʲ]

leitor (m)	читатель (м)	[tʃitátelʲ]
ler (vt)	читать (нсв, н/пх)	[tʃitátʲ]
leitura (f)	чтение (с)	[tʃténie]

| para si | про себя | [prɔ sebʲá] |
| em voz alta | вслух | [fslúh] |

publicar (vt)	издавать (нсв, пх)	[izdavátʲ]
publicação (f)	издание (с)	[izdánie]
editor (m)	издатель (м)	[izdátelʲ]
editora (f)	издательство (с)	[izdátelʲstvɔ]

sair (vi)	выйти (св, нпх)	[vījti]
lançamento (m)	выход (м)	[vīhɔd]
tiragem (f)	тираж (м)	[tiráʃ]

livraria (f)	книжный магазин (м)	[kníʒnij magazín]
biblioteca (f)	библиотека (ж)	[bibliɔtéka]

novela (f)	повесть (ж)	[póvestʲ]
conto (m)	рассказ (м)	[raskás]
romance (m)	роман (м)	[rɔmán]
romance (m) policial	детектив (м)	[dɛtɛktíf]

memórias (f pl)	мемуары (мн)	[memuári]
lenda (f)	легенда (ж)	[legénda]
mito (m)	миф (м)	[míf]

poesia (f)	стихи (м мн)	[stihí]
autobiografia (f)	автобиография (ж)	[áftɔ·biɔgráfija]
obras (f pl) escolhidas	избранное (с)	[ízbrannɔe]
ficção (f) científica	фантастика (ж)	[fantástika]

título (m)	название (с)	[nazvánie]
introdução (f)	введение (с)	[vvedénie]
folha (f) de rosto	титульный лист (м)	[títulʲnij líst]

capítulo (m)	глава (ж)	[glavá]
excerto (m)	отрывок (м)	[ɔtrīvɔk]
episódio (m)	эпизод (м)	[ɛpizód]

enredo (m)	сюжет (м)	[sʲuʒǽt]
conteúdo (m)	содержание (с)	[sɔderʒánie]
índice (m)	оглавление (с)	[ɔglavlénie]
protagonista (m)	главный герой (м)	[glávnij geró]

volume (m)	том (м)	[tóm]
capa (f)	обложка (ж)	[ɔblóʃka]
encadernação (f)	переплёт (м)	[pereplǿt]
marcador (m) de página	закладка (ж)	[zaklátka]

página (f)	страница (ж)	[stranítsa]
folhear (vt)	листать (нсв, пх)	[listátʲ]
margem (f)	поля (ж)	[polʲá]
anotação (f)	пометка (ж)	[pɔmétka]
nota (f) de rodapé	примечание (с)	[primetʃánie]

texto (m)	текст (м)	[tékst]
fonte (f)	шрифт (м)	[ʃríft]
falha (f) de impressão	опечатка (ж)	[ɔpetʃátka]

tradução (f)	перевод (м)	[perevód]
traduzir (vt)	переводить (нсв, пх)	[perevɔdítʲ]
original (m)	подлинник (м)	[pódlinik]

famoso (adj)	знаменитый	[znamenítij]
desconhecido (adj)	неизвестный	[neizvésnij]
interessante (adj)	интересный	[interésnij]

best-seller (m)	бестселлер (м)	[bessǽler]
dicionário (m)	словарь (м)	[slɔvárʲ]
livro (m) didático	учебник (м)	[utʃébnik]
enciclopédia (f)	энциклопедия (ж)	[ɛntsiklɔpédija]

158. Caça. Pesca

caça (f)	охота (ж)	[ɔhóta]
caçar (vi)	охотиться (нсв, возв)	[ɔhótitsa]
caçador (m)	охотник (м)	[ɔhótnik]

disparar, atirar (vi)	стрелять (нсв, нпх)	[strelʲátʲ]
rifle (m)	ружьё (c)	[ruʒjǿ]
cartucho (m)	патрон (м)	[patrón]
chumbo (m) de caça	дробь (ж)	[drópʲ]

armadilha (f)	капкан (м)	[kapkán]
armadilha (com corda)	ловушка (ж)	[lɔvúʃka]
cair na armadilha	попасться в капкан	[pɔpástsa f kapkán]
pôr a armadilha	ставить капкан	[stávitʲ kapkán]

caçador (m) furtivo	браконьер (м)	[brakɔnjér]
caça (animais)	дичь (ж)	[dítʲʃ]
cão (m) de caça	охотничья собака (ж)	[ɔhótnitʃja sɔbáka]
safári (m)	сафари (c)	[safári]
animal (m) empalhado	чучело (c)	[tʃútʃelɔ]

pescador (m)	рыбак (м)	[ribák]
pesca (f)	рыбалка (ж)	[ribálka]
pescar (vt)	ловить рыбу	[lɔvítʲ rĩbu]

vara (f) de pesca	удочка (ж)	[údɔtʃka]
linha (f) de pesca	леска (ж)	[léska]
anzol (m)	крючок (м)	[krʲutʃók]

| boia (f), flutuador (m) | поплавок (м) | [pɔplavók] |
| isca (f) | наживка (ж) | [naʒĩfka] |

| lançar a linha | забросить удочку | [zabrósitʲ údɔtʃku] |
| morder (peixe) | клевать (нсв, нпх) | [klevátʲ] |

| pesca (f) | улов (м) | [ulóf] |
| buraco (m) no gelo | прорубь (ж) | [prórupʲ] |

| rede (f) | сеть (ж) | [sétʲ] |
| barco (m) | лодка (ж) | [lótka] |

pescar com rede	ловить сетью	[lɔvítʲ sétju]
lançar a rede	забрасывать сеть	[zabrásivatʲ sétʲ]
puxar a rede	вытаскивать сеть	[vitáskivatʲ sétʲ]

baleeiro (m)	китобой (м)	[kitɔbój]
baleeira (f)	китобойное судно (c)	[kitɔbójnɔe súdnɔ]
arpão (m)	гарпун (м)	[garpún]

159. Jogos. Bilhar

bilhar (m)	бильярд (м)	[biljárd]
sala (f) de bilhar	бильярдная (ж)	[biljárdnaja]
bola (f) de bilhar	бильярдный шар (м)	[biljárdnij ʃár]
embolsar uma bola	загнать шар	[zagnátʲ ʃár]
taco (m)	кий (м)	[kíj]
caçapa (f)	луза (ж)	[lúza]

160. Jogos. Jogar cartas

ouros (m pl)	бубны (мн)	[búbnɨ]
espadas (f pl)	пики (мн)	[píki]
copas (f pl)	черви (мн)	[ʧérvi]
paus (m pl)	трефы (мн)	[tréfɨ]
ás (m)	туз (м)	[tús]
rei (m)	король (м)	[kɔrólʲ]
dama (f), rainha (f)	дама (ж)	[dáma]
valete (m)	валет (м)	[valét]
carta (f) de jogar	игральная карта (ж)	[igrálʲnaja kárta]
cartas (f pl)	карты (ж мн)	[kártɨ]
trunfo (m)	козырь (м)	[kózɨrʲ]
baralho (m)	колода (ж)	[kɔlóda]
ponto (m)	очко (с)	[ɔʧkó]
dar, distribuir (vt)	сдавать (нсв, н/пх)	[zdavátʲ]
embaralhar (vt)	тасовать (нсв, пх)	[tasɔvátʲ]
vez, jogada (f)	ход (м)	[hód]
trapaceiro (m)	шулер (м)	[ʃúler]

161. Casino. Roleta

cassino (m)	казино (с)	[kazinó]
roleta (f)	рулетка (ж)	[rulétka]
aposta (f)	ставка (ж)	[stáfka]
apostar (vt)	делать ставки	[délatʲ stáfki]
vermelho (m)	красное (с)	[krásnɔe]
preto (m)	чёрное (с)	[ʧórnɔe]
apostar no vermelho	ставить на красное	[stávitʲ na krásnɔe]
apostar no preto	ставить на чёрное	[stávitʲ na ʧórnɔe]
croupier (m, f)	крупье (м, ж)	[krupjé]
girar da roleta	вращать барабан	[vraʃátʲ barabán]
regras (f pl) do jogo	правила (с мн) игры	[právila igrɨ̄]
ficha (f)	фишка (ж)	[fíʃka]
ganhar (vi, vt)	выиграть (св, н/пх)	[vɨ̄igratʲ]
ganho (m)	выигрыш (м)	[vɨ̄igrɨʃ]

143

| perder (dinheiro) | проиграть (св, пх) | [prɔigrátʲ] |
| perda (f) | проигрыш (м) | [próigriʃ] |

jogador (m)	игрок (м)	[igrók]
blackjack, vinte-e-um (m)	блэк джек (м)	[blɛkdʒǽk]
jogo (m) de dados	кости (мн)	[kósti]
dados (m pl)	кости (мн)	[kósti]
caça-níqueis (m)	игральный автомат (м)	[igrálʲnij aftɔmát]

162. Descanso. Jogos. Diversos

passear (vi)	гулять (нсв, нпх)	[gulʲátʲ]
passeio (m)	прогулка (ж)	[prɔgúlka]
viagem (f) de carro	поездка (ж)	[pɔéstka]
aventura (f)	приключение (с)	[priklʲutʃénie]
piquenique (m)	пикник (м)	[pikník]

jogo (m)	игра (ж)	[igrá]
jogador (m)	игрок (м)	[igrók]
partida (f)	партия (ж)	[pártija]

colecionador (m)	коллекционер (м)	[kɔlektsiɔnér]
colecionar (vt)	коллекционировать (нсв, пх)	[kɔlektsiɔnírɔvatʲ]
coleção (f)	коллекция (ж)	[kɔléktsija]

palavras (f pl) cruzadas	кроссворд (м)	[krɔsvórd]
hipódromo (m)	ипподром (м)	[ipɔdróm]
discoteca (f)	дискотека (ж)	[diskɔtéka]

| sauna (f) | сауна (ж) | [sáuna] |
| loteria (f) | лотерея (ж) | [lɔteréja] |

campismo (m)	поход (м)	[pɔhód]
acampamento (m)	лагерь (м)	[lágerʲ]
barraca (f)	палатка (ж)	[palátka]
bússola (f)	компас (м)	[kómpas]
campista (m)	турист (м)	[turíst]

ver (vt), assistir à ...	смотреть (нсв, нпх)	[smɔtrétʲ]
telespectador (m)	телезритель (м)	[telezrítelʲ]
programa (m) de TV	телепередача (ж)	[tele·peredátʃa]

163. Fotografia

| máquina (f) fotográfica | фотоаппарат (м) | [fɔtɔ·aparát] |
| foto, fotografia (f) | фото, фотография (ж) | [fótɔ], [fɔtɔgráfija] |

fotógrafo (m)	фотограф (м)	[fɔtógraf]
estúdio (m) fotográfico	фотостудия (ж)	[fɔtɔ·stúdija]
álbum (m) de fotografias	фотоальбом (м)	[fɔtɔ·alʲbóm]
lente (f) fotográfica	объектив (м)	[ɔbjektíf]
lente (f) teleobjetiva	телеобъектив (м)	[tele·ɔbjektíf]

| filtro (m) | фильтр (м) | [fíl'tr] |
| lente (f) | линза (ж) | [línza] |

ótica (f)	оптика (ж)	[óptika]
abertura (f)	диафрагма (ж)	[diafrágma]
exposição (f)	выдержка (ж)	[vĭderʃka]
visor (m)	видоискатель (м)	[vidɔ·iskátel']

câmera (f) digital	цифровая камера (ж)	[tsifrɔvája kámera]
tripé (m)	штатив (м)	[ʃtatíf]
flash (m)	вспышка (ж)	[fspĭʃka]

fotografar (vt)	фотографировать (нсв, пх)	[fɔtɔgrafírɔvat']
tirar fotos	снимать (нсв, пх)	[snimát']
fotografar-se (vr)	фотографироваться (нсв, возв)	[fɔtɔgrafírɔvatsa]

foco (m)	фокус (м)	[fókus]
focar (vt)	наводить на резкость	[navɔdít' na réskɔst']
nítido (adj)	резкий	[réskij]
nitidez (f)	резкость (ж)	[réskɔst']

| contraste (m) | контраст (м) | [kɔntrást] |
| contrastante (adj) | контрастный | [kɔntrásnij] |

retrato (m)	снимок (м)	[snímɔk]
negativo (m)	негатив (м)	[negatíf]
filme (m)	фотоплёнка (ж)	[fotɔ·plǿnka]
fotograma (m)	кадр (м)	[kádr]
imprimir (vt)	печатать (нсв, пх)	[petʃátat']

164. Praia. Natação

praia (f)	пляж (м)	[pl'áʃ]
areia (f)	песок (м)	[pesók]
deserto (adj)	пустынный	[pustĭnnij]

bronzeado (m)	загар (м)	[zagár]
bronzear-se (vr)	загорать (нсв, нпх)	[zagɔrát']
bronzeado (adj)	загорелый	[zagɔrélij]
protetor (m) solar	крем (м) для загара	[krém dl'a zagára]

biquíni (m)	бикини (с)	[bikíni]
maiô (m)	купальник (м)	[kupál'nik]
calção (m) de banho	плавки (мн)	[pláfki]

piscina (f)	бассейн (м)	[basǽjn]
nadar (vi)	плавать (нсв, нпх)	[plávat']
chuveiro (m), ducha (f)	душ (м)	[dúʃ]
mudar, trocar (vt)	переодеваться (нсв, возв)	[pereɔdevátsa]
toalha (f)	полотенце (с)	[polɔténtse]

| barco (m) | лодка (ж) | [lótka] |
| lancha (f) | катер (м) | [káter] |

esqui (m) aquático	водные лыжи (мн)	[vódnie lĩʒi]
barco (m) de pedais	водный велосипед (м)	[vódnij velɔsipéd]
surf, surfe (m)	серфинг (м)	[sǿrfing]
surfista (m)	серфингист (м)	[serfingíst]
equipamento (m) de mergulho	акваланг (м)	[akvaláng]
pé (m pl) de pato	ласты (ж мн)	[lásti]
máscara (f)	маска (ж)	[máska]
mergulhador (m)	ныряльщик (м)	[nirʲálʲʃik]
mergulhar (vi)	нырять (нсв, нпх)	[nirʲátʲ]
debaixo d'água	под водой	[pɔd vɔdój]
guarda-sol (m)	зонт (м)	[zónt]
espreguiçadeira (f)	шезлонг (м)	[ʃɛzlóng]
óculos (m pl) de sol	очки (мн)	[ɔtʃkí]
colchão (m) de ar	плавательный матрац (м)	[plávatelʲnij matrás]
brincar (vi)	играть (нсв, нпх)	[igrátʲ]
ir nadar	купаться (нсв, возв)	[kupátsa]
bola (f) de praia	мяч (м)	[mʲátʃ]
encher (vt)	надувать (нсв, пх)	[naduvátʲ]
inflável (adj)	надувной	[naduvnój]
onda (f)	волна (ж)	[vɔlná]
boia (f)	буй (м)	[búj]
afogar-se (vr)	тонуть (нсв, нпх)	[tɔnútʲ]
salvar (vt)	спасать (нсв, пх)	[spasátʲ]
colete (m) salva-vidas	спасательный жилет (м)	[spasátelʲnij ʒɨlét]
observar (vt)	наблюдать (нсв, нпх)	[nablʲudátʲ]
salva-vidas (pessoa)	спасатель (м)	[spasátelʲ]

EQUIPAMENTO TÉCNICO. TRANSPORTES

Equipamento técnico. Transportes

165. Computador

computador (m)	компьютер (м)	[kɔmpjútɛr]
computador (m) portátil	ноутбук (м)	[nɔutbúk]
ligar (vt)	включить (св, пх)	[fklʲutʃítʲ]
desligar (vt)	выключить (св, пх)	[vĩklʲutʃítʲ]
teclado (m)	клавиатура (ж)	[klaviatúra]
tecla (f)	клавиша (ж)	[kláviʃa]
mouse (m)	мышь (ж)	[mĩʃ]
tapete (m) para mouse	коврик (м)	[kóvrik]
botão (m)	кнопка (ж)	[knópka]
cursor (m)	курсор (м)	[kursór]
monitor (m)	монитор (м)	[mɔnitór]
tela (f)	экран (м)	[ɛkrán]
disco (m) rígido	жёсткий диск (м)	[ʒóstkij dísk]
capacidade (f) do disco rígido	объём (м) жёсткого диска	[ɔbjóm ʒóstkɔvɔ díska]
memória (f)	память (ж)	[pámɪtʲ]
memória RAM (f)	оперативная память (ж)	[ɔperatívnaja pámɪtʲ]
arquivo (m)	файл (м)	[fájl]
pasta (f)	папка (ж)	[pápka]
abrir (vt)	открыть (св, пх)	[ɔtkrĩtʲ]
fechar (vt)	закрыть (св, пх)	[zakrĩtʲ]
salvar (vt)	сохранить (св, пх)	[sɔhranítʲ]
deletar (vt)	удалить (св, пх)	[udalítʲ]
copiar (vt)	скопировать (св, пх)	[skɔpírɔvatʲ]
ordenar (vt)	сортировать (нсв, пх)	[sɔrtirɔvátʲ]
copiar (vt)	переписать (св, пх)	[perepisátʲ]
programa (m)	программа (ж)	[prɔgráma]
software (m)	программное обеспечение (с)	[prɔgrámnɔe ɔbespetʃénie]
programador (m)	программист (м)	[prɔgramíst]
programar (vt)	программировать (нсв, пх)	[prɔgramírɔvatʲ]
hacker (m)	хакер (м)	[háker]
senha (f)	пароль (м)	[parólʲ]
vírus (m)	вирус (м)	[vírus]
detectar (vt)	обнаружить (св, пх)	[ɔbnarúʒitʲ]

| byte (m) | байт (м) | [bájt] |
| megabyte (m) | мегабайт (м) | [megabájt] |

| dados (m pl) | данные (мн) | [dánnie] |
| base (f) de dados | база (ж) данных | [báza dánnih] |

cabo (m)	кабель (м)	[kábelʲ]
desconectar (vt)	отсоединить (св, пх)	[ɔtsɔedinítʲ]
conectar (vt)	подсоединить (св, пх)	[pɔtsɔedinítʲ]

166. Internet. E-mail

internet (f)	интернет (м)	[intɛrnǽt]
browser (m)	браузер (м)	[bráuzer]
motor (m) de busca	поисковый ресурс (м)	[pɔiskóvij resúrs]
provedor (m)	провайдер (м)	[prɔvájder]

webmaster (m)	веб-мастер (м)	[vɛb-máster]
website (m)	веб-сайт (м)	[vɛb-sájt]
web page (f)	веб-страница (ж)	[vɛb-stranítsa]

| endereço (m) | адрес (м) | [ádres] |
| livro (m) de endereços | адресная книга (ж) | [ádresnaja kníga] |

caixa (f) de correio	почтовый ящик (м)	[pɔtʃtóvij jáʃʲik]
correio (m)	почта (ж)	[pótʃta]
cheia (caixa de correio)	переполненный	[perepólnenij]

mensagem (f)	сообщение (с)	[sɔɔpʃénie]
mensagens (f pl) recebidas	входящие сообщения (с мн)	[fhɔdʲáʃʲie sɔɔpʃénija]
mensagens (f pl) enviadas	исходящие сообщения (с мн)	[isxɔdʲáʃʲie sɔɔpʃénija]

remetente (m)	отправитель (м)	[ɔtpravítelʲ]
enviar (vt)	отправить (св, пх)	[ɔtprávitʲ]
envio (m)	отправка (ж)	[ɔtpráfka]

| destinatário (m) | получатель (м) | [pɔlutʃátelʲ] |
| receber (vt) | получить (св, пх) | [pɔlutʃítʲ] |

| correspondência (f) | переписка (ж) | [perepíska] |
| corresponder-se (vr) | переписываться (нсв, возв) | [perepísivatsa] |

arquivo (m)	файл (м)	[fájl]
fazer download, baixar (vt)	скачать (св, пх)	[skatʃátʲ]
criar (vt)	создать (св, пх)	[sɔzdátʲ]
deletar (vt)	удалить (св, пх)	[udalítʲ]
deletado (adj)	удалённый	[udalǿnnij]

conexão (f)	связь (ж)	[svʲásʲ]
velocidade (f)	скорость (ж)	[skórostʲ]
modem (m)	модем (м)	[mɔdǽm]
acesso (m)	доступ (м)	[dóstup]
porta (f)	порт (м)	[pórt]

| conexão (f) | подключение (c) | [pɔtklʲutʃénie] |
| conectar (vi) | подключиться (св, возв) | [pɔtklʲutʃítsa] |

| escolher (vt) | выбрать (св, пх) | [vībratʲ] |
| buscar (vt) | искать ... (нсв, пх) | [iskátʲ ...] |

167. Eletricidade

eletricidade (f)	электричество (c)	[ɛlektrítʃestvɔ]
elétrico (adj)	электрический	[ɛlektrítʃeskij]
planta (f) elétrica	электростанция (ж)	[ɛléktrɔ·stánʦija]
energia (f)	энергия (ж)	[ɛnǽrgija]
energia (f) elétrica	электроэнергия (ж)	[ɛléktrɔ·ɛnǽrgija]

lâmpada (f)	лампочка (ж)	[lámpɔtʃka]
lanterna (f)	фонарь (м)	[fɔnárʲ]
poste (m) de iluminação	фонарь (м)	[fɔnárʲ]

luz (f)	свет (м)	[svét]
ligar (vt)	включать (нсв, пх)	[fklʲutʃátʲ]
desligar (vt)	выключать (нсв, пх)	[viklʲutʃátʲ]
apagar a luz	погасить свет	[pɔgasítʲ svét]
queimar (vi)	перегореть (св, нпх)	[peregɔrétʲ]
curto-circuito (m)	короткое замыкание (c)	[kɔrótkɔe zamikánie]
ruptura (f)	обрыв (м)	[ɔbrīf]
contato (m)	контакт (м)	[kɔntákt]

interruptor (m)	выключатель (м)	[viklʲutʃátelʲ]
tomada (de parede)	розетка (ж)	[rɔzétka]
plugue (m)	вилка (ж)	[vílka]
extensão (f)	удлинитель (м)	[udlinítelʲ]
fusível (m)	предохранитель (м)	[predɔhranítelʲ]
fio, cabo (m)	провод (м)	[próvɔd]
instalação (f) elétrica	проводка (ж)	[prɔvótka]

ampère (m)	ампер (м)	[ampér]
amperagem (f)	сила (ж) тока	[síla tóka]
volt (m)	вольт (м)	[vólʲt]
voltagem (f)	напряжение (c)	[naprɪʒǽnie]

| aparelho (m) elétrico | электроприбор (м) | [ɛléktrɔ·pribór] |
| indicador (m) | индикатор (м) | [indikátɔr] |

eletricista (m)	электрик (м)	[ɛléktrik]
soldar (vt)	паять (нсв, пх)	[pajátʲ]
soldador (m)	паяльник (м)	[pajálʲnik]
corrente (f) elétrica	ток (м)	[tók]

168. Ferramentas

| ferramenta (f) | инструмент (м) | [instrumént] |
| ferramentas (f pl) | инструменты (м мн) | [instruménti] |

equipamento (m)	оборудование (c)	[ɔbɔrúdɔvanie]
martelo (m)	молоток (м)	[mɔlɔtók]
chave (f) de fenda	отвёртка (ж)	[ɔtvǿrtka]
machado (m)	топор (м)	[tɔpór]

serra (f)	пила (ж)	[pilá]
serrar (vt)	пилить (нсв, пх)	[pilítʲ]
plaina (f)	рубанок (м)	[rubánɔk]
aplainar (vt)	строгать (нсв, пх)	[strɔgátʲ]
soldador (m)	паяльник (м)	[pajálʲnik]
soldar (vt)	паять (нсв, пх)	[pajátʲ]

lima (f)	напильник (м)	[napílʲnik]
tenaz (f)	клещи (мн)	[kléʃʲi]
alicate (m)	плоскогубцы (мн)	[plɔskɔ·gúptsʲi]
formão (m)	стамеска (ж)	[staméska]

broca (f)	сверло (c)	[sverló]
furadeira (f) elétrica	дрель (ж)	[drélʲ]
furar (vt)	сверлить (нсв, пх)	[sverlítʲ]

| faca (f) | нож (м) | [nóʃ] |
| lâmina (f) | лезвие (c) | [lézvie] |

afiado (adj)	острый	[óstrij]
cego (adj)	тупой	[tupój]
embotar-se (vr)	затупиться (св, возв)	[zatupítsa]
afiar, amolar (vt)	точить (нсв, пх)	[tɔtʃítʲ]

parafuso (m)	болт (м)	[bólt]
porca (f)	гайка (ж)	[gájka]
rosca (f)	резьба (ж)	[rezʲbá]
parafuso (para madeira)	шуруп (м)	[ʃurúp]

| prego (m) | гвоздь (м) | [gvóstʲ] |
| cabeça (f) do prego | шляпка (ж) | [ʃlʲápka] |

régua (f)	линейка (ж)	[linéjka]
fita (f) métrica	рулетка (ж)	[rulétka]
nível (m)	уровень (м)	[úrɔvenʲ]
lupa (f)	лупа (ж)	[lúpa]

medidor (m)	измерительный прибор (м)	[izmerítelʲnij pribór]
medir (vt)	измерять (нсв, пх)	[izmerʲátʲ]
escala (f)	шкала (ж)	[ʃkalá]
indicação (f), registro (m)	показание (c)	[pɔkazánie]

| compressor (m) | компрессор (м) | [kɔmprésɔr] |
| microscópio (m) | микроскоп (м) | [mikrɔskóp] |

bomba (f)	насос (м)	[nasós]
robô (m)	робот (м)	[róbɔt]
laser (m)	лазер (м)	[lázɛr]
chave (f) de boca	гаечный ключ (м)	[gáetʃnij klʲútʃ]
fita (f) adesiva	лента-скотч (м)	[lénta-skótʃ]

cola (f)	клей (м)	[kléj]
lixa (f)	наждачная бумага (ж)	[naʒdátʃnaja bumága]
mola (f)	пружина (ж)	[pruʒína]
ímã (m)	магнит (м)	[magnít]
luva (f)	перчатки (ж мн)	[pertʃátki]

corda (f)	верёвка (ж)	[verǿfka]
cabo (~ de nylon, etc.)	шнур (м)	[ʃnúr]
fio (m)	провод (м)	[próvɔd]
cabo (~ elétrico)	кабель (м)	[kábelʲ]

marreta (f)	кувалда (ж)	[kuválda]
pé de cabra (m)	лом (м)	[lóm]
escada (f) de mão	лестница (ж)	[lésnitsa]
escada (m)	стремянка (ж)	[stremʲánka]

enroscar (vt)	закручивать (нсв, пх)	[zakrútʃivatʲ]
desenroscar (vt)	откручивать (нсв, пх)	[ɔtkrútʃivatʲ]
apertar (vt)	зажимать (нсв, пх)	[zaʒimátʲ]
colar (vt)	приклеивать (нсв, пх)	[prikléivatʲ]
cortar (vt)	резать (нсв, пх)	[rézatʲ]

falha (f)	неисправность (ж)	[neisprávnɔstʲ]
conserto (m)	починка (ж)	[pɔtʃínka]
consertar, reparar (vt)	ремонтировать (нсв, пх)	[remɔntírɔvatʲ]
regular, ajustar (vt)	регулировать (нсв, пх)	[regulírɔvatʲ]

verificar (vt)	проверять (нсв, пх)	[prɔverʲátʲ]
verificação (f)	проверка (ж)	[prɔvérka]
indicação (f), registro (m)	показание (с)	[pɔkazánie]

| seguro (adj) | надёжный | [nadǿʒnij] |
| complicado (adj) | сложный | [slóʒnij] |

enferrujar (vi)	ржаветь (нсв, нпх)	[rʒavétʲ]
enferrujado (adj)	ржавый	[rʒávij]
ferrugem (f)	ржавчина (ж)	[rʒáftʃina]

Transportes

avião (m)	самолёт (м)	[samɔlǿt]
passagem (f) aérea	авиабилет (м)	[aviabilét]
companhia (f) aérea	авиакомпания (ж)	[avia·kɔmpánija]
aeroporto (m)	аэропорт (м)	[aɛrɔpórt]
supersônico (adj)	сверхзвуковой	[sverh·zvukɔvój]

comandante (m) do avião	командир (м) корабля	[kɔmandír kɔrablʲá]
tripulação (f)	экипаж (м)	[ɛkipáʃ]
piloto (m)	пилот (м)	[pilót]
aeromoça (f)	стюардесса (ж)	[stʲuardǽsa]
copiloto (m)	штурман (м)	[ʃtúrman]

asas (f pl)	крылья (с мн)	[krī́lja]
cauda (f)	хвост (м)	[hvóst]
cabine (f)	кабина (ж)	[kabína]
motor (m)	двигатель (м)	[dvígatelʲ]
trem (m) de pouso	шасси (с)	[ʃassí]
turbina (f)	турбина (ж)	[turbína]

hélice (f)	пропеллер (м)	[prɔpéller]
caixa-preta (f)	чёрный ящик (м)	[tʃórnij jáʃʲik]
coluna (f) de controle	штурвал (м)	[ʃturvál]
combustível (m)	горючее (с)	[gɔrʲútʃee]

instruções (f pl) de segurança	инструкция по безопасности	[instrúktsija pɔ bezɔpásnɔsti]
máscara (f) de oxigênio	кислородная маска (ж)	[kislɔródnaja máska]
uniforme (m)	униформа (ж)	[unifórma]
colete (m) salva-vidas	спасательный жилет (м)	[spasátelʲnij ʒilét]
paraquedas (m)	парашют (м)	[paraʃút]

decolagem (f)	взлёт (м)	[vzlǿt]
descolar (vi)	взлетать (нсв, нпх)	[vzletátʲ]
pista (f) de decolagem	взлётная полоса (ж)	[vzlǿtnaja pɔlasá]

visibilidade (f)	видимость (ж)	[vídimɔstʲ]
voo (m)	полёт (м)	[pɔlǿt]

altura (f)	высота (ж)	[vɨsotá]
poço (m) de ar	воздушная яма (ж)	[vɔzdúʃnaja jáma]

assento (m)	место (с)	[méstɔ]
fone (m) de ouvido	наушники (м мн)	[naúʃniki]
mesa (f) retrátil	откидной столик (м)	[otkidnój stólik]
janela (f)	иллюминатор (м)	[ilʲuminátɔr]
corredor (m)	проход (м)	[prɔhód]

170. Comboio

trem (m)	поезд (м)	[póezd]
trem (m) elétrico	электричка (ж)	[ɛlektrítʃka]
trem (m)	скорый поезд (м)	[skórij póezd]
locomotiva (f) diesel	тепловоз (м)	[teplɔvós]
locomotiva (f) a vapor	паровоз (м)	[parɔvós]

vagão (f) de passageiros	вагон (м)	[vagón]
vagão-restaurante (m)	вагон-ресторан (м)	[vagón-restɔrán]

carris (m pl)	рельсы (мн)	[rélʲsi]
estrada (f) de ferro	железная дорога (ж)	[ʒeléznaja dɔróga]
travessa (f)	шпала (ж)	[ʃpála]

plataforma (f)	платформа (ж)	[platfórma]
linha (f)	путь (м)	[pútʲ]
semáforo (m)	семафор (м)	[semafór]
estação (f)	станция (ж)	[stántsija]

maquinista (m)	машинист (м)	[maʃiníst]
bagageiro (m)	носильщик (м)	[nɔsílʲʃik]
hospedeiro, -a (m, f)	проводник (м)	[prɔvɔdník]
passageiro (m)	пассажир (м)	[pasaʒĩr]
revisor (m)	контролёр (м)	[kɔntrɔlǿr]

corredor (m)	коридор (м)	[kɔridór]
freio (m) de emergência	стоп-кран (м)	[stɔp-krán]

compartimento (m)	купе (с)	[kupǽ]
cama (f)	полка (ж)	[pólka]
cama (f) de cima	верхняя полка (ж)	[vérhnʲaja pólka]
cama (f) de baixo	нижняя полка (ж)	[níʒnʲaja pólka]
roupa (f) de cama	постельное бельё (с)	[pɔstélʲnɔe beljǿ]

passagem (f)	билет (м)	[bilét]
horário (m)	расписание (с)	[raspisánie]
painel (m) de informação	табло (с)	[tabló]

partir (vt)	отходить (нсв, нпх)	[ɔtxɔdítʲ]
partida (f)	отправление (с)	[ɔtpravlénie]
chegar (vi)	прибывать (нсв, нпх)	[pribɨvátʲ]
chegada (f)	прибытие (с)	[pribĩtie]

chegar de trem	приехать поездом	[priéhatʲ póezdɔm]
pegar o trem	сесть на поезд	[séstʲ na póezd]
descer de trem	сойти с поезда	[sɔjtí s póezda]

acidente (m) ferroviário	крушение (с)	[kruʃǽnie]
descarrilar (vi)	сойти с рельс	[sɔjtí s rélʲs]

locomotiva (f) a vapor	паровоз (м)	[parɔvós]
foguista (m)	кочегар (м)	[kɔtʃegár]
fornalha (f)	топка (ж)	[tópka]
carvão (m)	уголь (м)	[úgɔlʲ]

171. Barco

navio (m)	корабль (м)	[koráblʲ]
embarcação (f)	судно (c)	[súdnɔ]
barco (m) a vapor	пароход (м)	[parɔhód]
barco (m) fluvial	теплоход (м)	[teplɔhód]
transatlântico (m)	лайнер (м)	[lájner]
cruzeiro (m)	крейсер (м)	[kréjser]
iate (m)	яхта (ж)	[jáhta]
rebocador (m)	буксир (м)	[buksír]
barcaça (f)	баржа (ж)	[barʒá]
ferry (m)	паром (м)	[paróm]
veleiro (m)	парусник (м)	[párusnik]
bergantim (m)	бригантина (ж)	[brigantína]
quebra-gelo (m)	ледокол (м)	[ledɔkól]
submarino (m)	подводная лодка (ж)	[pɔdvódnaja lótka]
bote, barco (m)	лодка (ж)	[lótka]
baleeira (bote salva-vidas)	шлюпка (ж)	[ʃlʲúpka]
bote (m) salva-vidas	спасательная шлюпка (ж)	[spasátelʲnaja ʃlʲúpka]
lancha (f)	катер (м)	[káter]
capitão (m)	капитан (м)	[kapitán]
marinheiro (m)	матрос (м)	[matrós]
marujo (m)	моряк (м)	[mɔrʲák]
tripulação (f)	экипаж (м)	[ɛkipáʃ]
contramestre (m)	боцман (м)	[bóʦman]
grumete (m)	юнга (м)	[júnga]
cozinheiro (m) de bordo	кок (м)	[kók]
médico (m) de bordo	судовой врач (м)	[sudɔvój vrátʃ]
convés (m)	палуба (ж)	[páluba]
mastro (m)	мачта (ж)	[mátʃta]
vela (f)	парус (м)	[párus]
porão (m)	трюм (м)	[trʲúm]
proa (f)	нос (м)	[nós]
popa (f)	корма (ж)	[kɔrmá]
remo (m)	весло (c)	[vesló]
hélice (f)	винт (м)	[vínt]
cabine (m)	каюта (ж)	[kajúta]
sala (f) dos oficiais	кают-компания (ж)	[kajút-kɔmpánija]
sala (f) das máquinas	машинное отделение (c)	[maʃínnɔe ɔtdelénie]
ponte (m) de comando	капитанский мостик (м)	[kapitánskij móstik]
sala (f) de comunicações	радиорубка (ж)	[radiɔ·rúpka]
onda (f)	волна (ж)	[vɔlná]
diário (m) de bordo	судовой журнал (м)	[sudɔvój ʒurnál]
luneta (f)	подзорная труба (ж)	[pɔdzórnaja trubá]
sino (m)	колокол (м)	[kólɔkɔl]

bandeira (f)	флаг (м)	[flág]
cabo (m)	канат (м)	[kanát]
nó (m)	узел (м)	[úzel]

corrimão (m)	поручень (м)	[pórutʃenʲ]
prancha (f) de embarque	трап (м)	[tráp]

âncora (f)	якорь (м)	[jákɔrʲ]
recolher a âncora	поднять якорь	[pɔdnʲátʲ jákɔrʲ]
jogar a âncora	бросить якорь	[brósitʲ jákɔrʲ]
amarra (corrente de âncora)	якорная цепь (ж)	[jákɔrnaja tsæpʲ]

porto (m)	порт (м)	[pórt]
cais, amarradouro (m)	причал (м)	[pritʃál]
atracar (vi)	причаливать (нсв, нпх)	[pritʃálivatʲ]
desatracar (vi)	отчаливать (нсв, нпх)	[ɔtʃálivatʲ]

viagem (f)	путешествие (с)	[puteʃǽstvie]
cruzeiro (m)	круиз (м)	[kruís]
rumo (m)	курс (м)	[kúrs]
itinerário (m)	маршрут (м)	[marʃrút]

canal (m) de navegação	фарватер (м)	[farvátɛr]
banco (m) de areia	мель (ж)	[mélʲ]
encalhar (vt)	сесть на мель	[séstʲ na mélʲ]

tempestade (f)	буря (ж)	[búrʲa]
sinal (m)	сигнал (м)	[signál]
afundar-se (vr)	тонуть (нсв, нпх)	[tɔnútʲ]
Homem ao mar!	Человек за бортом!	[tʃelɔvék za bórtɔm]
SOS	SOS (м)	[sós]
boia (f) salva-vidas	спасательный круг (м)	[spasátelʲnij krúg]

172. Aeroporto

aeroporto (m)	аэропорт (м)	[aɛrɔpórt]
avião (m)	самолёт (м)	[samɔlǿt]
companhia (f) aérea	авиакомпания (ж)	[avia·kɔmpánija]
controlador (m) de tráfego aéreo	авиадиспетчер (м)	[avia·dispétʃer]

partida (f)	вылет (м)	[vɨlet]
chegada (f)	прилёт (м)	[prilǿt]
chegar (vi)	прилететь (св, нпх)	[priletétʲ]

hora (f) de partida	время (с) вылета	[vrémʲa vɨleta]
hora (f) de chegada	время (с) прилёта	[vrémʲa prilǿta]

estar atrasado	задерживаться (нсв, возв)	[zadérʒivatsa]
atraso (m) de voo	задержка (ж) вылета	[zadérʃka vɨleta]

painel (m) de informação	информационное табло (с)	[infɔrmatsiónnɔe tabló]
informação (f)	информация (ж)	[infɔrmátsija]
anunciar (vt)	объявлять (нсв, пх)	[ɔbjɪvlʲátʲ]

voo (m)	рейс (м)	[réjs]
alfândega (f)	таможня (ж)	[tamóʒnʲa]
funcionário (m) da alfândega	таможенник (м)	[tamóʒenik]

declaração (f) alfandegária	декларация (ж)	[deklarátsija]
preencher (vt)	заполнить (св, пх)	[zapólnitʲ]
preencher a declaração	заполнить декларацию	[zapólnitʲ deklarátsiju]
controle (m) de passaporte	паспортный контроль (м)	[pásportnij kontrólʲ]

bagagem (f)	багаж (м)	[bagáʃ]
bagagem (f) de mão	ручная кладь (ж)	[rutʃnája klátʲ]
carrinho (m)	тележка (ж) для багажа	[teléʃka dlʲa bagaʒá]

pouso (m)	посадка (ж)	[posátka]
pista (f) de pouso	посадочная полоса (ж)	[posádotʃnaja polosá]
aterrissar (vi)	садиться (нсв, возв)	[sadítsa]
escada (f) de avião	трап (м)	[tráp]

check-in (m)	регистрация (ж)	[registrátsija]
balcão (m) do check-in	стойка (ж) регистрации	[stójka registrátsii]
fazer o check-in	зарегистрироваться (св, возв)	[zaregistrírovatsa]

cartão (m) de embarque	посадочный талон (м)	[posádotʃnij talón]
portão (m) de embarque	выход (м)	[vïhod]

trânsito (m)	транзит (м)	[tranzít]
esperar (vi, vt)	ждать (нсв, пх)	[ʒdátʲ]
sala (f) de espera	зал (м) ожидания	[zál oʒɨdánija]
despedir-se (acompanhar)	провожать (нсв, пх)	[provoʒátʲ]
despedir-se (dizer adeus)	прощаться (нсв, возв)	[proʃátsa]

173. Bicicleta. Motocicleta

bicicleta (f)	велосипед (м)	[velosipéd]
lambreta (f)	мотороллер (м)	[motoróler]
moto (f)	мотоцикл (м)	[mototsïkl]

ir de bicicleta	ехать на велосипеде	[éhatʲ na velosipéde]
guidão (m)	руль (м)	[rúlʲ]
pedal (m)	педаль (ж)	[pedálʲ]
freios (m pl)	тормоза (м мн)	[tormozá]
banco, selim (m)	седло (с)	[sedló]

bomba (f)	насос (м)	[nasós]
bagageiro (m) de teto	багажник (м)	[bagáʒnik]
lanterna (f)	фонарь (м)	[fonárʲ]
capacete (m)	шлем (м)	[ʃlém]

roda (f)	колесо (с)	[kolesó]
para-choque (m)	крыло (с)	[krɨló]
aro (m)	обод (м)	[óbod]
raio (m)	спица (ж)	[spítsa]

Carros

174. Tipos de carros

carro, automóvel (m)	автомобиль (м)	[aftɔmɔbílʲ]
carro (m) esportivo	спортивный автомобиль (м)	[sportívnij aftɔmɔbílʲ]
limusine (f)	лимузин (м)	[limuzín]
todo o terreno (m)	внедорожник (м)	[vnedɔróʒnik]
conversível (m)	кабриолет (м)	[kabriɔlét]
minibus (m)	микроавтобус (м)	[mikrɔ·aftóbus]
ambulância (f)	скорая помощь (ж)	[skóraja pómɔʃʲ]
limpa-neve (m)	снегоуборочная машина (ж)	[snegɔ·ubórɔtʃnaja maʃína]
caminhão (m)	грузовик (м)	[gruzɔvík]
caminhão-tanque (m)	бензовоз (м)	[benzɔvós]
perua, van (f)	фургон (м)	[furgón]
caminhão-trator (m)	тягач (м)	[tɪgátʃ]
reboque (m)	прицеп (м)	[pritsǽp]
confortável (adj)	комфортабельный	[kɔmfɔrtábelʲnij]
usado (adj)	подержанный	[pɔdérʒenij]

175. Carros. Carroçaria

capô (m)	капот (м)	[kapót]
para-choque (m)	крыло (с)	[krɪló]
teto (m)	крыша (ж)	[krĩʃa]
para-brisa (m)	ветровое стекло (с)	[vetrɔvóe stekló]
retrovisor (m)	зеркало (с) заднего вида	[zérkalɔ zádnevɔ vída]
esguicho (m)	омыватель (м)	[ɔmɪvátelʲ]
limpadores (m) de para-brisas	дворники (мн)	[dvórniki]
vidro (m) lateral	боковое стекло (с)	[bɔkɔvóe stekló]
elevador (m) do vidro	стеклоподъёмник (м)	[steklɔ·pɔdjómnik]
antena (f)	антенна (ж)	[antǽna]
teto (m) solar	люк (м)	[lʲúk]
para-choque (m)	бампер (м)	[bámper]
porta-malas (f)	багажник (м)	[bagáʒnik]
bagageira (f)	багажник (м)	[bagáʒnik]
porta (f)	дверца (ж)	[dvértsa]
maçaneta (f)	ручка (ж)	[rútʃka]
fechadura (f)	замок (м)	[zámɔk]

placa (f)	номер (м)	[nómer]
silenciador (m)	глушитель (м)	[gluʃítelʲ]
tanque (m) de gasolina	бензобак (м)	[benzɔbák]
tubo (m) de exaustão	выхлопная труба (ж)	[vihlɔpnája trubá]

acelerador (m)	газ (м)	[gás]
pedal (m)	педаль (ж)	[pedálʲ]
pedal (m) do acelerador	педаль (ж) газа	[pedálʲ gáza]

freio (m)	тормоз (м)	[tórmɔs]
pedal (m) do freio	педаль (ж) тормоза	[pedálʲ tórmɔza]
frear (vt)	тормозить (нсв, нпх)	[tɔrmɔzítʲ]
freio (m) de mão	стояночный тормоз (м)	[stɔjánɔtʃnij tórmɔs]

embreagem (f)	сцепление (с)	[stsɛplénie]
pedal (m) da embreagem	педаль (ж) сцепления	[pedálʲ stsɛplénija]
disco (m) de embreagem	диск (м) сцепления	[dísk stsɛplénija]
amortecedor (m)	амортизатор (м)	[amɔrtizátɔr]

roda (f)	колесо (с)	[kɔlesó]
pneu (m) estepe	запасное колесо (с)	[zapasnóe kɔlesó]
calota (f)	колпак (м)	[kɔlpák]

rodas (f pl) motrizes	ведущие колёса (с мн)	[vedúʃʲie kɔlɵsa]
de tração dianteira	переднеприводный	[perédne·prívɔdnij]
de tração traseira	заднеприводный	[zádne·prívɔdnij]
de tração às 4 rodas	полноприводный	[pólnɔ·prívɔdnij]

caixa (f) de mudanças	коробка (ж) передач	[kɔrópka peredátʃ]
automático (adj)	автоматическая	[aftɔmatítʃeskaja]
mecânico (adj)	механическая	[mehanítʃeskaja]
alavanca (f) de câmbio	рычаг (м) коробки передач	[rɪtʃág kɔrópki peredátʃ]

| farol (m) | фара (ж) | [fára] |
| faróis (m pl) | фары (ж мн) | [fári] |

farol (m) baixo	ближний свет (м)	[blíʒnij svet]
farol (m) alto	дальний свет (м)	[dálʲnij svet]
luzes (f pl) de parada	стоп-сигнал (м)	[stóp-signál]

luzes (f pl) de posição	габаритные огни (мн)	[gabarítnie ɔgní]
luzes (f pl) de emergência	аварийные огни (мн)	[avaríjnie ɔgní]
faróis (m pl) de neblina	противотуманные фары (ж мн)	[prótivɔ·tumánnie fári]

| pisca-pisca (m) | поворотник (м) | [pɔvɔrótnik] |
| luz (f) de marcha ré | задний ход (м) | [zádnij hód] |

176. Carros. Habitáculo

interior (do carro)	салон (м)	[salón]
de couro	кожаный	[kóʒanij]
de veludo	велюровый	[velʲúrɔvij]
estofamento (m)	обивка (ж)	[ɔbífka]
indicador (m)	прибор (м)	[pribór]

painel (m)	приборный щиток (м)	[pribórnij ʃitók]
velocímetro (m)	спидометр (м)	[spidómetr]
ponteiro (m)	стрелка (ж)	[strélka]

hodômetro, odômetro (m)	счётчик (м)	[ʃóttʃik]
indicador (m)	датчик (м)	[dáttʃik]
nível (m)	уровень (м)	[úrɔvenʲ]
luz (f) de aviso	лампочка (ж)	[lámpɔtʃka]

volante (m)	руль (м)	[rúlʲ]
buzina (f)	сигнал (м)	[signál]
botão (m)	кнопка (ж)	[knópka]
interruptor (m)	переключатель (м)	[pereklʲutʃátelʲ]

assento (m)	сиденье (с)	[sidénje]
costas (f pl) do assento	спинка (ж)	[spínka]
cabeceira (f)	подголовник (м)	[pɔdgɔlóvnik]
cinto (m) de segurança	ремень (м) безопасности	[reménʲ bezɔpásnɔsti]
apertar o cinto	пристегнуть ремень	[pristegnútʲ reménʲ]
ajuste (m)	регулировка (ж)	[regulirófka]

airbag (m)	воздушная подушка (ж)	[vɔzdúʃnaja pɔdúʃka]
ar (m) condicionado	кондиционер (м)	[kɔnditsiɔnér]

rádio (m)	радио (с)	[rádiɔ]
leitor (m) de CD	CD-проигрыватель (м)	[si·dí-prɔígrivatelʲ]
ligar (vt)	включить (св, пх)	[fklʲutʃítʲ]
antena (f)	антенна (ж)	[antǽna]
porta-luvas (m)	бардачок (м)	[bardatʃók]
cinzeiro (m)	пепельница (ж)	[pépelʲnitsa]

177. Carros. Motor

motor (m)	двигатель (м)	[dvígatelʲ]
motor (m)	мотор (м)	[mɔtór]
a diesel	дизельный	[dízelʲnij]
a gasolina	бензиновый	[benzínɔvij]

cilindrada (f)	объём (м) двигателя	[ɔbjóm dvígatelʲa]
potência (f)	мощность (ж)	[móʃʲnɔstʲ]
cavalo (m) de potência	лошадиная сила (ж)	[lɔʃidínaja síla]
pistão (m)	поршень (м)	[pórʃɛnʲ]
cilindro (m)	цилиндр (м)	[tsilíndr]
válvula (f)	клапан (м)	[klápan]

injetor (m)	инжектор (м)	[inʒǽktɔr]
gerador (m)	генератор (м)	[generátɔr]
carburador (m)	карбюратор (м)	[karbʲurátɔr]
óleo (m) de motor	моторное масло (с)	[mɔtórnɔe máslɔ]

radiador (m)	радиатор (м)	[radiátɔr]
líquido (m) de arrefecimento	охлаждающая жидкость (ж)	[ɔhlaʒdájuʃaja ʒîtkɔstʲ]
ventilador (m)	вентилятор (м)	[ventilʲátɔr]

bateria (f)	аккумулятор (м)	[akumulʲátɔr]
dispositivo (m) de arranque	стартер (м)	[stárter]
ignição (f)	зажигание (с)	[zaʒigánie]
vela (f) de ignição	свеча (ж) зажигания	[svetʃá zaʒigánija]
terminal (m)	клемма (ж)	[klémma]
terminal (m) positivo	плюс (м)	[plʲús]
terminal (m) negativo	минус (м)	[mínus]
fusível (m)	предохранитель (м)	[predɔhranítelʲ]
filtro (m) de ar	воздушный фильтр (м)	[vɔzdúʃnij fílʲtr]
filtro (m) de óleo	масляный фильтр (м)	[máslınij fílʲtr]
filtro (m) de combustível	топливный фильтр (м)	[tóplivnij fílʲtr]

178. Carros. Batidas. Reparação

acidente (m) de carro	авария (ж)	[avárija]
acidente (m) rodoviário	дорожное происшествие (с)	[dɔróʒnɔe prɔiʃǽstvie]
bater (~ num muro)	врезаться (нсв, возв)	[vrézatsa]
sofrer um acidente	разбиться (св, возв)	[razbítsa]
dano (m)	повреждение (с)	[pɔvreʒdénie]
intato	целый	[tsǽlij]
pane (f)	поломка (ж)	[pɔlómka]
avariar (vi)	сломаться (св, возв)	[slɔmátsa]
cabo (m) de reboque	буксировочный трос (м)	[buksiróvɔtʃnij trós]
furo (m)	прокол (м)	[prɔkól]
estar furado	спустить (св, нпх)	[spustítʲ]
encher (vt)	накачивать (нсв, пх)	[nakátʃivatʲ]
pressão (f)	давление (с)	[davlénie]
verificar (vt)	проверить (св, пх)	[prɔvéritʲ]
reparo (m)	ремонт (м)	[remónt]
oficina (f) automotiva	автосервис (м)	[aftɔ·sǽrvis]
peça (f) de reposição	запчасть (ж)	[zaptʃástʲ]
peça (f)	деталь (ж)	[detálʲ]
parafuso (com porca)	болт (м)	[bólt]
parafuso (m)	винт (м)	[vínt]
porca (f)	гайка (ж)	[gájka]
arruela (f)	шайба (ж)	[ʃájba]
rolamento (m)	подшипник (м)	[pɔdʃípnik]
tubo (m)	трубка (ж)	[trúpka]
junta, gaxeta (f)	прокладка (ж)	[prɔklátka]
fio, cabo (m)	провод (м)	[próvɔd]
macaco (m)	домкрат (м)	[dɔmkrát]
chave (f) de boca	гаечный ключ (м)	[gáetʃnij klʲútʃ]
martelo (m)	молоток (м)	[mɔlɔtók]
bomba (f)	насос (м)	[nasós]
chave (f) de fenda	отвёртка (ж)	[ɔtvǿrtka]

| extintor (m) | огнетушитель (м) | [ɔgnetuʃĭtelʲ] |
| triângulo (m) de emergência | аварийный треугольник (м) | [avaríjnĭj treugólʲnik] |

morrer (motor)	глохнуть (нсв, нпх)	[glóhnutʲ]
paragem, "morte" (f)	остановка (ж)	[ɔstanófka]
estar quebrado	быть сломанным	[bĭtʲ slómannĭm]

superaquecer-se (vr)	перегреться (св, возв)	[peregrétsa]
entupir-se (vr)	засориться (св, возв)	[zasɔrítsa]
congelar-se (vr)	замёрзнуть (св, нпх)	[zamǿrznutʲ]
rebentar (vi)	лопнуть (св, нпх)	[lópnutʲ]

pressão (f)	давление (с)	[davlénie]
nível (m)	уровень (м)	[úrɔvenʲ]
frouxo (adj)	слабый	[slábĭj]

batida (f)	вмятина (ж)	[vmʲátina]
ruído (m)	стук (м)	[stúk]
fissura (f)	трещина (ж)	[tréʃina]
arranhão (m)	царапина (ж)	[ʦarápina]

179. Carros. Estrada

estrada (f)	дорога (ж)	[dɔróga]
autoestrada (f)	автомагистраль (ж)	[áftɔ·magistrálʲ]
rodovia (f)	шоссе (с)	[ʃɔssǽ]
direção (f)	направление (с)	[napravlénie]
distância (f)	расстояние (с)	[rastɔjánie]

ponte (f)	мост (м)	[móst]
parque (m) de estacionamento	паркинг (м)	[párking]
praça (f)	площадь (ж)	[plóʃʲatʲ]
nó (m) rodoviário	развязка (ж)	[razvʲáska]
túnel (m)	тоннель (м)	[tɔnǽlʲ]

posto (m) de gasolina	автозаправка (ж)	[aftɔ·zapráfka]
parque (m) de estacionamento	автостоянка (ж)	[aftɔ·stɔjánka]
bomba (f) de gasolina	колонка (ж)	[kɔlónka]
oficina (f) automotiva	гараж (м)	[garáʃ]
abastecer (vt)	заправить (св, пх)	[zaprávitʲ]
combustível (m)	топливо (с)	[tóplivɔ]
galão (m) de gasolina	канистра (ж)	[kanístra]

asfalto (m)	асфальт (м)	[asfálʲt]
marcação (f) de estradas	разметка (ж)	[razmétka]
meio-fio (m)	бордюр (м)	[bɔrdʲúr]
guard-rail (m)	ограждение (с)	[ɔgraʒdénie]
valeta (f)	кювет (м)	[kʲuvét]
acostamento (m)	обочина (ж)	[ɔbóʧina]
poste (m) de luz	столб (м)	[stólb]

| dirigir (vt) | вести (нсв, пх) | [vestí] |
| virar (~ para a direita) | поворачивать (нсв, нпх) | [pɔvɔráʧivatʲ] |

161

| dar retorno | разворачиваться (нсв, возв) | [razvɔrátʃivatsa] |
| ré (f) | задний ход (м) | [zádnij hód] |

buzinar (vi)	сигналить (нсв, нпх)	[signálitʲ]
buzina (f)	звуковой сигнал (м)	[zvukɔvój signál]
atolar-se (vr)	застрять (св, нпх)	[zastrʲátʲ]
patinar (na lama)	буксовать (нсв, нпх)	[buksɔvátʲ]
desligar (vt)	глушить (нсв, пх)	[gluʃítʲ]

velocidade (f)	скорость (ж)	[skórɔstʲ]
exceder a velocidade	превысить скорость	[prevīsitʲ skórɔstʲ]
multar (vt)	штрафовать (нсв, пх)	[ʃtrafɔvátʲ]
semáforo (m)	светофор (м)	[svetɔfór]
carteira (f) de motorista	водительские права (мн)	[vɔdítelʲskie pravá]

passagem (f) de nível	переезд (м)	[pereézd]
cruzamento (m)	перекрёсток (м)	[perekrǿstɔk]
faixa (f)	пешеходный переход (м)	[peʃɛhódnij perehód]
curva (f)	поворот (м)	[pɔvɔrót]
zona (f) de pedestres	пешеходная зона (ж)	[peʃɛhódnaja zóna]

180. Sinais de trânsito

código (m) de trânsito	правила дорожного движения (ж)	[právila dɔróʒnɔvɔ dviʒǽnija]
sinal (m) de trânsito	знак (м)	[znák]
ultrapassagem (f)	обгон (м)	[ɔbgón]
curva (f)	поворот (м)	[pɔvɔrót]
retorno (m)	разворот (м)	[razvɔrót]
rotatória (f)	круговое движение (с)	[krugɔvóe dviʒǽnie]

sentido proibido	въезд запрещён	[vjézt zapreʃǿn]
trânsito proibido	движение запрещено	[dviʒǽnie zapreʃɛnó]
proibido de ultrapassar	обгон (м) запрещён	[ɔbgón zapreʃǿn]
estacionamento proibido	стоянка (ж) запрещена	[stɔjánka zapreʃɛná]
paragem proibida	остановка (ж) запрещена	[ɔstanófka zapreʃɛná]

curva (f) perigosa	крутой поворот (м)	[krutój pɔvɔrót]
descida (f) perigosa	крутой спуск (м)	[krutój spúsk]
trânsito de sentido único	одностороннее движение (с)	[ɔdnɔstorónnee dviʒǽnie]
faixa (f)	пешеходный переход (м)	[peʃɛhódnij perehód]
pavimento (m) escorregadio	скользкая дорога (ж)	[skólʲskaja dɔróga]
conceder passagem	уступи дорогу	[ustupí dɔrógu]

PESSOAS. EVENTOS

Eventos

festa (f)	праздник (м)	[práznik]
feriado (m) nacional	национальный праздник (м)	[natsionálʲnij práznik]
feriado (m)	праздничный день (м)	[práznitʃnij dénʲ]
festejar (vt)	праздновать (нсв, пх)	[práznɔvatʲ]
evento (festa, etc.)	событие (с)	[sɔbĭtie]
evento (banquete, etc.)	мероприятие (с)	[merɔprijátie]
banquete (m)	банкет (м)	[bankét]
recepção (f)	приём (м)	[prijóm]
festim (m)	пир (м)	[pír]
aniversário (m)	годовщина (ж)	[gɔdɔfʃʲína]
jubileu (m)	юбилей (м)	[jubiléj]
celebrar (vt)	отметить (св, пх)	[ɔtmétitʲ]
Ano (m) Novo	Новый год (м)	[nóvij gód]
Feliz Ano Novo!	С Новым Годом!	[s nóvim gódɔm]
Natal (m)	Рождество (с)	[rɔʒdestvó]
Feliz Natal!	Весёлого Рождества!	[vesʲólɔvɔ rɔʒdestvá]
árvore (f) de Natal	Новогодняя ёлка (ж)	[nɔvɔgódnʲaja jólka]
fogos (m pl) de artifício	салют (м)	[salʲút]
casamento (m)	свадьба (ж)	[svátʲba]
noivo (m)	жених (м)	[ʒeníh]
noiva (f)	невеста (ж)	[nevésta]
convidar (vt)	приглашать (нсв, пх)	[priglaʃátʲ]
convite (m)	приглашение (с)	[priglaʃǽnie]
convidado (m)	гость (м)	[góstʲ]
visitar (vt)	идти в гости	[itʲtí v gósti]
receber os convidados	встречать гостей	[fstretʃátʲ gɔstéj]
presente (m)	подарок (м)	[pɔdárɔk]
oferecer, dar (vt)	дарить (нсв, пх)	[darítʲ]
receber presentes	получать подарки	[pɔlutʃátʲ pɔdárki]
buquê (m) de flores	букет (м)	[bukét]
felicitações (f pl)	поздравление (с)	[pɔzdravlénie]
felicitar (vt)	поздравлять (нсв, пх)	[pɔzdravlʲátʲ]
cartão (m) de parabéns	поздравительная открытка (ж)	[pɔzdravítelʲnaja ɔtkrĭtka]

| enviar um cartão postal | отправить открытку | [ɔtpráviti ɔtkrĭtku] |
| receber um cartão postal | получить открытку | [pɔlutʃíti ɔtkrĭtku] |

brinde (m)	тост (м)	[tóst]
oferecer (vt)	угощать (нсв, пх)	[ugɔʃáti]
champanhe (m)	шампанское (с)	[ʃampánskɔe]

divertir-se (vr)	веселиться (нсв, возв)	[veselítsa]
diversão (f)	веселье (с)	[vesélje]
alegria (f)	радость (ж)	[rádɔsti]

| dança (f) | танец (м) | [tánets] |
| dançar (vi) | танцевать (нсв, н/пх) | [tantsɛváti] |

| valsa (f) | вальс (м) | [vális] |
| tango (m) | танго (с) | [tángɔ] |

182. Funerais. Enterro

cemitério (m)	кладбище (с)	[kládbiʃe]
sepultura (f), túmulo (m)	могила (ж)	[mɔgíla]
cruz (f)	крест (м)	[krést]
lápide (f)	надгробие (с)	[nadgróbie]
cerca (f)	ограда (ж)	[ɔgráda]
capela (f)	часовня (ж)	[tʃasóvnia]

morte (f)	смерть (ж)	[smérti]
morrer (vi)	умереть (св, нпх)	[umeréti]
defunto (m)	покойник (м)	[pɔkójnik]
luto (m)	траур (м)	[tráur]

enterrar, sepultar (vt)	хоронить (нсв, пх)	[hɔrɔníti]
funerária (f)	похоронное бюро (с)	[pɔhɔrónnɔe biuró]
funeral (m)	похороны (мн)	[póhɔrɔnɨ]

coroa (f) de flores	венок (м)	[venók]
caixão (m)	гроб (м)	[grób]
carro (m) funerário	катафалк (м)	[katafálk]
mortalha (f)	саван (м)	[sávan]

procissão (f) funerária	траурная процессия (ж)	[tráurnaja prɔtsǽsija]
urna (f) funerária	урна (ж)	[úrna]
crematório (m)	крематорий (м)	[krematórij]

obituário (m), necrologia (f)	некролог (м)	[nekrɔlóg]
chorar (vi)	плакать (нсв, нпх)	[plákati]
soluçar (vi)	рыдать (нсв, нпх)	[rɨdáti]

183. Guerra. Soldados

| pelotão (m) | взвод (м) | [vzvód] |
| companhia (f) | рота (ж) | [róta] |

regimento (m)	полк (м)	[pólk]
exército (m)	армия (ж)	[ármija]
divisão (f)	дивизия (ж)	[divízija]

esquadrão (m)	отряд (м)	[otrʲád]
hoste (f)	войско (с)	[vójskɔ]

soldado (m)	солдат (м)	[sɔldát]
oficial (m)	офицер (м)	[ɔfitsǽr]

soldado (m) raso	рядовой (м)	[rɪdɔvój]
sargento (m)	сержант (м)	[serʒánt]
tenente (m)	лейтенант (м)	[lejtenánt]
capitão (m)	капитан (м)	[kapitán]
major (m)	майор (м)	[majór]
coronel (m)	полковник (м)	[pɔlkóvnik]
general (m)	генерал (м)	[generál]

marujo (m)	моряк (м)	[mɔrʲák]
capitão (m)	капитан (м)	[kapitán]
contramestre (m)	боцман (м)	[bótsman]

artilheiro (m)	артиллерист (м)	[artileríst]
soldado (m) paraquedista	десантник (м)	[desántnik]
piloto (m)	лётчик (м)	[lǿttʃik]

navegador (m)	штурман (м)	[ʃtúrman]
mecânico (m)	механик (м)	[mehánik]

sapador-mineiro (m)	сапёр (м)	[sapǿr]
paraquedista (m)	парашютист (м)	[paraʃutíst]

explorador (m)	разведчик (м)	[razvéttʃik]
atirador (m) de tocaia	снайпер (м)	[snájper]

patrulha (f)	патруль (м)	[patrúlʲ]
patrulhar (vt)	патрулировать (нсв, н/пх)	[patrulírɔvatʲ]
sentinela (f)	часовой (м)	[tʃasɔvój]

guerreiro (m)	воин (м)	[vóin]
patriota (m)	патриот (м)	[patriót]

herói (m)	герой (м)	[gerój]
heroína (f)	героиня (ж)	[gerɔínʲa]

traidor (m)	предатель (м)	[predátelʲ]
desertor (m)	дезертир (м)	[dezertír]
desertar (vt)	дезертировать (нсв, нпх)	[dezertírɔvatʲ]

mercenário (m)	наёмник (м)	[najómnik]
recruta (m)	новобранец (м)	[nɔvɔbránets]
voluntário (m)	доброволец (м)	[dɔbrɔvólets]

morto (m)	убитый (м)	[ubítij]
ferido (m)	раненый (м)	[ránenij]
prisioneiro (m) de guerra	пленный (м)	[plénnij]

184. Guerra. Ações militares. Parte 1

guerra (f)	война (ж)	[vɔjná]
guerrear (vt)	воевать (нсв, нпх)	[vɔevátʲ]
guerra (f) civil	гражданская война (ж)	[graʒdánskaja vɔjná]
perfidamente	вероломно	[verɔlómnɔ]
declaração (f) de guerra	объявление войны	[ɔbjɪvlénie vɔjnʲī]
declarar guerra	объявить (св, пх)	[ɔbjɪvítʲ]
agressão (f)	агрессия (ж)	[agrǽsija]
atacar (vt)	нападать (нсв, нпх)	[napadátʲ]
invadir (vt)	захватывать (нсв, пх)	[zahvátivatʲ]
invasor (m)	захватчик (м)	[zahvátt͡ʃik]
conquistador (m)	завоеватель (м)	[zavɔevátelʲ]
defesa (f)	оборона (ж)	[ɔbɔróna]
defender (vt)	оборонять (нсв, пх)	[ɔbɔrɔnʲátʲ]
defender-se (vr)	обороняться (нсв, возв)	[ɔbɔrɔnʲát͡sa]
inimigo (m)	враг (м)	[vrág]
adversário (m)	противник (м)	[prɔtívnik]
inimigo (adj)	вражеский	[vráʒeskij]
estratégia (f)	стратегия (ж)	[stratǽgija]
tática (f)	тактика (ж)	[táktika]
ordem (f)	приказ (м)	[prikás]
comando (m)	команда (ж)	[kɔmánda]
ordenar (vt)	приказывать (нсв, пх)	[prikázivatʲ]
missão (f)	задание (с)	[zadánie]
secreto (adj)	секретный	[sekrétnij]
batalha (f)	сражение (с)	[sraʒǽnie]
combate (m)	бой (м)	[bój]
ataque (m)	атака (ж)	[atáka]
assalto (m)	штурм (м)	[ʃtúrm]
assaltar (vt)	штурмовать (нсв, пх)	[ʃturmɔvátʲ]
assédio, sítio (m)	осада (ж)	[ɔsáda]
ofensiva (f)	наступление (с)	[nastuplénie]
tomar à ofensiva	наступать (нсв, нпх)	[nastupátʲ]
retirada (f)	отступление (с)	[ɔtstuplénie]
retirar-se (vr)	отступать (нсв, нпх)	[ɔtstupátʲ]
cerco (m)	окружение (с)	[ɔkruʒǽnie]
cercar (vt)	окружать (нсв, пх)	[ɔkruʒátʲ]
bombardeio (m)	бомбёжка (ж)	[bɔmbǿʒka]
lançar uma bomba	сбросить бомбу	[zbrósitʲ bómbu]
bombardear (vt)	бомбить (нсв, пх)	[bɔmbítʲ]
explosão (f)	взрыв (м)	[vzrʲ̄f]
tiro (m)	выстрел (м)	[vʲ̄strel]

| dar um tiro | выстрелить (св, нпх) | [vĩstrelitʲ] |
| tiroteio (m) | стрельба (ж) | [strelʲbá] |

apontar para ...	целиться (нсв, возв)	[ʦǽlitsa]
apontar (vt)	навести (св, пх)	[navestí]
acertar (vt)	попасть (св, нпх)	[pɔpástʲ]

afundar (~ um navio, etc.)	потопить (св, пх)	[pɔtɔpítʲ]
brecha (f)	пробоина (ж)	[prɔbóina]
afundar-se (vr)	идти ко дну (нсв)	[itʲtí kɔ dnú]

frente (m)	фронт (м)	[frónt]
evacuação (f)	эвакуация (ж)	[ɛvakuátsija]
evacuar (vt)	эвакуировать (н/св, пх)	[ɛvakuírɔvatʲ]

trincheira (f)	окоп (м)	[ɔkóp]
arame (m) enfarpado	колючая проволока (ж)	[kɔlʲútʃaja próvɔlka]
barreira (f) anti-tanque	заграждение (с)	[zagraʒdénie]
torre (f) de vigia	вышка (ж)	[vĩʃka]

hospital (m) militar	госпиталь (м)	[góspitalʲ]
ferir (vt)	ранить (н/св, пх)	[ránitʲ]
ferida (f)	рана (ж)	[rána]
ferido (m)	раненый (м)	[ránenij]
ficar ferido	получить ранение	[pɔlutʃítʲ ranénie]
grave (ferida ~)	тяжёлый	[tɪʒólij]

185. Guerra. Ações militares. Parte 2

cativeiro (m)	плен (м)	[plén]
capturar (vt)	взять в плен	[vzʲátʲ f plén]
estar em cativeiro	быть в плену	[bĩtʲ f plenú]
ser aprisionado	попасть в плен	[pɔpástʲ f plén]

campo (m) de concentração	концлагерь (м)	[kɔntslágerʲ]
prisioneiro (m) de guerra	пленный (м)	[plénnij]
escapar (vi)	бежать (св, нпх)	[beʒátʲ]

trair (vt)	предать (св, пх)	[predátʲ]
traidor (m)	предатель (м)	[predátelʲ]
traição (f)	предательство (с)	[predátelʲstvɔ]

| fuzilar, executar (vt) | расстрелять (св, пх) | [rastrelʲátʲ] |
| fuzilamento (m) | расстрел (м) | [rastrél] |

equipamento (m)	обмундирование (с)	[ɔbmundirɔvánie]
insígnia (f) de ombro	погон (м)	[pɔgón]
máscara (f) de gás	противогаз (м)	[prɔtivɔgás]

rádio (m)	рация (ж)	[rátsija]
cifra (f), código (m)	шифр (м)	[ʃifr]
conspiração (f)	конспирация (ж)	[kɔnspirátsija]
senha (f)	пароль (м)	[parólʲ]
mina (f)	мина (ж)	[mína]

minar (vt)	заминировать (св, пх)	[zaminírɔvatʲ]
campo (m) minado	минное поле (с)	[mínnɔe póle]
alarme (m) aéreo	воздушная тревога (ж)	[vɔzdúʃnaja trevóga]
alarme (m)	тревога (ж)	[trevóga]
sinal (m)	сигнал (м)	[signál]
sinalizador (m)	сигнальная ракета (ж)	[signálʲnaja rakéta]
quartel-general (m)	штаб (м)	[ʃtáb]
reconhecimento (m)	разведка (ж)	[razvétka]
situação (f)	обстановка (ж)	[ɔpstanófka]
relatório (m)	рапорт (м)	[rápɔrt]
emboscada (f)	засада (ж)	[zasáda]
reforço (m)	подкрепление (с)	[pɔtkreplénie]
alvo (m)	мишень (ж)	[miʃǽnʲ]
campo (m) de tiro	полигон (м)	[poligón]
manobras (f pl)	манёвры (м мн)	[manǿvri]
pânico (m)	паника (ж)	[pánika]
devastação (f)	разруха (ж)	[razrúha]
ruínas (f pl)	разрушения (ж)	[razruʃǽnija]
destruir (vt)	разрушать (нсв, пх)	[razruʃátʲ]
sobreviver (vi)	выжить (св, нпх)	[vˉiʒitʲ]
desarmar (vt)	обезоружить (св, пх)	[ɔbezɔrúʒitʲ]
manusear (vt)	обращаться (нсв, возв)	[ɔbraʃʲátsa]
Sentido!	Смирно!	[smírnɔ]
Descansar!	Вольно!	[vólʲnɔ]
façanha (f)	подвиг (м)	[pódvig]
juramento (m)	клятва (ж)	[klʲátva]
jurar (vi)	клясться (нсв, возв)	[klʲástsa]
condecoração (f)	награда (ж)	[nagráda]
condecorar (vt)	награждать (нсв, пх)	[nagraʒdátʲ]
medalha (f)	медаль (ж)	[medálʲ]
ordem (f)	орден (м)	[órden]
vitória (f)	победа (ж)	[pɔbéda]
derrota (f)	поражение (с)	[pɔraʒǽnie]
armistício (m)	перемирие (с)	[peremírie]
bandeira (f)	знамя (ж)	[známʲa]
glória (f)	слава (ж)	[sláva]
parada (f)	парад (м)	[parád]
marchar (vi)	маршировать (нсв, нпх)	[marʃirovátʲ]

186. Armas

arma (f)	оружие (с)	[orúʒie]
arma (f) de fogo	огнестрельное оружие (с)	[ɔgnestrélʲnɔe orúʒie]
arma (f) branca	холодное оружие (с)	[hɔlódnɔe orúʒie]

arma (f) química	химическое оружие (c)	[himíʧeskɔe ɔrúʒie]
nuclear (adj)	ядерный	[jádernij]
arma (f) nuclear	ядерное оружие (c)	[jádernɔe ɔrúʒie]

| bomba (f) | бомба (ж) | [bómba] |
| bomba (f) atômica | атомная бомба (ж) | [átɔmnaja bómba] |

pistola (f)	пистолет (м)	[pistɔlét]
rifle (m)	ружьё (c)	[ruʒjǿ]
semi-automática (f)	автомат (м)	[aftɔmát]
metralhadora (f)	пулемёт (м)	[pulemǿt]

boca (f)	дуло (c)	[dúlɔ]
cano (m)	ствол (м)	[stvól]
calibre (m)	калибр (м)	[kalíbr]

gatilho (m)	курок (м)	[kurók]
mira (f)	прицел (м)	[pritsǽl]
carregador (m)	магазин (м)	[magazín]
coronha (f)	приклад (м)	[priklád]

| granada (f) de mão | граната (ж) | [granáta] |
| explosivo (m) | взрывчатка (ж) | [vzrifʧátka] |

bala (f)	пуля (ж)	[púlʲa]
cartucho (m)	патрон (м)	[patrón]
carga (f)	заряд (м)	[zarʲád]
munições (f pl)	боеприпасы (мн)	[bɔepripási]

bombardeiro (m)	бомбардировщик (м)	[bɔmbardiróffik]
avião (m) de caça	истребитель (м)	[istrebítelʲ]
helicóptero (m)	вертолёт (м)	[vertɔlǿt]

canhão (m) antiaéreo	зенитка (ж)	[zenítka]
tanque (m)	танк (м)	[tánk]
canhão (de um tanque)	пушка (ж)	[púʃka]

| artilharia (f) | артиллерия (ж) | [artilérija] |
| fazer a pontaria | навести на ... (св) | [navestí na ...] |

projétil (m)	снаряд (м)	[snarʲád]
granada (f) de morteiro	мина (ж)	[mína]
morteiro (m)	миномёт (м)	[minɔmǿt]
estilhaço (m)	осколок (м)	[ɔskólɔk]

submarino (m)	подводная лодка (ж)	[pɔdvódnaja lótka]
torpedo (m)	торпеда (ж)	[tɔrpéda]
míssil (m)	ракета (ж)	[rakéta]

carregar (uma arma)	заряжать (нсв, пх)	[zarɪʒátʲ]
disparar, atirar (vi)	стрелять (нсв, нпх)	[strelʲátʲ]
apontar para ...	целиться (нсв, возв)	[tsǽlitsa]
baioneta (f)	штык (м)	[ʃtɨk]

| espada (f) | шпага (ж) | [ʃpága] |
| sabre (m) | сабля (ж) | [sáblʲa] |

lança (f)	копьё (с)	[kɔpjǿ]
arco (m)	лук (м)	[lúk]
flecha (f)	стрела (ж)	[strelá]
mosquete (m)	мушкет (м)	[muʃkét]
besta (f)	арбалет (м)	[arbalét]

187. Povos da antiguidade

primitivo (adj)	первобытный	[pervɔbĩtnij]
pré-histórico (adj)	доисторический	[dɔistɔrítʃeskij]
antigo (adj)	древний	[drévnij]
Idade (f) da Pedra	Каменный Век (м)	[kámennij vek]
Idade (f) do Bronze	Бронзовый Век (м)	[brónzɔvij vek]
Era (f) do Gelo	ледниковый период (м)	[lednikóvij períud]
tribo (f)	племя (с)	[plémʲa]
canibal (m)	людоед (м)	[lʲudɔéd]
caçador (m)	охотник (м)	[ɔhótnik]
caçar (vi)	охотиться (нсв, возв)	[ɔhótitsa]
mamute (m)	мамонт (м)	[mámɔnt]
caverna (f)	пещера (ж)	[peʃéra]
fogo (m)	огонь (м)	[ɔgónʲ]
fogueira (f)	костёр (м)	[kɔstǿr]
pintura (f) rupestre	наскальный рисунок (м)	[naskálʲnij risúnɔk]
ferramenta (f)	орудие (с) труда	[ɔrúdie trudá]
lança (f)	копьё (с)	[kɔpjǿ]
machado (m) de pedra	каменный топор (м)	[kámennij tɔpór]
guerrear (vt)	воевать (нсв, нпх)	[vɔevátʲ]
domesticar (vt)	приручать (нсв, пх)	[prirutʃátʲ]
ídolo (m)	идол (м)	[ídɔl]
adorar, venerar (vt)	поклоняться (нсв, возв)	[pɔklɔnʲátsa]
superstição (f)	суеверие (с)	[suevérie]
evolução (f)	эволюция (ж)	[ɛvɔlʲútsija]
desenvolvimento (m)	развитие (с)	[razvítie]
extinção (f)	исчезновение (с)	[isʃeznɔvénie]
adaptar-se (vr)	приспосабливаться (нсв, возв)	[prispɔsáblivatsa]
arqueologia (f)	археология (ж)	[arheɔlógija]
arqueólogo (m)	археолог (м)	[arheólɔg]
arqueológico (adj)	археологический	[arheɔlɔgítʃeskij]
escavação (sítio)	раскопки (мн)	[raskópki]
escavações (f pl)	раскопки (мн)	[raskópki]
achado (m)	находка (ж)	[nahótka]
fragmento (m)	фрагмент (м)	[fragmént]

188. Idade média

povo (m)	народ (м)	[naród]
povos (m pl)	народы (м мн)	[naródi]
tribo (f)	племя (c)	[plémʲa]
tribos (f pl)	племена (c мн)	[plemená]

bárbaros (pl)	варвары (м мн)	[várvari]
galeses (pl)	галлы (м мн)	[gálɨ]
godos (pl)	готы (м мн)	[góti]
eslavos (pl)	славяне (мн)	[slavʲáne]
viquingues (pl)	викинги (м мн)	[víkingi]

romanos (pl)	римляне (мн)	[rímlɪne]
romano (adj)	римский	[rímskij]

bizantinos (pl)	византийцы (м мн)	[vizantíjʦi]
Bizâncio	Византия (ж)	[vizantíja]
bizantino (adj)	византийский	[vizantíjskij]

imperador (m)	император (м)	[imperátɔr]
líder (m)	вождь (м)	[vóʃtʲ]
poderoso (adj)	могущественный	[mɔgúʃʲestvenɨj]
rei (m)	король (м)	[kɔrólʲ]
governante (m)	правитель (м)	[pravítelʲ]

cavaleiro (m)	рыцарь (м)	[rɨ̃tsarʲ]
senhor feudal (m)	феодал (м)	[feɔdál]
feudal (adj)	феодальный	[feɔdálʲnij]
vassalo (m)	вассал (м)	[vasál]

duque (m)	герцог (м)	[gérʦɔg]
conde (m)	граф (м)	[gráf]
barão (m)	барон (м)	[barón]
bispo (m)	епископ (м)	[epískɔp]

armadura (f)	доспехи (мн)	[dɔspéhi]
escudo (m)	щит (м)	[ʃít]
espada (f)	меч (м)	[métʃ]
viseira (f)	забрало (c)	[zabrálɔ]
cota (f) de malha	кольчуга (ж)	[kɔlʲtʃúga]

cruzada (f)	крестовый поход (м)	[krestóvɨj pɔhód]
cruzado (m)	крестоносец (м)	[krestɔnósets]

território (m)	территория (ж)	[teritórija]
atacar (vt)	нападать (нсв, нпх)	[napadátʲ]
conquistar (vt)	завоевать (св, пх)	[zavɔevátʲ]
ocupar, invadir (vt)	захватить (св, пх)	[zahvatítʲ]

assédio, sítio (m)	осада (ж)	[ɔsáda]
sitiado (adj)	осаждённый	[ɔsaʒdǿnnij]
assediar, sitiar (vt)	осаждать (нсв, пх)	[ɔsaʒdátʲ]
inquisição (f)	инквизиция (ж)	[inkvizíʦija]
inquisidor (m)	инквизитор (м)	[inkvizítɔr]

tortura (f)	пытка (ж)	[pɨ̃tka]
cruel (adj)	жестокий	[ʒestókij]
herege (m)	еретик (м)	[eretík]
heresia (f)	ересь (ж)	[éresʲ]

navegação (f) marítima	мореплавание (с)	[more·plávanie]
pirata (m)	пират (м)	[pirát]
pirataria (f)	пиратство (с)	[pirátstvɔ]
abordagem (f)	абордаж (м)	[abɔrdáʃ]
presa (f), butim (m)	добыча (ж)	[dɔbɨ̃ʧa]
tesouros (m pl)	сокровища (мн)	[sɔkróviʃa]

descobrimento (m)	открытие (с)	[ɔtkrɨ̃tie]
descobrir (novas terras)	открыть (св, пх)	[ɔtkrɨ̃tʲ]
expedição (f)	экспедиция (ж)	[ɛkspedítsija]

mosqueteiro (m)	мушкетёр (м)	[muʃketǿr]
cardeal (m)	кардинал (м)	[kardinál]
heráldica (f)	геральдика (ж)	[geralʲdika]
heráldico (adj)	геральдический	[geralʲdíʧeskij]

189. Líder. Chefe. Autoridades

rei (m)	король (м)	[kɔrólʲ]
rainha (f)	королева (ж)	[kɔrɔléva]
real (adj)	королевский	[kɔrɔléfskij]
reino (m)	королевство (с)	[kɔrɔléfstvɔ]

| príncipe (m) | принц (м) | [príns] |
| princesa (f) | принцесса (ж) | [printsǽsa] |

presidente (m)	президент (м)	[prezidént]
vice-presidente (m)	вице-президент (м)	[vítsɛ-prezidént]
senador (m)	сенатор (м)	[senátɔr]

monarca (m)	монарх (м)	[mɔnárh]
governante (m)	правитель (м)	[pravítelʲ]
ditador (m)	диктатор (м)	[diktátɔr]
tirano (m)	тиран (м)	[tirán]
magnata (m)	магнат (м)	[magnát]

diretor (m)	директор (м)	[diréktɔr]
chefe (m)	шеф (м)	[ʃæf]
gerente (m)	управляющий (м)	[upravlʲájuʃij]
patrão (m)	босс (м)	[bós]
dono (m)	хозяин (м)	[hɔzʲáin]

chefe (m)	глава (ж)	[glavá]
autoridades (f pl)	власти (мн)	[vlásti]
superiores (m pl)	начальство (с)	[naʧálʲstvɔ]

governador (m)	губернатор (м)	[gubernátɔr]
cônsul (m)	консул (м)	[kónsul]
diplomata (m)	дипломат (м)	[diplɔmát]

| Presidente (m) da Câmara | мэр (м) | [mǽr] |
| xerife (m) | шериф (м) | [ʃɛríf] |

imperador (m)	император (м)	[imperátɔr]
czar (m)	царь (м)	[tsárʲ]
faraó (m)	фараон (м)	[faraón]
cã, khan (m)	хан (м)	[hán]

190. Estrada. Caminho. Direções

| estrada (f) | дорога (ж) | [dɔróga] |
| via (f) | путь (м) | [pútʲ] |

rodovia (f)	шоссе (c)	[ʃossǽ]
autoestrada (f)	автомагистраль (ж)	[áftɔ·magistrálʲ]
estrada (f) nacional	национальная дорога (ж)	[natsiɔnálʲnaja dɔróga]

| estrada (f) principal | главная дорога (ж) | [glávnaja dɔróga] |
| estrada (f) de terra | просёлочная дорога (ж) | [prɔsǿlɔtʃnaja dɔróga] |

| trilha (f) | тропа (ж) | [trɔpá] |
| pequena trilha (f) | тропинка (ж) | [trɔpínka] |

Onde?	Где?	[gdé?]
Para onde?	Куда?	[kudá?]
De onde?	Откуда?	[ɔtkúda?]

| direção (f) | направление (c) | [napravlénie] |
| indicar (~ o caminho) | указать (св, пх) | [ukazátʲ] |

para a esquerda	налево	[nalévɔ]
para a direita	направо	[naprávɔ]
em frente	прямо	[prʲámɔ]
para trás	назад	[nazád]

curva (f)	поворот (м)	[pɔvɔrót]
virar (~ para a direita)	поворачивать (нсв, нпх)	[pɔvɔrátʃivatʲ]
dar retorno	разворачиваться (нсв, возв)	[razvɔrátʃivatsa]

| estar visível | виднеться (нсв, возв) | [vidnétsa] |
| aparecer (vi) | показаться (св, возв) | [pɔkazátsa] |

paragem (pausa)	остановка (ж)	[ɔstanófka]
descansar (vi)	отдохнуть (св, нпх)	[ɔtdɔhnútʲ]
descanso, repouso (m)	отдых (м)	[ótdih]

perder-se (vr)	заблудиться (св, возв)	[zabludítsa]
conduzir a … (caminho)	вести к … (нсв)	[vestí k …]
chegar a …	выйти к … (св)	[vɨ̄jti k …]
trecho (m)	отрезок (м)	[ɔtrézɔk]

asfalto (m)	асфальт (м)	[asfálʲt]
meio-fio (m)	бордюр (м)	[bɔrdʲúr]
valeta (f)	канава (ж)	[kanáva]

tampa (f) de esgoto	люк (м)	[lʲúk]
acostamento (m)	обочина (ж)	[ɔbótʃina]
buraco (m)	яма (ж)	[jáma]

ir (a pé)	идти (нсв, нпх)	[itʲtʲí]
ultrapassar (vt)	обогнать (св, пх)	[ɔbɔgnátʲ]

passo (m)	шаг (м)	[ʃág]
a pé	пешком	[peʃkóm]

bloquear (vt)	перегородить (св, пх)	[peregɔrɔdítʲ]
cancela (f)	шлагбаум (м)	[ʃlagbáum]
beco (m) sem saída	тупик (м)	[tupík]

191. Violação da lei. Criminosos. Parte 1

bandido (m)	бандит (м)	[bandít]
crime (m)	преступление (c)	[prestuplénie]
criminoso (m)	преступник (м)	[prestúpnik]

ladrão (m)	вор (м)	[vór]
roubo (atividade)	воровство (c)	[vɔrɔfstvó]
furto (m)	кража (ж)	[kráʒa]

raptar, sequestrar (vt)	похитить (св, пх)	[pohítitʲ]
sequestro (m)	похищение (c)	[pohiʃénie]
sequestrador (m)	похититель (м)	[pohitítelʲ]

resgate (m)	выкуп (м)	[vɨ̄kup]
pedir resgate	требовать выкуп	[trébɔvatʲ vɨ̄kup]

roubar (vt)	грабить (нсв, пх)	[grábitʲ]
assaltante (m)	грабитель (м)	[grabítelʲ]

extorquir (vt)	вымогать (нсв, пх)	[vɨmɔgátʲ]
extorsionário (m)	вымогатель (м)	[vɨmɔgátelʲ]
extorsão (f)	вымогательство (c)	[vɨmɔgátelʲstvɔ]

matar, assassinar (vt)	убить (св, пх)	[ubítʲ]
homicídio (m)	убийство (c)	[ubíjstvɔ]
homicida, assassino (m)	убийца (ж)	[ubíjtsa]

tiro (m)	выстрел (м)	[vɨ̄strel]
dar um tiro	выстрелить (св, нпх)	[vɨ̄strelitʲ]
matar a tiro	застрелить (св, пх)	[zastrelítʲ]
disparar, atirar (vi)	стрелять (нсв, нпх)	[strelʲátʲ]
tiroteio (m)	стрельба (ж)	[strelʲbá]

incidente (m)	происшествие (c)	[prɔiʃǽstvie]
briga (~ de rua)	драка (ж)	[dráka]
vítima (f)	жертва (ж)	[ʒǽrtva]

danificar (vt)	повредить (св, пх)	[pɔvredítʲ]
dano (m)	ущерб (м)	[uʃérb]

| cadáver (m) | труп (м) | [trúp] |
| grave (adj) | тяжкий | [tʲáʃkij] |

atacar (vt)	напасть (св, нпх)	[napástʲ]
bater (espancar)	бить (нсв, пх)	[bítʲ]
espancar (vt)	избить (св, пх)	[izbítʲ]
tirar, roubar (dinheiro)	отнять (св, пх)	[ɔtnʲátʲ]
esfaquear (vt)	зарезать (св, пх)	[zarézatʲ]
mutilar (vt)	изувечить (св, пх)	[izuvétʃitʲ]
ferir (vt)	ранить (н/св, пх)	[ránitʲ]

chantagem (f)	шантаж (м)	[ʃantáʃ]
chantagear (vt)	шантажировать (нсв, пх)	[ʃantaʒīrɔvatʲ]
chantagista (m)	шантажист (м)	[ʃantaʒīst]

extorsão (f)	рэкет (м)	[rǽket]
extorsionário (m)	рэкетир (м)	[rɛketír]
gângster (m)	гангстер (м)	[gángstɛr]
máfia (f)	мафия (ж)	[máfija]

punguista (m)	карманник (м)	[karmánnik]
assaltante, ladrão (m)	взломщик (м)	[vzlómʃik]
contrabando (m)	контрабанда (ж)	[kɔntrabánda]
contrabandista (m)	контрабандист (м)	[kɔntrabandíst]

falsificação (f)	подделка (ж)	[pɔddélka]
falsificar (vt)	подделывать (нсв, пх)	[pɔddélivatʲ]
falsificado (adj)	фальшивый	[falʲʃívij]

192. Violação da lei. Criminosos. Parte 2

estupro (m)	изнасилование (с)	[iznasílɔvanie]
estuprar (vt)	изнасиловать (св, пх)	[iznasílɔvatʲ]
estuprador (m)	насильник (м)	[nasílʲnik]
maníaco (m)	маньяк (м)	[manják]

prostituta (f)	проститутка (ж)	[prɔstitútka]
prostituição (f)	проституция (ж)	[prɔstitútsija]
cafetão (m)	сутенёр (м)	[sutenǿr]

| drogado (m) | наркоман (м) | [narkɔmán] |
| traficante (m) | торговец (м) наркотиками | [tɔrgóvets narkótikami] |

explodir (vt)	взорвать (св, пх)	[vzɔrvátʲ]
explosão (f)	взрыв (м)	[vzrīf]
incendiar (vt)	поджечь (св, пх)	[pɔdʒǽtʃʲ]
incendiário (m)	поджигатель (м)	[pɔdʒigátelʲ]

terrorismo (m)	терроризм (м)	[terɔrízm]
terrorista (m)	террорист (м)	[terɔríst]
refém (m)	заложник (м)	[zalóʒnik]

| enganar (vt) | обмануть (св, пх) | [ɔbmanútʲ] |
| engano (m) | обман (м) | [ɔbmán] |

vigarista (m)	мошенник (м)	[moʃǽnnik]
subornar (vt)	подкупить (св, пх)	[potkupítʲ]
suborno (atividade)	подкуп (м)	[pótkup]
suborno (dinheiro)	взятка (ж)	[vzʲátka]
veneno (m)	яд (м)	[jád]
envenenar (vt)	отравить (св, пх)	[otravítʲ]
envenenar-se (vr)	отравиться (св, возв)	[otravítsa]
suicídio (m)	самоубийство (с)	[samoubíjstvo]
suicida (m)	самоубийца (м, ж)	[samoubíjtsa]
ameaçar (vt)	угрожать (нсв, пх)	[ugroʒátʲ]
ameaça (f)	угроза (ж)	[ugróza]
atentar contra a vida de ...	покушаться (нсв, возв)	[pokuʃátsa]
atentado (m)	покушение (с)	[pokuʃǽnie]
roubar (um carro)	угнать (св, пх)	[ugnátʲ]
sequestrar (um avião)	угнать (св, пх)	[ugnátʲ]
vingança (f)	месть (ж)	[méstʲ]
vingar (vt)	мстить (нсв, пх)	[mstítʲ]
torturar (vt)	пытать (нсв, пх)	[pitátʲ]
tortura (f)	пытка (ж)	[pītka]
atormentar (vt)	мучить (нсв, пх)	[mútʃitʲ]
pirata (m)	пират (м)	[pirát]
desordeiro (m)	хулиган (м)	[huligán]
armado (adj)	вооружённый	[vooruʒónnij]
violência (f)	насилие (с)	[nasílie]
ilegal (adj)	нелегальный	[nelegálʲnij]
espionagem (f)	шпионаж (м)	[ʃpionáʃ]
espionar (vi)	шпионить (нсв, нпх)	[ʃpiónitʲ]

193. Polícia. Lei. Parte 1

justiça (sistema de ~)	правосудие (с)	[pravosúdie]
tribunal (m)	суд (м)	[súd]
juiz (m)	судья (ж)	[sudjá]
jurados (m pl)	присяжные (мн)	[prisʲáʒnie]
tribunal (m) do júri	суд (м) присяжных	[sút prisʲáʒnih]
julgar (vt)	судить (нсв, пх)	[sudítʲ]
advogado (m)	адвокат (м)	[advokát]
réu (m)	подсудимый (м)	[potsudímij]
banco (m) dos réus	скамья (ж) подсудимых	[skamjá potsudímih]
acusação (f)	обвинение (с)	[obvinénie]
acusado (m)	обвиняемый (м)	[obvinʲáemij]
sentença (f)	приговор (м)	[prigovór]
sentenciar (vt)	приговорить (св, пх)	[prigovorítʲ]

culpado (m)	виновник (м)	[vinóvnik]
punir (vt)	наказать (св, пх)	[nakazátʲ]
punição (f)	наказание (с)	[nakazánie]

multa (f)	штраф (м)	[ʃtráf]
prisão (f) perpétua	пожизненное заключение (с)	[poʒĩznenɔe zaklʲutʃénie]
pena (f) de morte	смертная казнь (ж)	[smértnaja káznʲ]
cadeira (f) elétrica	электрический стул (м)	[ɛlektrítʃeskij stúl]
forca (f)	виселица (ж)	[víselitsa]

| executar (vt) | казнить (н/св, пх) | [kaznítʲ] |
| execução (f) | казнь (ж) | [káznʲ] |

| prisão (f) | тюрьма (ж) | [tʲurʲmá] |
| cela (f) de prisão | камера (ж) | [kámera] |

escolta (f)	конвой (м)	[kɔnvój]
guarda (m) prisional	надзиратель (м)	[nadzirátelʲ]
preso, prisioneiro (m)	заключённый (м)	[zaklʲutʃónnij]

| algemas (f pl) | наручники (мн) | [narútʃniki] |
| algemar (vt) | надеть наручники | [nadétʲ narútʃniki] |

fuga, evasão (f)	побег (м)	[pɔbég]
fugir (vi)	убежать (св, нпх)	[ubeʒátʲ]
desaparecer (vi)	исчезнуть (св, нпх)	[isʃéznutʲ]
soltar, libertar (vt)	освободить (св, пх)	[ɔsvɔbɔdítʲ]
anistia (f)	амнистия (ж)	[amnístija]

polícia (instituição)	полиция (ж)	[polítsija]
polícia (m)	полицейский (м)	[politsæjskij]
delegacia (f) de polícia	полицейский участок (м)	[politsæjskij utʃástɔk]
cassetete (m)	резиновая дубинка (ж)	[rezínovaja dubínka]
megafone (m)	рупор (м)	[rúpɔr]

carro (m) de patrulha	патрульная машина (ж)	[patrúlʲnaja maʃina]
sirene (f)	сирена (ж)	[siréna]
ligar a sirene	включить сирену	[fklʲutʃítʲ sirénu]
toque (m) da sirene	вой (м) сирены	[vój siréni]

cena (f) do crime	место (с) преступления	[méstɔ prestuplénija]
testemunha (f)	свидетель (м)	[svidételʲ]
liberdade (f)	свобода (ж)	[svɔbóda]
cúmplice (m)	сообщник (м)	[sɔópʃnik]
escapar (vi)	скрыться (св, возв)	[skrĩtsa]
traço (não deixar ~s)	след (м)	[sléd]

194. Polícia. Lei. Parte 2

procura (f)	розыск (м)	[rózisk]
procurar (vt)	разыскивать ... (нсв, пх)	[razĩskivatʲ ...]
suspeita (f)	подозрение (с)	[pɔdɔzrénie]
suspeito (adj)	подозрительный	[pɔdɔzrítelʲnij]

parar (veículo, etc.)	остановить (св, пх)	[ɔstanɔvítʲ]
deter (fazer parar)	задержать (св, пх)	[zaderʒátʲ]
caso (~ criminal)	дело (с)	[délɔ]
investigação (f)	следствие (с)	[slétstvie]
detetive (m)	детектив, сыщик (м)	[dɛtɛktíf], [sī́ʃik]
investigador (m)	следователь (м)	[slédɔvatelʲ]
versão (f)	версия (ж)	[vérsija]
motivo (m)	мотив (м)	[mɔtíf]
interrogatório (m)	допрос (м)	[dɔprós]
interrogar (vt)	допрашивать (нсв, пх)	[dɔpráʃivatʲ]
questionar (vt)	опрашивать (нсв, пх)	[ɔpráʃivatʲ]
verificação (f)	проверка (ж)	[prɔvérka]
batida (f) policial	облава (ж)	[ɔbláva]
busca (f)	обыск (м)	[óbisk]
perseguição (f)	погоня (ж)	[pɔgónʲa]
perseguir (vt)	преследовать (нсв, пх)	[preslédɔvatʲ]
seguir, rastrear (vt)	следить (нсв, нпх)	[sledítʲ]
prisão (f)	арест (м)	[arést]
prender (vt)	арестовать (св, пх)	[arestɔvátʲ]
pegar, capturar (vt)	поймать (св, пх)	[pɔjmátʲ]
captura (f)	поимка (ж)	[pɔímka]
documento (m)	документ (м)	[dɔkumént]
prova (f)	доказательство (с)	[dɔkazátelʲstvɔ]
provar (vt)	доказывать (нсв, пх)	[dɔkázivatʲ]
pegada (f)	след (м)	[sléd]
impressões (f pl) digitais	отпечатки (м мн) пальцев	[ɔtpetʃátki pálʲtsɛf]
prova (f)	улика (ж)	[ulíka]
álibi (m)	алиби (с)	[álibi]
inocente (adj)	невиновный	[nevinóvnij]
injustiça (f)	несправедливость (ж)	[nespravedlívɔstʲ]
injusto (adj)	несправедливый	[nespravedlívij]
criminal (adj)	криминальный	[kriminálʲnij]
confiscar (vt)	конфисковать (св, пх)	[kɔnfiskɔvátʲ]
droga (f)	наркотик (м)	[narkótik]
arma (f)	оружие (с)	[ɔrúʒie]
desarmar (vt)	обезоружить (св, пх)	[ɔbezɔrúʒitʲ]
ordenar (vt)	приказывать (нсв, пх)	[prikázivatʲ]
desaparecer (vi)	исчезнуть (св, нпх)	[isʃéznutʲ]
lei (f)	закон (м)	[zakón]
legal (adj)	законный	[zakónnij]
ilegal (adj)	незаконный	[nezakónnij]
responsabilidade (f)	ответственность (ж)	[ɔtvétstvenɔstʲ]
responsável (adj)	ответственный	[ɔtvétstvenij]

NATUREZA

A Terra. Parte 1

espaço, cosmo (m)	космос (м)	[kósmɔs]
espacial, cósmico (adj)	космический	[kɔsmítʃeskij]
espaço (m) cósmico	космическое пространство	[kɔsmítʃeskɔe prɔstránstvɔ]
mundo (m)	мир (м)	[mír]
universo (m)	вселенная (ж)	[fselénnaja]
galáxia (f)	галактика (ж)	[galáktika]
estrela (f)	звезда (ж)	[zvezdá]
constelação (f)	созвездие (с)	[sɔzvézdie]
planeta (m)	планета (ж)	[planéta]
satélite (m)	спутник (м)	[spútnik]
meteorito (m)	метеорит (м)	[meteɔrít]
cometa (m)	комета (ж)	[kɔméta]
asteroide (m)	астероид (м)	[astɛróid]
órbita (f)	орбита (ж)	[ɔrbíta]
girar (vi)	вращаться (нсв, возв)	[vraʃátsa]
atmosfera (f)	атмосфера (ж)	[atmɔsféra]
Sol (m)	Солнце (с)	[sóntse]
Sistema (m) Solar	Солнечная система (ж)	[sólnetʃnaja sistéma]
eclipse (m) solar	солнечное затмение (с)	[sólnetʃnɔe zatménie]
Terra (f)	Земля (ж)	[zemlʲá]
Lua (f)	Луна (ж)	[luná]
Marte (m)	Марс (м)	[márs]
Vênus (f)	Венера (ж)	[venéra]
Júpiter (m)	Юпитер (м)	[jupíter]
Saturno (m)	Сатурн (м)	[satúrn]
Mercúrio (m)	Меркурий (м)	[merkúrij]
Urano (m)	Уран (м)	[urán]
Netuno (m)	Нептун (м)	[neptún]
Plutão (m)	Плутон (м)	[plutón]
Via Láctea (f)	Млечный Путь (м)	[mlétʃnij pútʲ]
Ursa Maior (f)	Большая Медведица (ж)	[bolʲʃája medvéditsa]
Estrela Polar (f)	Полярная Звезда (ж)	[polʲárnaja zvezdá]
marciano (m)	марсианин (м)	[marsiánin]

extraterrestre (m)	инопланетянин (м)	[inɔplanetʲánin]
alienígena (m)	пришелец (м)	[priʃǽlets]
disco (m) voador	летающая тарелка (ж)	[letájuʃʲaja tarélka]

espaçonave (f)	космический корабль (м)	[kɔsmítʃeskij kɔráblʲ]
estação (f) orbital	орбитальная станция (ж)	[ɔrbitálʲnaja stántsija]
lançamento (m)	старт (м)	[stárt]

motor (m)	двигатель (м)	[dvígatelʲ]
bocal (m)	сопло (c)	[sɔpló]
combustível (m)	топливо (c)	[tóplivɔ]

cabine (f)	кабина (ж)	[kabína]
antena (f)	антенна (ж)	[antǽna]
vigia (f)	иллюминатор (м)	[ilʲuminátɔr]
bateria (f) solar	солнечная батарея (ж)	[sólnetʃnaja bataréja]
traje (m) espacial	скафандр (м)	[skafándr]

imponderabilidade (f)	невесомость (ж)	[nevesómɔstʲ]
oxigênio (m)	кислород (м)	[kislɔród]

acoplagem (f)	стыковка (ж)	[stikófka]
fazer uma acoplagem	производить стыковку	[prɔizvɔdítʲ stikófku]

observatório (m)	обсерватория (ж)	[ɔpservatórija]
telescópio (m)	телескоп (м)	[teleskóp]
observar (vt)	наблюдать (нсв, нпх)	[nablʲudátʲ]
explorar (vt)	исследовать (н/св, пх)	[islédɔvatʲ]

196. A Terra

Terra (f)	Земля (ж)	[zemlʲá]
globo terrestre (Terra)	земной шар (м)	[zemnój ʃár]
planeta (m)	планета (ж)	[planéta]

atmosfera (f)	атмосфера (ж)	[atmɔsféra]
geografia (f)	география (ж)	[geɔgráfija]
natureza (f)	природа (ж)	[priróda]

globo (mapa esférico)	глобус (м)	[glóbus]
mapa (m)	карта (ж)	[kárta]
atlas (m)	атлас (м)	[átlas]

Europa (f)	Европа (ж)	[evrópa]
Ásia (f)	Азия (ж)	[ázija]
África (f)	Африка (ж)	[áfrika]
Austrália (f)	Австралия (ж)	[afstrálija]

América (f)	Америка (ж)	[amérika]
América (f) do Norte	Северная Америка (ж)	[sévernaja amérika]
América (f) do Sul	Южная Америка (ж)	[júʒnaja amérika]

Antártida (f)	Антарктида (ж)	[antarktída]
Ártico (m)	Арктика (ж)	[árktika]

197. Pontos cardeais

norte (m)	север (м)	[séver]
para norte	на север	[na séver]
no norte	на севере	[na sévere]
do norte (adj)	северный	[sévernij]
sul (m)	юг (м)	[júg]
para sul	на юг	[na júg]
no sul	на юге	[na júge]
do sul (adj)	южный	[júʒnij]
oeste, ocidente (m)	запад (м)	[západ]
para oeste	на запад	[na západ]
no oeste	на западе	[na západe]
ocidental (adj)	западный	[západnij]
leste, oriente (m)	восток (м)	[vɔstók]
para leste	на восток	[na vɔstók]
no leste	на востоке	[na vɔstóke]
oriental (adj)	восточный	[vɔstótʃnij]

198. Mar. Oceano

mar (m)	море (с)	[móre]
oceano (m)	океан (м)	[ɔkeán]
golfo (m)	залив (м)	[zalíf]
estreito (m)	пролив (м)	[prɔlíf]
terra (f) firme	земля (ж), суша (ж)	[zemlʲá], [súʃa]
continente (m)	материк (м)	[materík]
ilha (f)	остров (м)	[óstrɔf]
península (f)	полуостров (м)	[pɔlu·óstrɔf]
arquipélago (m)	архипелаг (м)	[arhipelág]
baía (f)	бухта (ж)	[búhta]
porto (m)	гавань (ж)	[gávanʲ]
lagoa (f)	лагуна (ж)	[lagúna]
cabo (m)	мыс (м)	[mɨs]
atol (m)	атолл (м)	[atól]
recife (m)	риф (м)	[ríf]
coral (m)	коралл (м)	[kɔrál]
recife (m) de coral	коралловый риф (м)	[kɔrálɔvij ríf]
profundo (adj)	глубокий	[glubókij]
profundidade (f)	глубина (ж)	[glubiná]
abismo (m)	бездна (ж)	[bézdna]
fossa (f) oceânica	впадина (ж)	[fpádina]
corrente (f)	течение (с)	[tetʃénie]
banhar (vt)	омывать (нсв, пх)	[ɔmivátʲ]
litoral (m)	побережье (с)	[pɔberéʒje]

costa (f)	берег (м)	[béreg]
maré (f) alta	прилив (м)	[prilíf]
refluxo (m)	отлив (м)	[ɔtlíf]
restinga (f)	отмель (ж)	[ótmelʲ]
fundo (m)	дно (c)	[dnó]

onda (f)	волна (ж)	[vɔlná]
crista (f) da onda	гребень (м) волны	[grébenʲ vɔlní]
espuma (f)	пена (ж)	[péna]

tempestade (f)	буря (ж)	[búrʲa]
furacão (m)	ураган (м)	[uragán]
tsunami (m)	цунами (c)	[tsunámi]
calmaria (f)	штиль (м)	[ʃtilʲ]
calmo (adj)	спокойный	[spɔkójnij]

| polo (m) | полюс (м) | [pólʲus] |
| polar (adj) | полярный | [pɔlʲárnij] |

latitude (f)	широта (ж)	[ʃirɔtá]
longitude (f)	долгота (ж)	[dɔlgɔtá]
paralela (f)	параллель (ж)	[paralélʲ]
equador (m)	экватор (м)	[ɛkvátɔr]

céu (m)	небо (c)	[nébɔ]
horizonte (m)	горизонт (м)	[gɔrizónt]
ar (m)	воздух (м)	[vózduh]

farol (m)	маяк (м)	[maják]
mergulhar (vi)	нырять (нсв, нпх)	[nirʲátʲ]
afundar-se (vr)	затонуть (св, нпх)	[zatɔnútʲ]
tesouros (m pl)	сокровища (мн)	[sɔkróviʃʲa]

199. Nomes de Mares e Oceanos

Oceano (m) Atlântico	Атлантический океан (м)	[atlantítʃeskij ɔkeán]
Oceano (m) Índico	Индийский океан (м)	[indíjskij ɔkeán]
Oceano (m) Pacífico	Тихий океан (м)	[tíhij ɔkeán]
Oceano (m) Ártico	Северный Ледовитый океан (м)	[sévernij ledɔvítij ɔkeán]

Mar (m) Negro	Чёрное море (c)	[tʃórnɔe mórе]
Mar (m) Vermelho	Красное море (c)	[krásnɔe mórе]
Mar (m) Amarelo	Жёлтое море (c)	[ʒóltɔe mórе]
Mar (m) Branco	Белое море (c)	[bélɔe mórе]

Mar (m) Cáspio	Каспийское море (c)	[kaspíjskɔe mórе]
Mar (m) Morto	Мёртвое море (c)	[mǿrtvɔe mórе]
Mar (m) Mediterrâneo	Средиземное море (c)	[sredizémnɔe mórе]

Mar (m) Egeu	Эгейское море (c)	[ɛgéjskɔe mórе]
Mar (m) Adriático	Адриатическое море (c)	[adriatítʃeskɔe mórе]
Mar (m) Arábico	Аравийское море (c)	[aravíjskɔe mórе]
Mar (m) do Japão	Японское море (c)	[jipónskɔe mórе]

| Mar (m) de Bering | Берингово море (c) | [béringɔvɔ móre] |
| Mar (m) da China Meridional | Южно-Китайское море (c) | [júʒnɔ-kitájskɔe móre] |

Mar (m) de Coral	Коралловое море (c)	[kɔrálɔvɔe móre]
Mar (m) de Tasman	Тасманово море (c)	[tasmánɔvɔ móre]
Mar (m) do Caribe	Карибское море (c)	[karíbskɔe móre]

| Mar (m) de Barents | Баренцево море (c) | [bárentsɛvɔ móre] |
| Mar (m) de Kara | Карское море (c) | [kárskɔe móre] |

Mar (m) do Norte	Северное море (c)	[sévernɔe móre]
Mar (m) Báltico	Балтийское море (c)	[baltíjskɔe móre]
Mar (m) da Noruega	Норвежское море (c)	[nɔrvéʒskɔe móre]

200. Montanhas

montanha (f)	гора (ж)	[gɔrá]
cordilheira (f)	горная цепь (ж)	[górnaja tsǽpʲ]
serra (f)	горный хребет (м)	[górnij hrebét]

cume (m)	вершина (ж)	[verʃína]
pico (m)	пик (м)	[pík]
pé (m)	подножие (c)	[pɔdnóʒie]
declive (m)	склон (м)	[sklón]

vulcão (m)	вулкан (м)	[vulkán]
vulcão (m) ativo	действующий вулкан (м)	[déjstvujuʃij vulkán]
vulcão (m) extinto	потухший вулкан (м)	[pɔtúhʃij vulkán]

erupção (f)	извержение (c)	[izverʒǽnie]
cratera (f)	кратер (м)	[krátɛr]
magma (m)	магма (ж)	[mágma]
lava (f)	лава (ж)	[láva]
fundido (lava ~a)	раскалённый	[raskalɵnnij]

cânion, desfiladeiro (m)	каньон (м)	[kanjón]
garganta (f)	ущелье (c)	[uʃélje]
fenda (f)	расщелина (ж)	[raʃélina]

passo, colo (m)	перевал (м)	[perevál]
planalto (m)	плато (c)	[plató]
falésia (f)	скала (ж)	[skalá]
colina (f)	холм (м)	[hólm]

geleira (f)	ледник (м)	[ledník]
cachoeira (f)	водопад (м)	[vɔdɔpád]
gêiser (m)	гейзер (м)	[géjzer]
lago (m)	озеро (c)	[ózerɔ]

planície (f)	равнина (ж)	[ravnína]
paisagem (f)	пейзаж (м)	[pejzáʃ]
eco (m)	эхо (c)	[ǽhɔ]
alpinista (m)	альпинист (м)	[alʲpiníst]
escalador (m)	скалолаз (м)	[skalɔlás]

| conquistar (vt) | покорять (нсв, пх) | [pɔkɔrʲátʲ] |
| subida, escalada (f) | восхождение (с) | [vɔsxɔʒdénie] |

201. Nomes de montanhas

Alpes (m pl)	Альпы (мн)	[álʲpi]
Monte Branco (m)	Монблан (м)	[mɔnblán]
Pirineus (m pl)	Пиренеи (мн)	[pirenéi]

Cárpatos (m pl)	Карпаты (мн)	[karpáti]
Urais (m pl)	Уральские горы (мн)	[urálʲskie góri]
Cáucaso (m)	Кавказ (м)	[kafkás]
Elbrus (m)	Эльбрус (м)	[ɛlʲbrús]

Altai (m)	Алтай (м)	[altáj]
Tian Shan (m)	Тянь-Шань (ж)	[tʲánʲ-ʃánʲ]
Pamir (m)	Памир (м)	[pamír]
Himalaia (m)	Гималаи (мн)	[gimalái]
monte Everest (m)	Эверест (м)	[ɛverést]

| Cordilheira (f) dos Andes | Анды (мн) | [ándi] |
| Kilimanjaro (m) | Килиманджаро (ж) | [kilimandʒárɔ] |

202. Rios

rio (m)	река (ж)	[reká]
fonte, nascente (f)	источник (м)	[istótʃnik]
leito (m) de rio	русло (с)	[rúslɔ]
bacia (f)	бассейн (м)	[basǽjn]
desaguar no ...	впадать в ... (нсв)	[fpadátʲ f ...]

| afluente (m) | приток (м) | [pritók] |
| margem (do rio) | берег (м) | [béreg] |

corrente (f)	течение (с)	[tetʃénie]
rio abaixo	вниз по течению	[vnís pɔ tetʃéniju]
rio acima	вверх по течению	[vvérh pɔ tetʃéniju]

inundação (f)	наводнение (с)	[navɔdnénie]
cheia (f)	половодье (с)	[pɔlɔvódje]
transbordar (vi)	разливаться (нсв, возв)	[razlivátsa]
inundar (vt)	затоплять (нсв, пх)	[zatɔplʲátʲ]

| banco (m) de areia | мель (ж) | [mélʲ] |
| corredeira (f) | порог (м) | [pɔróg] |

barragem (f)	плотина (ж)	[plɔtína]
canal (m)	канал (м)	[kanál]
reservatório (m) de água	водохранилище (с)	[vódɔ·hraníliʃe]
eclusa (f)	шлюз (м)	[ʃlʲús]
corpo (m) de água	водоём (м)	[vɔdɔjóm]
pântano (m)	болото (с)	[bɔlótɔ]

lamaçal (m)	трясина (ж)	[trısína]
redemoinho (m)	водоворот (м)	[vɔdɔvɔrót]
riacho (m)	ручей (м)	[rutʃéj]
potável (adj)	питьевой	[pitjevój]
doce (água)	пресный	[présnıj]
gelo (m)	лёд (м)	[lӧd]
congelar-se (vr)	замёрзнуть (св, нпх)	[zamӧrznutʲ]

203. Nomes de rios

rio Sena (m)	Сена (ж)	[séna]
rio Loire (m)	Луара (ж)	[luára]
rio Tâmisa (m)	Темза (ж)	[tǽmza]
rio Reno (m)	Рейн (м)	[rǽjn]
rio Danúbio (m)	Дунай (м)	[dunáj]
rio Volga (m)	Волга (ж)	[vólga]
rio Don (m)	Дон (м)	[dón]
rio Lena (m)	Лена (ж)	[léna]
rio Amarelo (m)	Хуанхэ (ж)	[huanhǽ]
rio Yangtzé (m)	янцзы (ж)	[jıntszī]
rio Mekong (m)	Меконг (м)	[mekóng]
rio Ganges (m)	Ганг (м)	[gáng]
rio Nilo (m)	Нил (м)	[níl]
rio Congo (m)	Конго (ж)	[kóngɔ]
rio Cubango (m)	Окаванго (ж)	[ɔkavángɔ]
rio Zambeze (m)	Замбези (ж)	[zambézi]
rio Limpopo (m)	Лимпопо (ж)	[limpɔpó]
rio Mississippi (m)	Миссисипи (ж)	[misisípi]

204. Floresta

floresta (f), bosque (m)	лес (м)	[lés]
florestal (adj)	лесной	[lesnój]
mata (f) fechada	чаща (ж)	[tʃáʃa]
arvoredo (m)	роща (ж)	[róʃa]
clareira (f)	поляна (ж)	[pɔlʲána]
matagal (m)	заросли (мн)	[zárɔsli]
mato (m), caatinga (f)	кустарник (м)	[kustárnik]
pequena trilha (f)	тропинка (ж)	[trɔpínka]
ravina (f)	овраг (м)	[ɔvrág]
árvore (f)	дерево (с)	[dérevɔ]
folha (f)	лист (м)	[líst]

folhagem (f)	листва (ж)	[listvá]
queda (f) das folhas	листопад (м)	[listɔpád]
cair (vi)	опадать (нсв, нпх)	[ɔpadátʲ]
topo (m)	верхушка (ж)	[verhúʃka]

ramo (m)	ветка (ж)	[vétka]
galho (m)	сук (м)	[súk]
botão (m)	почка (ж)	[pótʃka]
agulha (f)	игла (ж)	[iglá]
pinha (f)	шишка (ж)	[ʃíʃka]

buraco (m) de árvore	дупло (с)	[dupló]
ninho (m)	гнездо (с)	[gnezdó]
toca (f)	нора (ж)	[nɔrá]

tronco (m)	ствол (м)	[stvól]
raiz (f)	корень (м)	[kórenʲ]
casca (f) de árvore	кора (ж)	[kɔrá]
musgo (m)	мох (м)	[móh]

arrancar pela raiz	корчевать (нсв, пх)	[kɔrtʃevátʲ]
cortar (vt)	рубить (нсв, пх)	[rubítʲ]
desflorestar (vt)	вырубать лес	[virubátʲ lʲés]
toco, cepo (m)	пень (м)	[pénʲ]

fogueira (f)	костёр (м)	[kɔstǿr]
incêndio (m) florestal	пожар (м)	[pɔʒár]
apagar (vt)	тушить (нсв, пх)	[tuʃítʲ]

guarda-parque (m)	лесник (м)	[lesník]
proteção (f)	охрана (ж)	[ɔhrána]
proteger (a natureza)	охранять (нсв, пх)	[ɔhranʲátʲ]
caçador (m) furtivo	браконьер (м)	[brakɔnjér]
armadilha (f)	капкан (м)	[kapkán]

| colher (cogumelos, bagas) | собирать (нсв, пх) | [sɔbirátʲ] |
| perder-se (vr) | заблудиться (св, возв) | [zabludítsa] |

205. Recursos naturais

| recursos (m pl) naturais | природные ресурсы (м мн) | [priródnie resúrsɨ] |
| minerais (m pl) | полезные ископаемые (с мн) | [poléznie iskɔpáemie] |

| depósitos (m pl) | залежи (мн) | [záleʒɨ] |
| jazida (f) | месторождение (с) | [mestɔrɔʒdénie] |

extrair (vt)	добывать (нсв, пх)	[dɔbivátʲ]
extração (f)	добыча (ж)	[dɔbɨtʃa]
minério (m)	руда (ж)	[rudá]
mina (f)	рудник (м)	[rudník]
poço (m) de mina	шахта (ж)	[ʃáhta]
mineiro (m)	шахтёр (м)	[ʃahtǿr]
gás (m)	газ (м)	[gás]
gasoduto (m)	газопровод (м)	[gazɔ·prɔvód]

petróleo (m)	нефть (ж)	[néftʲ]
oleoduto (m)	нефтепровод (м)	[nefte·prɔvód]
poço (m) de petróleo	нефтяная вышка (ж)	[neftɪnája vɨ̄ʃka]
torre (f) petrolífera	буровая вышка (ж)	[burɔvája vɨ̄ʃka]
petroleiro (m)	танкер (м)	[tánker]

areia (f)	песок (м)	[pesók]
calcário (m)	известняк (м)	[izvesnʲák]
cascalho (m)	гравий (м)	[grávij]
turfa (f)	торф (м)	[tórf]
argila (f)	глина (ж)	[glína]
carvão (m)	уголь (м)	[úgɔlʲ]

ferro (m)	железо (с)	[ʒelézɔ]
ouro (m)	золото (с)	[zólɔtɔ]
prata (f)	серебро (с)	[serebró]
níquel (m)	никель (м)	[níkelʲ]
cobre (m)	медь (ж)	[métʲ]

zinco (m)	цинк (м)	[tsɨ̄nk]
manganês (m)	марганец (м)	[márganets]
mercúrio (m)	ртуть (ж)	[rtútʲ]
chumbo (m)	свинец (м)	[svinéts]

mineral (m)	минерал (м)	[minerál]
cristal (m)	кристалл (м)	[kristál]
mármore (m)	мрамор (м)	[mrámɔr]
urânio (m)	уран (м)	[urán]

A Terra. Parte 2

206. Tempo

tempo (m)	погода (ж)	[pɔgóda]
previsão (f) do tempo	прогноз (м) погоды	[prɔgnós pɔgódi]
temperatura (f)	температура (ж)	[temperatúra]
termômetro (m)	термометр (м)	[termómetr]
barômetro (m)	барометр (м)	[barómetr]
úmido (adj)	влажный	[vláʒnij]
umidade (f)	влажность (ж)	[vláʒnɔstʲ]
calor (m)	жара (ж)	[ʒará]
tórrido (adj)	жаркий	[ʒárkij]
está muito calor	жарко	[ʒárkɔ]
está calor	тепло	[tepló]
quente (morno)	тёплый	[tǿplij]
está frio	холодно	[hólodnɔ]
frio (adj)	холодный	[hɔlódnij]
sol (m)	солнце (с)	[sóntse]
brilhar (vi)	светить (нсв, нпх)	[svetítʲ]
de sol, ensolarado	солнечный	[sólnetʃnij]
nascer (vi)	взойти (св, нпх)	[vzojtí]
pôr-se (vr)	сесть (св, нпх)	[séstʲ]
nuvem (f)	облако (с)	[óblakɔ]
nublado (adj)	облачный	[óblatʃnij]
nuvem (f) preta	туча (ж)	[tútʃa]
escuro, cinzento (adj)	пасмурный	[pásmurnij]
chuva (f)	дождь (м)	[dóʃtʲ], [dóʃ]
está a chover	идёт дождь	[idǿt dóʃtʲ]
chuvoso (adj)	дождливый	[dɔʒdlívij]
chuviscar (vi)	моросить (нсв, нпх)	[mɔrɔsítʲ]
chuva (f) torrencial	проливной дождь (м)	[prɔlivnój dóʃtʲ]
aguaceiro (m)	ливень (м)	[lívenʲ]
forte (chuva, etc.)	сильный	[sílʲnij]
poça (f)	лужа (ж)	[lúʒa]
molhar-se (vr)	промокнуть (св, нпх)	[prɔmóknutʲ]
nevoeiro (m)	туман (м)	[tumán]
de nevoeiro	туманный	[tumánnij]
neve (f)	снег (м)	[snég]
está nevando	идёт снег	[idǿt snég]

207. Tempo extremo. Catástrofes naturais

trovoada (f)	гроза (ж)	[grɔzá]
relâmpago (m)	молния (ж)	[mólnija]
relampejar (vi)	сверкать (нсв, нпх)	[sverkátʲ]
trovão (m)	гром (м)	[gróm]
trovejar (vi)	греметь (нсв, нпх)	[gremétʲ]
está trovejando	гремит гром	[gremít gróm]
granizo (m)	град (м)	[grád]
está caindo granizo	идёт град	[idǿt grád]
inundar (vt)	затопить (св, пх)	[zatɔpítʲ]
inundação (f)	наводнение (с)	[navɔdnénie]
terremoto (m)	землетрясение (с)	[zemletrɪsénie]
abalo, tremor (m)	толчок (м)	[tɔltʃók]
epicentro (m)	эпицентр (м)	[ɛpitsǽntr]
erupção (f)	извержение (с)	[izverʒǽnie]
lava (f)	лава (ж)	[láva]
tornado (m)	смерч (м)	[smértʃ]
tornado (m)	торнадо (м)	[tɔrnádɔ]
tufão (m)	тайфун (м)	[tajfún]
furacão (m)	ураган (м)	[uragán]
tempestade (f)	буря (ж)	[búrʲa]
tsunami (m)	цунами (с)	[tsunámi]
ciclone (m)	циклон (м)	[tsiklón]
mau tempo (m)	непогода (ж)	[nepɔgóda]
incêndio (m)	пожар (м)	[pɔʒár]
catástrofe (f)	катастрофа (ж)	[katastrófa]
meteorito (m)	метеорит (м)	[meteɔrít]
avalanche (f)	лавина (ж)	[lavína]
deslizamento (m) de neve	обвал (м)	[ɔbvál]
nevasca (f)	метель (ж)	[metélʲ]
tempestade (f) de neve	вьюга (ж)	[vjúga]

208. Ruídos. Sons

silêncio (m)	тишина (ж)	[tiʃiná]
som (m)	звук (м)	[zvúk]
ruído, barulho (m)	шум (м)	[ʃúm]
fazer barulho	шуметь (нсв, нпх)	[ʃumétʲ]
ruidoso, barulhento (adj)	шумный	[ʃúmnij]
alto	громко	[grómkɔ]
alto (ex. voz ~a)	громкий	[grómkij]
constante (ruído, etc.)	постоянный	[pɔstɔjánnij]

grito (m)	крик (м)	[krík]
gritar (vi)	кричать (нсв, нпх)	[kritʃátʲ]
sussurro (m)	шёпот (м)	[ʃópot]
sussurrar (vi, vt)	шептать (нсв, н/пх)	[ʃɛptátʲ]

| latido (m) | лай (м) | [láj] |
| latir (vi) | лаять (нсв, нпх) | [lájɪtʲ] |

gemido (m)	стон (м)	[stón]
gemer (vi)	стонать (нсв, нпх)	[stɔnátʲ]
tosse (f)	кашель (м)	[káʃɛlʲ]
tossir (vi)	кашлять (нсв, нпх)	[káʃlɪtʲ]

assobio (m)	свист (м)	[svíst]
assobiar (vi)	свистеть (нсв, нпх)	[svistétʲ]
batida (f)	стук (м)	[stúk]
bater (à porta)	стучать (нсв, нпх)	[stutʃátʲ]

| estalar (vi) | трещать (нсв, нпх) | [treʃátʲ] |
| estalido (m) | треск (м) | [trésk] |

sirene (f)	сирена (ж)	[siréna]
apito (m)	гудок (м)	[gudók]
apitar (vi)	гудеть (нсв, нпх)	[gudétʲ]
buzina (f)	сигнал (м)	[signál]
buzinar (vi)	сигналить (нсв, нпх)	[signálitʲ]

209. Inverno

inverno (m)	зима (ж)	[zimá]
de inverno	зимний	[zímnij]
no inverno	зимой	[zimój]

neve (f)	снег (м)	[snég]
está nevando	идёт снег	[idǿt snég]
queda (f) de neve	снегопад (м)	[snegɔpád]
amontoado (m) de neve	сугроб (м)	[sugrób]

floco (m) de neve	снежинка (ж)	[sneʒĩnka]
bola (f) de neve	снежок (м)	[sneʒók]
boneco (m) de neve	снеговик (м)	[snegɔvík]
sincelo (m)	сосулька (ж)	[sɔsúlʲka]

dezembro (m)	декабрь (м)	[dekábrʲ]
janeiro (m)	январь (м)	[jɪnvárʲ]
fevereiro (m)	февраль (м)	[fevrálʲ]

| gelo (m) | мороз (м) | [mɔrós] |
| gelado (tempo ~) | морозный | [mɔróznij] |

abaixo de zero	ниже нуля	[níʒe nulʲá]
primeira geada (f)	заморозки (мн)	[zámɔrɔski]
geada (f) branca	иней (м)	[ínej]
frio (m)	холод (м)	[hólɔd]

está frio	холодно	[hólɔdnɔ]
casaco (m) de pele	шуба (ж)	[ʃúba]
mitenes (f pl)	варежки (ж мн)	[váreʃki]

adoecer (vi)	заболеть (св, нпх)	[zabɔlétⁱ]
resfriado (m)	простуда (ж)	[prɔstúda]
ficar resfriado	простудиться (св, возв)	[prɔstudítsa]

gelo (m)	лёд (м)	[lǿd]
gelo (m) na estrada	гололёд (м)	[gɔlɔlǿd]
congelar-se (vr)	замёрзнуть (св, нпх)	[zamǿrznutⁱ]
bloco (m) de gelo	льдина (ж)	[lⁱdína]

esqui (m)	лыжи (ж мн)	[līʒi]
esquiador (m)	лыжник (м)	[līʒnik]
esquiar (vi)	кататься на лыжах	[katátsa na līʒah]
patinar (vi)	кататься на коньках	[katátsa na kɔnⁱkáh]

Fauna

predador (m)	хищник (м)	[híʃnik]
tigre (m)	тигр (м)	[tígr]
leão (m)	лев (м)	[léf]
lobo (m)	волк (м)	[vólk]
raposa (f)	лиса (ж)	[lisá]

jaguar (m)	ягуар (м)	[jɪguár]
leopardo (m)	леопард (м)	[leɔpárd]
chita (f)	гепард (м)	[gepárd]

pantera (f)	пантера (ж)	[pantǽra]
puma (m)	пума (ж)	[púma]
leopardo-das-neves (m)	снежный барс (м)	[snéʒnij bárs]
lince (m)	рысь (ж)	[rĩsʲ]

coiote (m)	койот (м)	[kɔjót]
chacal (m)	шакал (м)	[ʃakál]
hiena (f)	гиена (ж)	[giéna]

| animal (m) | животное (с) | [ʒivótnɔe] |
| besta (f) | зверь (м) | [zvérʲ] |

esquilo (m)	белка (ж)	[bélka]
ouriço (m)	ёж (м)	[jóʃ]
lebre (f)	заяц (м)	[záɪts]
coelho (m)	кролик (м)	[królik]

texugo (m)	барсук (м)	[barsúk]
guaxinim (m)	енот (м)	[enót]
hamster (m)	хомяк (м)	[hɔmʲák]
marmota (f)	сурок (м)	[surók]

toupeira (f)	крот (м)	[krót]
rato (m)	мышь (ж)	[mĩʃ]
ratazana (f)	крыса (ж)	[krĩsa]
morcego (m)	летучая мышь (ж)	[letútʃaja mĩʃ]

arminho (m)	горностай (м)	[gɔrnɔstáj]
zibelina (f)	соболь (м)	[sóbɔlʲ]
marta (f)	куница (ж)	[kunítsa]
doninha (f)	ласка (ж)	[láska]
visom (m)	норка (ж)	[nórka]

| castor (m) | бобр (м) | [bóbr] |
| lontra (f) | выдра (ж) | [vĩdra] |

cavalo (m)	лошадь (ж)	[lóʃatʲ]
alce (m)	лось (м)	[lósʲ]
veado (m)	олень (м)	[ɔlénʲ]
camelo (m)	верблюд (м)	[verblʲúd]

bisão (m)	бизон (м)	[bizón]
auroque (m)	зубр (м)	[zúbr]
búfalo (m)	буйвол (м)	[bújvɔl]

zebra (f)	зебра (ж)	[zébra]
antílope (m)	антилопа (ж)	[antilópa]
corça (f)	косуля (ж)	[kɔsúlʲa]
gamo (m)	лань (ж)	[lánʲ]
camurça (f)	серна (ж)	[sérna]
javali (m)	кабан (м)	[kabán]

baleia (f)	кит (м)	[kít]
foca (f)	тюлень (м)	[tʲulénʲ]
morsa (f)	морж (м)	[mórʃ]
urso-marinho (m)	котик (м)	[kótik]
golfinho (m)	дельфин (м)	[delʲfín]

urso (m)	медведь (м)	[medvétʲ]
urso (m) polar	белый медведь (м)	[bélɨj medvétʲ]
panda (m)	панда (ж)	[pánda]

macaco (m)	обезьяна (ж)	[ɔbezjána]
chimpanzé (m)	шимпанзе (с)	[ʃimpanzǽ]
orangotango (m)	орангутанг (м)	[ɔrangutáng]
gorila (m)	горилла (ж)	[gɔríla]
macaco (m)	макака (ж)	[makáka]
gibão (m)	гиббон (м)	[gibón]

elefante (m)	слон (м)	[slón]
rinoceronte (m)	носорог (м)	[nɔsɔróg]
girafa (f)	жираф (м)	[ʒɨráf]
hipopótamo (m)	бегемот (м)	[begemót]

| canguru (m) | кенгуру (м) | [kengurú] |
| coala (m) | коала (ж) | [kɔála] |

mangusto (m)	мангуст (м)	[mangúst]
chinchila (f)	шиншилла (ж)	[ʃinʃĩla]
cangambá (f)	скунс (м)	[skúns]
porco-espinho (m)	дикобраз (м)	[dikɔbrás]

212. Animais domésticos

gata (f)	кошка (ж)	[kóʃka]
gato (m) macho	кот (м)	[kót]
cavalo (m)	лошадь (ж)	[lóʃatʲ]

| garanhão (m) | жеребец (м) | [ʒerebéʦ] |
| égua (f) | кобыла (ж) | [kɔbĭla] |

vaca (f)	корова (ж)	[kɔróva]
touro (m)	бык (м)	[bĭk]
boi (m)	вол (м)	[vól]

ovelha (f)	овца (ж)	[ɔfʦá]
carneiro (m)	баран (м)	[barán]
cabra (f)	коза (ж)	[kɔzá]
bode (m)	козёл (м)	[kɔzǿl]

| burro (m) | осёл (м) | [ɔsǿl] |
| mula (f) | мул (м) | [múl] |

porco (m)	свинья (ж)	[svinjá]
leitão (m)	поросёнок (м)	[pɔrɔsǿnɔk]
coelho (m)	кролик (м)	[królik]

| galinha (f) | курица (ж) | [kúriʦa] |
| galo (m) | петух (м) | [petúh] |

pata (f), pato (m)	утка (ж)	[útka]
pato (m)	селезень (м)	[sélezenʲ]
ganso (m)	гусь (м)	[gúsʲ]

| peru (m) | индюк (м) | [indʲúk] |
| perua (f) | индюшка (ж) | [indʲúʃka] |

animais (m pl) domésticos	домашние животные (с мн)	[dɔmáʃnie ʒivótnie]
domesticado (adj)	ручной	[rutʃnój]
domesticar (vt)	приручать (нсв, пх)	[prirutʃátʲ]
criar (vt)	выращивать (нсв, пх)	[vɨráʃivatʲ]

fazenda (f)	ферма (ж)	[férma]
aves (f pl) domésticas	домашняя птица (ж)	[dɔmáʃnʲaja ptíʦa]
gado (m)	скот (м)	[skót]
rebanho (m), manada (f)	стадо (с)	[stádɔ]

estábulo (m)	конюшня (ж)	[kɔnʲúʃnʲa]
chiqueiro (m)	свинарник (м)	[svinárnik]
estábulo (m)	коровник (м)	[kɔróvnik]
coelheira (f)	крольчатник (м)	[krɔlʲtʃátnik]
galinheiro (m)	курятник (м)	[kurʲátnik]

213. Cães. Raças de cães

cão (m)	собака (ж)	[sɔbáka]
cão pastor (m)	овчарка (ж)	[ɔftʃárka]
pastor-alemão (m)	немецкая овчарка (ж)	[nemétskaja ɔftʃárka]
poodle (m)	пудель (м)	[púdelʲ]
linguicinha (f)	такса (ж)	[táksa]
buldogue (m)	бульдог (м)	[bulʲdóg]
boxer (m)	боксёр (м)	[bɔksǿr]

mastim (m)	мастиф (м)	[mastíf]
rottweiler (m)	ротвейлер (м)	[rɔtvéjler]
dóberman (m)	доберман (м)	[dɔbermán]

basset (m)	бассет (м)	[bássɛt]
pastor inglês (m)	бобтейл (м)	[bɔptǽjl]
dálmata (m)	далматинец (м)	[dalmatínets]
cocker spaniel (m)	кокер-спаниель (м)	[kóker-spaniélʲ]

terra-nova (m)	ньюфаундленд (м)	[njufáundlend]
são-bernardo (m)	сенбернар (м)	[senbernár]

husky (m) siberiano	хаски (м)	[háski]
Chow-chow (m)	чау-чау (м)	[tʃáu-tʃáu]
spitz alemão (m)	шпиц (м)	[ʃpíts]
pug (m)	мопс (м)	[móps]

214. Sons produzidos pelos animais

latido (m)	лай (м)	[láj]
latir (vi)	лаять (нсв, нпх)	[lájɪtʲ]
miar (vi)	мяукать (нсв, нпх)	[mɪúkatʲ]
ronronar (vi)	мурлыкать (нсв, нпх)	[murlīkatʲ]

mugir (vaca)	мычать (нсв, нпх)	[mitʃátʲ]
bramir (touro)	реветь (нсв, нпх)	[revétʲ]
rosnar (vi)	рычать (нсв, нпх)	[ritʃátʲ]

uivo (m)	вой (м)	[vój]
uivar (vi)	выть (нсв, нпх)	[vītʲ]
ganir (vi)	скулить (нсв, нпх)	[skulítʲ]

balir (vi)	блеять (нсв, нпх)	[bléjatʲ]
grunhir (vi)	хрюкать (нсв, нпх)	[hrʲúkatʲ]
guinchar (vi)	визжать (нсв, нпх)	[viʒʒátʲ]

coaxar (sapo)	квакать (нсв, нпх)	[kvákatʲ]
zumbir (inseto)	жужжать (нсв, нпх)	[ʒuʒʒátʲ]
ziziar (vi)	стрекотать (нсв, нпх)	[strekɔtátʲ]

215. Animais jovens

cria (f), filhote (m)	детёныш (м)	[detǿniʃ]
gatinho (m)	котёнок (м)	[kɔtǿnɔk]
ratinho (m)	мышонок (м)	[miʃónɔk]
cachorro (m)	щенок (м)	[ʃʲenók]

filhote (m) de lebre	зайчонок (м)	[zajtʃónɔk]
coelhinho (m)	крольчонок (м)	[krɔlʲtʃónɔk]
lobinho (m)	волчонок (м)	[vɔltʃónɔk]
filhote (m) de raposa	лисёнок (м)	[lisǿnɔk]
filhote (m) de urso	медвежонок (м)	[medveʒónɔk]

filhote (m) de leão	львёнок (м)	[lʲvǿnɔk]
filhote (m) de tigre	тигрёнок (м)	[tigrǿnɔk]
filhote (m) de elefante	слонёнок (м)	[slɔnǿnɔk]

leitão (m)	поросёнок (м)	[pɔrɔsǿnɔk]
bezerro (m)	телёнок (м)	[telǿnɔk]
cabrito (m)	козлёнок (м)	[kɔzlǿnɔk]
cordeiro (m)	ягнёнок (м)	[jɪgnǿnɔk]
filhote (m) de veado	оленёнок (м)	[ɔlenǿnɔk]
cria (f) de camelo	верблюжонок (м)	[verblʲuʒónɔk]

filhote (m) de serpente	змеёныш (м)	[zmejóniʃ]
filhote (m) de rã	лягушонок (м)	[lɪguʃónɔk]

cria (f) de ave	птенец (м)	[ptenéts]
pinto (m)	цыплёнок (м)	[tsiplǿnɔk]
patinho (m)	утёнок (м)	[utǿnɔk]

216. Pássaros

pássaro (m), ave (f)	птица (ж)	[ptítsa]
pombo (m)	голубь (м)	[gólupʲ]
pardal (m)	воробей (м)	[vɔrɔbéj]
chapim-real (m)	синица (ж)	[sinítsa]
pega-rabuda (f)	сорока (ж)	[sɔróka]

corvo (m)	ворон (м)	[vórɔn]
gralha-cinzenta (f)	ворона (ж)	[vɔróna]
gralha-de-nuca-cinzenta (f)	галка (ж)	[gálka]
gralha-calva (f)	грач (м)	[grátʃ]

pato (m)	утка (ж)	[útka]
ganso (m)	гусь (м)	[gúsʲ]
faisão (m)	фазан (м)	[fazán]

águia (f)	орёл (м)	[ɔrǿl]
açor (m)	ястреб (м)	[jástreb]
falcão (m)	сокол (м)	[sókɔl]
abutre (m)	гриф (м)	[gríf]
condor (m)	кондор (м)	[kóndɔr]

cisne (m)	лебедь (м)	[lébetʲ]
grou (m)	журавль (м)	[ʒurávlʲ]
cegonha (f)	аист (м)	[áist]

papagaio (m)	попугай (м)	[pɔpugáj]
beija-flor (m)	колибри (ж)	[kɔlíbri]
pavão (m)	павлин (м)	[pavlín]

avestruz (m)	страус (м)	[stráus]
garça (f)	цапля (ж)	[tsáplʲa]
flamingo (m)	фламинго (с)	[flamíngɔ]
pelicano (m)	пеликан (м)	[pelikán]
rouxinol (m)	соловей (м)	[sɔlɔvéj]

andorinha (f)	ласточка (ж)	[lástɔʧka]
tordo-zornal (m)	дрозд (м)	[drózd]
tordo-músico (m)	певчий дрозд (м)	[péfʧij drózd]
melro-preto (m)	чёрный дрозд (м)	[ʧórnij drózd]

andorinhão (m)	стриж (м)	[stríʃ]
cotovia (f)	жаворонок (м)	[ʒávɔrɔnɔk]
codorna (f)	перепел (м)	[pérepel]

pica-pau (m)	дятел (м)	[dʲátel]
cuco (m)	кукушка (ж)	[kukúʃka]
coruja (f)	сова (ж)	[sɔvá]
bufo-real (m)	филин (м)	[fílin]
tetraz-grande (m)	глухарь (м)	[gluhárʲ]
tetraz-lira (m)	тетерев (м)	[téteref]
perdiz-cinzenta (f)	куропатка (ж)	[kurɔpátka]

estorninho (m)	скворец (м)	[skvɔréts]
canário (m)	канарейка (ж)	[kanaréjka]
galinha-do-mato (f)	рябчик (м)	[rʲápʧik]
tentilhão (m)	зяблик (м)	[zʲáblik]
dom-fafe (m)	снегирь (м)	[snegírʲ]

gaivota (f)	чайка (ж)	[ʧájka]
albatroz (m)	альбатрос (м)	[alʲbatrós]
pinguim (m)	пингвин (м)	[pingvín]

217. Pássaros. Canto e sons

cantar (vi)	петь (нсв, н/пх)	[pétʲ]
gritar, chamar (vi)	кричать (нсв, нпх)	[kriʧátʲ]
cantar (o galo)	кукарекать (нсв, нпх)	[kukarékatʲ]
cocorocó (m)	кукареку (с)	[kukarekú]

cacarejar (vi)	кудахтать (нсв, нпх)	[kudáhtatʲ]
crocitar (vi)	каркать (нсв, нпх)	[kárkatʲ]
grasnar (vi)	крякать (нсв, нпх)	[krʲákatʲ]
piar (vi)	пищать (нсв, нпх)	[piʃátʲ]
chilrear, gorjear (vi)	чирикать (нсв, нпх)	[ʧiríkatʲ]

218. Peixes. Animais marinhos

brema (f)	лещ (м)	[léʃ]
carpa (f)	карп (м)	[kárp]
perca (f)	окунь (м)	[ókunʲ]
siluro (m)	сом (м)	[sóm]
lúcio (m)	щука (ж)	[ʃúka]

salmão (m)	лосось (м)	[lɔsósʲ]
esturjão (m)	осётр (м)	[ɔsǿtr]
arenque (m)	сельдь (ж)	[sélʲtʲ]
salmão (m) do Atlântico	сёмга (ж)	[sǿmga]

cavala, sarda (f)	скумбрия (ж)	[skúmbrija]
solha (f), linguado (m)	камбала (ж)	[kámbala]
lúcio perca (m)	судак (м)	[sudák]
bacalhau (m)	треска (ж)	[treská]
atum (m)	тунец (м)	[tunéts]
truta (f)	форель (ж)	[fɔrǽlʲ]
enguia (f)	угорь (м)	[úgɔrʲ]
raia (f) elétrica	электрический скат (м)	[ɛlektrítʃeskij skát]
moreia (f)	мурена (ж)	[muréna]
piranha (f)	пиранья (ж)	[piránja]
tubarão (m)	акула (ж)	[akúla]
golfinho (m)	дельфин (м)	[delʲfín]
baleia (f)	кит (м)	[kít]
caranguejo (m)	краб (м)	[kráb]
água-viva (f)	медуза (ж)	[medúza]
polvo (m)	осьминог (м)	[ɔsʲminóg]
estrela-do-mar (f)	морская звезда (ж)	[mɔrskája zvezdá]
ouriço-do-mar (m)	морской ёж (м)	[mɔrskój jóʃ]
cavalo-marinho (m)	морской конёк (м)	[mɔrskój kɔnøk]
ostra (f)	устрица (ж)	[ústritsa]
camarão (m)	креветка (ж)	[krevétka]
lagosta (f)	омар (м)	[ɔmár]
lagosta (f)	лангуст (м)	[langúst]

219. Anfíbios. Répteis

cobra (f)	змея (ж)	[zmejá]
venenoso (adj)	ядовитый	[jɪdɔvítij]
víbora (f)	гадюка (ж)	[gadʲúka]
naja (f)	кобра (ж)	[kóbra]
píton (m)	питон (м)	[pitón]
jiboia (f)	удав (м)	[udáf]
cobra-de-água (f)	уж (м)	[úʃ]
cascavel (f)	гремучая змея (ж)	[gremútʃaja zmejá]
anaconda (f)	анаконда (ж)	[anakónda]
lagarto (m)	ящерица (ж)	[jáʃeritsa]
iguana (ж)	игуана (ж)	[iguána]
varano (m)	варан (м)	[varán]
salamandra (f)	саламандра (ж)	[salamándra]
camaleão (m)	хамелеон (м)	[hameleón]
escorpião (m)	скорпион (м)	[skɔrpión]
tartaruga (f)	черепаха (ж)	[tʃerepáha]
rã (f)	лягушка (ж)	[lɪgúʃka]
sapo (m)	жаба (ж)	[ʒába]
crocodilo (m)	крокодил (м)	[krɔkɔdíl]

220. Insetos

inseto (m)	насекомое (c)	[nasekómɔe]
borboleta (f)	бабочка (ж)	[bábɔtʃka]
formiga (f)	муравей (м)	[muravéj]
mosca (f)	муха (ж)	[múha]
mosquito (m)	комар (м)	[kɔmár]
escaravelho (m)	жук (м)	[ʒúk]
vespa (f)	оса (ж)	[ɔsá]
abelha (f)	пчела (ж)	[ptʃelá]
mamangaba (f)	шмель (м)	[ʃmélʲ]
moscardo (m)	овод (м)	[óvɔd]
aranha (f)	паук (м)	[paúk]
teia (f) de aranha	паутина (ж)	[pautína]
libélula (f)	стрекоза (ж)	[strekɔzá]
gafanhoto (m)	кузнечик (м)	[kuznétʃik]
traça (f)	мотылёк (м)	[mɔtɨløk]
barata (f)	таракан (м)	[tarakán]
carrapato (m)	клещ (м)	[kléʃ]
pulga (f)	блоха (ж)	[blɔhá]
borrachudo (m)	мошка (ж)	[móʃka]
gafanhoto (m)	саранча (ж)	[sarantʃá]
caracol (m)	улитка (ж)	[ulítka]
grilo (m)	сверчок (м)	[svertʃók]
pirilampo, vaga-lume (m)	светлячок (м)	[svetlɪtʃók]
joaninha (f)	божья коровка (ж)	[bóʒja kɔrófka]
besouro (m)	майский жук (м)	[májskij ʒúk]
sanguessuga (f)	пиявка (ж)	[pijáfka]
lagarta (f)	гусеница (ж)	[gúsenitsa]
minhoca (f)	червь (м)	[tʃérfʲ]
larva (f)	личинка (ж)	[litʃínka]

221. Animais. Partes do corpo

bico (m)	клюв (м)	[klʲúf]
asas (f pl)	крылья (с мн)	[krɨlja]
pata (f)	лапа (ж)	[lápa]
plumagem (f)	оперение (c)	[ɔperénie]
pena, pluma (f)	перо (c)	[peró]
crista (f)	хохолок (м)	[hɔhɔlók]
brânquias, guelras (f pl)	жабры (мн)	[ʒábrɨ]
ovas (f pl)	икра (ж)	[ikrá]
larva (f)	личинка (ж)	[litʃínka]
barbatana (f)	плавник (м)	[plavník]
escama (f)	чешуя (ж)	[tʃeʃujá]
presa (f)	клык (м)	[klɨk]

pata (f)	лапа (ж)	[lápa]
focinho (m)	морда (ж)	[mórda]
boca (f)	пасть (ж)	[pástʲ]
cauda (f), rabo (m)	хвост (м)	[hvóst]
bigodes (m pl)	усы (м мн)	[usɨ̃]

| casco (m) | копыто (с) | [kɔpɨ̃tɔ] |
| corno (m) | рог (м) | [róg] |

carapaça (f)	панцирь (м)	[pántsirʲ]
concha (f)	ракушка (ж)	[rakúʃka]
casca (f) de ovo	скорлупа (ж)	[skɔrlupá]

| pelo (m) | шерсть (ж) | [ʃǽrstʲ] |
| pele (f), couro (m) | шкура (ж) | [ʃkúra] |

222. Ações dos animais

voar (vi)	летать (нсв, нпх)	[letátʲ]
dar voltas	кружить (нсв, нпх)	[kruʒɨ̃tʲ]
voar (para longe)	улететь (св, нпх)	[uletétʲ]
bater as asas	махать (нсв, нпх)	[mahátʲ]

bicar (vi)	клевать (нсв, пх)	[klevátʲ]
incubar (vt)	высиживать яйца	[visíʒivatʲ jájtsa]
sair do ovo	вылупляться (нсв, возв)	[viluplʲátsa]
fazer o ninho	вить гнездо	[vítʲ gnezdó]

rastejar (vi)	ползать (нсв, нпх)	[pólzatʲ]
picar (vt)	жалить (нсв, пх)	[ʒálitʲ]
morder (cachorro, etc.)	кусать (нсв, пх)	[kusátʲ]

cheirar (vt)	нюхать (нсв, пх)	[nʲúhatʲ]
latir (vi)	лаять (нсв, нпх)	[lájɪtʲ]
silvar (vi)	шипеть (нсв, нпх)	[ʃipétʲ]
assustar (vt)	пугать (нсв, пх)	[pugátʲ]
atacar (vt)	нападать (нсв, нпх)	[napadátʲ]

roer (vt)	грызть (нсв, пх)	[grɨ̃ztʲ]
arranhar (vt)	царапать (нсв, пх)	[tsarápatʲ]
esconder-se (vr)	прятаться (нсв, возв)	[prʲátatsa]

brincar (vi)	играть (нсв, нпх)	[igrátʲ]
caçar (vi)	охотиться (нсв, возв)	[ɔhótitsa]
hibernar (vi)	быть в спячке	[bɨ̃tʲ f spʲátʃke]
extinguir-se (vr)	вымереть (св, нпх)	[vɨ̃meretʲ]

223. Animais. Habitats

hábitat (m)	среда (ж) обитания	[sredá ɔbitánija]
migração (f)	миграция (ж)	[migrátsija]
montanha (f)	гора (ж)	[gɔrá]

| recife (m) | риф (м) | [ríf] |
| falésia (f) | скала (ж) | [skalá] |

floresta (f)	лес (м)	[lés]
selva (f)	джунгли (мн)	[dʒúngli]
savana (f)	саванна (ж)	[savána]
tundra (f)	тундра (ж)	[túndra]

estepe (f)	степь (ж)	[stépʲ]
deserto (m)	пустыня (ж)	[pustǐnʲa]
oásis (m)	оазис (м)	[ɔázis]

mar (m)	море (с)	[móre]
lago (m)	озеро (с)	[ózerɔ]
oceano (m)	океан (м)	[ɔkeán]

pântano (m)	болото (с)	[bɔlótɔ]
de água doce	пресноводный	[presnɔvódnʲij]
lagoa (f)	пруд (м)	[prúd]
rio (m)	река (ж)	[reká]

toca (f) do urso	берлога (ж)	[berlóga]
ninho (m)	гнездо (с)	[gnezdó]
buraco (m) de árvore	дупло (с)	[dupló]
toca (f)	нора (ж)	[nɔrá]
formigueiro (m)	муравейник (м)	[muravéjnik]

224. Cuidados com os animais

| jardim (m) zoológico | зоопарк (м) | [zɔɔpárk] |
| reserva (f) natural | заповедник (м) | [zapɔvédnik] |

viveiro (m)	питомник (м)	[pitómnik]
jaula (f) de ar livre	вольер (м)	[vɔljér]
jaula, gaiola (f)	клетка (ж)	[klétka]
casinha (f) de cachorro	конура (ж)	[kɔnurá]

pombal (m)	голубятня (ж)	[gɔlubʲátnʲa]
aquário (m)	аквариум (м)	[akvárium]
delfinário (m)	дельфинарий (м)	[delʲfinárij]

criar (vt)	разводить (нсв, пх)	[razvɔdítʲ]
cria (f)	потомство (с)	[pɔtómstvɔ]
domesticar (vt)	приручать (нсв, пх)	[priruʧátʲ]
adestrar (vt)	дрессировать (нсв, пх)	[dresirɔvátʲ]

| ração (f) | корм (м) | [kórm] |
| alimentar (vt) | кормить (нсв, пх) | [kɔrmítʲ] |

loja (f) de animais	зоомагазин (м)	[zɔɔ·magazín]
focinheira (m)	намордник (м)	[namórdnik]
coleira (f)	ошейник (м)	[ɔʃéjnik]
nome (do animal)	кличка (ж)	[klíʧka]
pedigree (m)	родословная (ж)	[rɔdɔslóvnaja]

225. Animais. Diversos

alcateia (f)	стая (ж)	[stája]
bando (pássaros)	стая (ж)	[stája]
cardume (peixes)	стая (ж), косяк (м)	[stája], [kɔsʲák]
manada (cavalos)	табун (м)	[tabún]
macho (m)	самец (м)	[saméts]
fêmea (f)	самка (ж)	[sámka]
faminto (adj)	голодный	[gɔlódnij]
selvagem (adj)	дикий	[díkij]
perigoso (adj)	опасный	[ɔpásnij]

226. Cavalos

raça (f)	порода (ж)	[pɔróda]
potro (m)	жеребёнок (м)	[ʒerebǿnɔk]
égua (f)	кобыла (ж)	[kɔbɨ̃la]
mustangue (m)	мустанг (м)	[mustáng]
pônei (m)	пони (м)	[póni]
cavalo (m) de tiro	тяжеловоз (м)	[tɪʒelɔvós]
crina (f)	грива (ж)	[gríva]
rabo (m)	хвост (м)	[hvóst]
casco (m)	копыто (с)	[kɔpɨ̃tɔ]
ferradura (f)	подкова (ж)	[pɔtkóva]
ferrar (vt)	подковать (св, пх)	[pɔtkɔvátʲ]
ferreiro (m)	кузнец (м)	[kuznéts]
sela (f)	седло (с)	[sedló]
estribo (m)	стремя (ж)	[strémʲa]
brida (f)	уздечка (ж)	[uzdétʃka]
rédeas (f pl)	вожжи (мн)	[vóʒʒʲi]
chicote (m)	плётка (ж)	[plǿtka]
cavaleiro (m)	наездник (м)	[naéznik]
colocar sela	оседлать (св, пх)	[ɔsedlátʲ]
montar no cavalo	сесть в седло	[séstʲ f sedló]
galope (m)	галоп (м)	[galóp]
galopar (vi)	скакать галопом	[skakátʲ galópɔm]
trote (m)	рысь (ж)	[rɨ̃sʲ]
a trote	рысью	[rɨ̃sju]
ir a trote	скакать рысью	[skakátʲ rɨ̃sju]
cavalo (m) de corrida	скаковая лошадь (ж)	[skakɔvája lóʃatʲ]
corridas (f pl)	скачки (мн)	[skátʃki]
estábulo (m)	конюшня (ж)	[kɔnʲúʃnʲa]
alimentar (vt)	кормить (нсв, пх)	[kɔrmítʲ]

feno (m)	сено (c)	[séno]
dar água	поить (нсв, пх)	[poítʲ]
limpar (vt)	чистить (нсв, пх)	[ʧʲístitʲ]

carroça (f)	воз, повозка (ж)	[vós], [povóska]
pastar (vi)	пастись (нсв, возв)	[pastísʲ]
relinchar (vi)	ржать (нсв, нпх)	[rʒátʲ]
dar um coice	лягнуть (св, пх)	[lɪgnútʲ]

Flora

árvore (f)	дерево (c)	[dérevɔ]
decídua (adj)	лиственное	[lístvenɔe]
conífera (adj)	хвойное	[hvójnɔe]
perene (adj)	вечнозелёное	[vetʃnɔ·zelǿnɔe]
macieira (f)	яблоня (ж)	[jáblɔnʲa]
pereira (f)	груша (ж)	[grúʃa]
cerejeira (f)	черешня (ж)	[tʃeréʃnʲa]
ginjeira (f)	вишня (ж)	[víʃnʲa]
ameixeira (f)	слива (ж)	[slíva]
bétula (f)	берёза (ж)	[berǿza]
carvalho (m)	дуб (м)	[dúb]
tília (f)	липа (ж)	[lípa]
choupo-tremedor (m)	осина (ж)	[ɔsína]
bordo (m)	клён (м)	[klǿn]
espruce (m)	ель (ж)	[élʲ]
pinheiro (m)	сосна (ж)	[sɔsná]
alerce, lariço (m)	лиственница (ж)	[lístvenitsa]
abeto (m)	пихта (ж)	[píhta]
cedro (m)	кедр (м)	[kédr]
choupo, álamo (m)	тополь (м)	[tópɔlʲ]
tramazeira (f)	рябина (ж)	[rɪbína]
salgueiro (m)	ива (ж)	[íva]
amieiro (m)	ольха (ж)	[ɔlʲhá]
faia (f)	бук (м)	[búk]
ulmeiro, olmo (m)	вяз (м)	[vʲás]
freixo (m)	ясень (м)	[jásenʲ]
castanheiro (m)	каштан (м)	[kaʃtán]
magnólia (f)	магнолия (ж)	[magnólija]
palmeira (f)	пальма (ж)	[pálʲma]
cipreste (m)	кипарис (м)	[kiparís]
mangue (m)	мангровое дерево (c)	[mángrɔvɔe dérevɔ]
embondeiro, baobá (m)	баобаб (м)	[baɔbáb]
eucalipto (m)	эвкалипт (м)	[ɛfkalípt]
sequoia (f)	секвойя (ж)	[sekvója]

arbusto (m)	куст (м)	[kúst]
arbusto (m), moita (f)	кустарник (м)	[kustárnik]

videira (f)	виноград (м)	[vinográd]
vinhedo (m)	виноградник (м)	[vinográdnik]

framboeseira (f)	малина (ж)	[malína]
groselheira-negra (f)	чёрная смородина (ж)	[ʧórnaja smoródina]
groselheira-vermelha (f)	красная смородина (ж)	[krásnaja smoródina]
groselheira (f) espinhosa	крыжовник (м)	[kriʒóvnik]

acácia (f)	акация (ж)	[akátsija]
bérberis (f)	барбарис (м)	[barbarís]
jasmim (m)	жасмин (м)	[ʒasmín]

junípero (m)	можжевельник (м)	[moʒevélʲnik]
roseira (f)	розовый куст (м)	[rózovij kúst]
roseira (f) brava	шиповник (м)	[ʃipóvnik]

229. Cogumelos

cogumelo (m)	гриб (м)	[gríb]
cogumelo (m) comestível	съедобный гриб (м)	[sjedóbnij gríb]
cogumelo (m) venenoso	ядовитый гриб (м)	[jidovítij gríb]
chapéu (m)	шляпка (ж)	[ʃlʲápka]
pé, caule (m)	ножка (ж)	[nóʃka]

boleto, porcino (m)	белый гриб (м)	[bélij gríb]
boleto (m) alaranjado	подосиновик (м)	[podosínovik]
boleto (m) de bétula	подберёзовик (м)	[podberǿzovik]
cantarelo (m)	лисичка (ж)	[lisíʧka]
rússula (f)	сыроежка (ж)	[siroéʃka]

morchella (f)	сморчок (м)	[smorʧók]
agário-das-moscas (m)	мухомор (м)	[muhomór]
cicuta (f) verde	поганка (ж)	[pogánka]

230. Frutos. Bagas

maçã (f)	яблоко (c)	[jábloko]
pera (f)	груша (ж)	[grúʃa]
ameixa (f)	слива (ж)	[slíva]

morango (m)	клубника (ж)	[klubníka]
ginja (f)	вишня (ж)	[víʃnʲa]
cereja (f)	черешня (ж)	[ʧeréʃnʲa]
uva (f)	виноград (м)	[vinográd]

framboesa (f)	малина (ж)	[malína]
groselha (f) negra	чёрная смородина (ж)	[ʧórnaja smoródina]
groselha (f) vermelha	красная смородина (ж)	[krásnaja smoródina]
groselha (f) espinhosa	крыжовник (м)	[kriʒóvnik]
oxicoco (m)	клюква (ж)	[klʲúkva]
laranja (f)	апельсин (м)	[apelʲsín]
tangerina (f)	мандарин (м)	[mandarín]

abacaxi (m)	ананас (м)	[ananás]
banana (f)	банан (м)	[banán]
tâmara (f)	финик (м)	[fínik]

limão (m)	лимон (м)	[limón]
damasco (m)	абрикос (м)	[abrikós]
pêssego (m)	персик (м)	[pérsik]
quiuí (m)	киви (м)	[kívi]
toranja (f)	грейпфрут (м)	[gréjpfrut]

baga (f)	ягода (ж)	[jágɔda]
bagas (f pl)	ягоды (ж мн)	[jágɔdi]
arando (m) vermelho	брусника (ж)	[brusníka]
morango-silvestre (m)	земляника (ж)	[zemlɪníka]
mirtilo (m)	черника (ж)	[tʃerníka]

231. Flores. Plantas

| flor (f) | цветок (м) | [tsvetók] |
| buquê (m) de flores | букет (м) | [bukét] |

rosa (f)	роза (ж)	[róza]
tulipa (f)	тюльпан (м)	[tʲulʲpán]
cravo (m)	гвоздика (ж)	[gvɔzdíka]
gladíolo (m)	гладиолус (м)	[gladiólus]

centáurea (f)	василёк (м)	[vasilǿk]
campainha (f)	колокольчик (м)	[kɔlɔkólʲtʃik]
dente-de-leão (m)	одуванчик (м)	[ɔduvántʃik]
camomila (f)	ромашка (ж)	[rɔmáʃka]

aloé (m)	алоэ (с)	[alóɛ]
cacto (m)	кактус (м)	[káktus]
fícus (m)	фикус (м)	[fíkus]

lírio (m)	лилия (ж)	[líllija]
gerânio (m)	герань (ж)	[geránʲ]
jacinto (m)	гиацинт (м)	[giatsĩnt]

mimosa (f)	мимоза (ж)	[mimóza]
narciso (m)	нарцисс (м)	[nartsĩs]
capuchinha (f)	настурция (ж)	[nastúrtsija]

orquídea (f)	орхидея (ж)	[ɔrhidéja]
peônia (f)	пион (м)	[pión]
violeta (f)	фиалка (ж)	[fiálka]

amor-perfeito (m)	анютины глазки (мн)	[anʲútinɪ gláski]
não-me-esqueças (m)	незабудка (ж)	[nezabútka]
margarida (f)	маргаритка (ж)	[margarítka]

papoula (f)	мак (м)	[mák]
cânhamo (m)	конопля (ж)	[kɔnɔplʲá]
hortelã, menta (f)	мята (ж)	[mʲáta]

lírio-do-vale (m)	ландыш (м)	[lándiʃ]
campânula-branca (f)	подснежник (м)	[pɔtsnéʒnik]
urtiga (f)	крапива (ж)	[krapíva]
azedinha (f)	щавель (м)	[ʃʲavélʲ]
nenúfar (m)	кувшинка (ж)	[kufʃínka]
samambaia (f)	папоротник (м)	[pápɔrtnik]
líquen (m)	лишайник (м)	[liʃájnik]
estufa (f)	оранжерея (ж)	[ɔranʒeréja]
gramado (m)	газон (м)	[gazón]
canteiro (m) de flores	клумба (ж)	[klúmba]
planta (f)	растение (с)	[rasténie]
grama (f)	трава (ж)	[travá]
folha (f) de grama	травинка (ж)	[travínka]
folha (f)	лист (м)	[líst]
pétala (f)	лепесток (м)	[lepestók]
talo (m)	стебель (м)	[stébelʲ]
tubérculo (m)	клубень (м)	[klúbenʲ]
broto, rebento (m)	росток (м)	[rɔstók]
espinho (m)	шип (м)	[ʃíp]
florescer (vi)	цвести (нсв, нпх)	[tsvestí]
murchar (vi)	вянуть (нсв, нпх)	[vʲánutʲ]
cheiro (m)	запах (м)	[zápah]
cortar (flores)	срезать (св, пх)	[srézatʲ]
colher (uma flor)	сорвать (св, пх)	[sɔrvátʲ]

232. Cereais, grãos

grão (m)	зерно (с)	[zernó]
cereais (plantas)	зерновые растения (с мн)	[zernɔvīe rasténija]
espiga (f)	колос (м)	[kólɔs]
trigo (m)	пшеница (ж)	[pʃɛnítsa]
centeio (m)	рожь (ж)	[róʃ]
aveia (f)	овёс (м)	[ɔvøs]
painço (m)	просо (с)	[prósɔ]
cevada (f)	ячмень (м)	[jɪtʃménʲ]
milho (m)	кукуруза (ж)	[kukurúza]
arroz (m)	рис (м)	[rís]
trigo-sarraceno (m)	гречиха (ж)	[gretʃíha]
ervilha (f)	горох (м)	[gɔróh]
feijão (m) roxo	фасоль (ж)	[fasólʲ]
soja (f)	соя (ж)	[sója]
lentilha (f)	чечевица (ж)	[tʃetʃevítsa]
feijão (m)	бобы (мн)	[bɔbī]

233. Vegetais. Verduras

vegetais (m pl)	овощи (м мн)	[óvoʃⁱi]
verdura (f)	зелень (ж)	[zélenⁱ]
tomate (m)	помидор (м)	[pɔmidór]
pepino (m)	огурец (м)	[ɔguréʦ]
cenoura (f)	морковь (ж)	[mɔrkófⁱ]
batata (f)	картофель (м)	[kartófelⁱ]
cebola (f)	лук (м)	[lúk]
alho (m)	чеснок (м)	[ʧesnók]
couve (f)	капуста (ж)	[kapústa]
couve-flor (f)	цветная капуста (ж)	[ʦvetnája kapústa]
couve-de-bruxelas (f)	брюссельская капуста (ж)	[brⁱusélⁱskaja kapústa]
brócolis (m pl)	капуста брокколи (ж)	[kapústa brókɔli]
beterraba (f)	свёкла (ж)	[svǿkla]
berinjela (f)	баклажан (м)	[baklaʒán]
abobrinha (f)	кабачок (м)	[kabaʧók]
abóbora (f)	тыква (ж)	[tīkva]
nabo (m)	репа (ж)	[répa]
salsa (f)	петрушка (ж)	[petrúʃka]
endro, aneto (m)	укроп (м)	[ukróp]
alface (f)	салат (м)	[salát]
aipo (m)	сельдерей (м)	[selⁱderéj]
aspargo (m)	спаржа (ж)	[spárʒa]
espinafre (m)	шпинат (м)	[ʃpinát]
ervilha (f)	горох (м)	[gɔróh]
feijão (~ soja, etc.)	бобы (мн)	[bɔbī]
milho (m)	кукуруза (ж)	[kukurúza]
feijão (m) roxo	фасоль (ж)	[fasólⁱ]
pimentão (m)	перец (м)	[péreʦ]
rabanete (m)	редис (м)	[redís]
alcachofra (f)	артишок (м)	[artiʃók]

GEOGRAFIA REGIONAL

Países. Nacionalidades

234. Europa Ocidental

Europa (f)	Европа (ж)	[evrópa]
União (f) Europeia	Европейский Союз (м)	[evrɔpéjskij sɔjús]
europeu (m)	европеец (м)	[evrɔpéets]
europeu (adj)	европейский	[evrɔpéjskij]
Áustria (f)	Австрия (ж)	[áfstrija]
austríaco (m)	австриец (м)	[afstríets]
austríaca (f)	австрийка (ж)	[afstríjka]
austríaco (adj)	австрийский	[afstríjskij]
Grã-Bretanha (f)	Великобритания (ж)	[velikɔbritánija]
Inglaterra (f)	Англия (ж)	[ánglija]
inglês (m)	англичанин (м)	[anglitʃánin]
inglesa (f)	англичанка (ж)	[anglitʃánka]
inglês (adj)	английский	[anglíjskij]
Bélgica (f)	Бельгия (ж)	[bélʲgija]
belga (m)	бельгиец (м)	[belʲgíets]
belga (f)	бельгийка (ж)	[belʲgíjka]
belga (adj)	бельгийский	[belʲgíjskij]
Alemanha (f)	Германия (ж)	[germánija]
alemão (m)	немец (м)	[némets]
alemã (f)	немка (ж)	[némka]
alemão (adj)	немецкий	[némétskij]
Países Baixos (m pl)	Нидерланды (мн)	[niderlándi]
Holanda (f)	Голландия (ж)	[gɔlándija]
holandês (m)	голландец (м)	[gɔlándets]
holandesa (f)	голландка (ж)	[gɔlántka]
holandês (adj)	голландский	[gɔlánskij]
Grécia (f)	Греция (ж)	[grétsija]
grego (m)	грек (м)	[grék]
grega (f)	гречанка (ж)	[gretʃánka]
grego (adj)	греческий	[grétʃeskij]
Dinamarca (f)	Дания (ж)	[dánija]
dinamarquês (m)	датчанин (м)	[dattʃánin]
dinamarquesa (f)	датчанка (ж)	[dattʃánka]
dinamarquês (adj)	датский	[dátskij]
Irlanda (f)	Ирландия (ж)	[irlándija]
irlandês (m)	ирландец (м)	[irlándets]

| irlandesa (f) | ирландка (ж) | [irlántka] |
| irlandês (adj) | ирландский | [irlánskij] |

Islândia (f)	Исландия (ж)	[islándija]
islandês (m)	исландец (м)	[islándets]
islandesa (f)	исландка (ж)	[islánka]
islandês (adj)	исландский	[islánskij]

Espanha (f)	Испания (ж)	[ispánija]
espanhol (m)	испанец (м)	[ispánets]
espanhola (f)	испанка (ж)	[ispánka]
espanhol (adj)	испанский	[ispánskij]

Itália (f)	Италия (ж)	[itálija]
italiano (m)	итальянец (м)	[italjánets]
italiana (f)	итальянка (ж)	[italjánka]
italiano (adj)	итальянский	[italjánskij]

Chipre (m)	Кипр (м)	[kípr]
cipriota (m)	киприот (м)	[kipriót]
cipriota (f)	киприотка (ж)	[kipriótka]
cipriota (adj)	кипрский	[kíprskij]

Malta (f)	Мальта (ж)	[málʲta]
maltês (m)	мальтиец (м)	[malʲtíets]
maltesa (f)	мальтийка (ж)	[malʲtíjka]
maltês (adj)	мальтийский	[malʲtíjskij]

Noruega (f)	Норвегия (ж)	[nɔrvégija]
norueguês (m)	норвежец (м)	[nɔrvéʒets]
norueguesa (f)	норвежка (ж)	[nɔrvéʒka]
norueguês (adj)	норвежский	[nɔrvéʒskij]

Portugal (m)	Португалия (ж)	[portugálija]
português (m)	португалец (м)	[portugálets]
portuguesa (f)	португалка (ж)	[portugálka]
português (adj)	португальский	[portugálʲskij]

Finlândia (f)	Финляндия (ж)	[finlʲándija]
finlandês (m)	финн (м)	[fínn]
finlandesa (f)	финка (ж)	[fínka]
finlandês (adj)	финский	[fínskij]

França (f)	Франция (ж)	[frántsija]
francês (m)	француз (м)	[frantsús]
francesa (f)	француженка (ж)	[frantsúʒenka]
francês (adj)	французский	[frantsúskij]

Suécia (f)	Швеция (ж)	[ʃvétsija]
sueco (m)	швед (м)	[ʃvéd]
sueca (f)	шведка (ж)	[ʃvétka]
sueco (adj)	шведский	[ʃvétskij]

Suíça (f)	Швейцария (ж)	[ʃvejtsárija]
suíço (m)	швейцарец (м)	[ʃvejtsárets]
suíça (f)	швейцарка (ж)	[ʃvejtsárka]

suíço (adj)	швейцарский	[ʃvejtsárskij]
Escócia (f)	Шотландия (ж)	[ʃotlándija]
escocês (m)	шотландец (м)	[ʃotlándets]
escocesa (f)	шотландка (ж)	[ʃotlántka]
escocês (adj)	шотландский	[ʃotlánskij]

Vaticano (m)	Ватикан (м)	[vatikán]
Liechtenstein (m)	Лихтенштейн (м)	[lihtɛnʃtǽjn]
Luxemburgo (m)	Люксембург (м)	[lʲuksembúrg]
Mônaco (m)	Монако (с)	[mɔnákɔ]

235. Europa Central e de Leste

Albânia (f)	Албания (ж)	[albánija]
albanês (m)	албанец (м)	[albánets]
albanesa (f)	албанка (ж)	[albánka]
albanês (adj)	албанский	[albánskij]

Bulgária (f)	Болгария (ж)	[bolgárija]
búlgaro (m)	болгарин (м)	[bolgárin]
búlgara (f)	болгарка (ж)	[bolgárka]
búlgaro (adj)	болгарский	[bolgárskij]

Hungria (f)	Венгрия (ж)	[véngrija]
húngaro (m)	венгр (м)	[véngr]
húngara (f)	венгерка (ж)	[vengérka]
húngaro (adj)	венгерский	[vengérskij]

Letônia (f)	Латвия (ж)	[látvija]
letão (m)	латыш (м)	[latῑʃ]
letã (f)	латышка (ж)	[latῑʃka]
letão (adj)	латышский	[latῑʃskij]

Lituânia (f)	Литва (ж)	[litvá]
lituano (m)	литовец (м)	[litóvets]
lituana (f)	литовка (ж)	[litófka]
lituano (adj)	литовский	[litófskij]

Polônia (f)	Польша (ж)	[pólʲʃa]
polonês (m)	поляк (м)	[polʲák]
polonesa (f)	полька (ж)	[pólʲka]
polonês (adj)	польский	[pólʲskij]

Romênia (f)	Румыния (ж)	[rumῑnija]
romeno (m)	румын (м)	[rumῑn]
romena (f)	румынка (ж)	[rumῑnka]
romeno (adj)	румынский	[rumῑnskij]

Sérvia (f)	Сербия (ж)	[sérbija]
sérvio (m)	серб (м)	[sérb]
sérvia (f)	сербка (ж)	[sérpka]
sérvio (adj)	сербский	[sérpskij]
Eslováquia (f)	Словакия (ж)	[slɔvákija]
eslovaco (m)	словак (м)	[slɔvák]

eslovaca (f)	словачка (ж)	[slovátʃka]
eslovaco (adj)	словацкий	[slovátskij]

Croácia (f)	Хорватия (ж)	[hɔrvátija]
croata (m)	хорват (м)	[hɔrvát]
croata (f)	хорватка (ж)	[hɔrvátka]
croata (adj)	хорватский	[hɔrvátskij]

República (f) Checa	Чехия (ж)	[tʃéhija]
checo (m)	чех (м)	[tʃéh]
checa (f)	чешка (ж)	[tʃéʃka]
checo (adj)	чешский	[tʃéʃskij]

Estônia (f)	Эстония (ж)	[ɛstónija]
estônio (m)	эстонец (м)	[ɛstónets]
estônia (f)	эстонка (ж)	[ɛstónka]
estônio (adj)	эстонский	[ɛstónskij]

Bósnia e Herzegovina (f)	Босния и Герцеговина (ж)	[bósnija i gertsɛgɔvína]
Macedônia (f)	Македония (ж)	[makedónija]
Eslovênia (f)	Словения (ж)	[slɔvénija]
Montenegro (m)	Черногория (ж)	[tʃernɔgórija]

236. Países da ex-URSS

Azerbaijão (m)	Азербайджан (м)	[azerbajdʒán]
azeri (m)	азербайджанец (м)	[azerbajdʒánets]
azeri (f)	азербайджанка (ж)	[azerbajdʒánka]
azeri, azerbaijano (adj)	азербайджанский	[azerbajdʒánskij]

Armênia (f)	Армения (ж)	[arménija]
armênio (m)	армянин (м)	[armɪnín]
armênia (f)	армянка (ж)	[armʲánka]
armênio (adj)	армянский	[armʲánskij]

Belarus	Беларусь (ж)	[belarúsʲ]
bielorrusso (m)	белорус (м)	[belɔrús]
bielorrussa (f)	белоруска (ж)	[belɔrúska]
bielorrusso (adj)	белорусский	[belɔrúskij]

Geórgia (f)	Грузия (ж)	[grúzija]
georgiano (m)	грузин (м)	[gruzín]
georgiana (f)	грузинка (ж)	[gruzínka]
georgiano (adj)	грузинский	[gruzínskij]

Cazaquistão (m)	Казахстан (м)	[kazahstán]
cazaque (m)	казах (м)	[kazáh]
cazaque (f)	казашка (ж)	[kazáʃka]
cazaque (adj)	казахский	[kazáhskij]

Quirguistão (m)	Кыргызстан (м)	[kirgizstán]
quirguiz (m)	киргиз (м)	[kirgís]
quirguiz (f)	киргизка (ж)	[kirgíska]
quirguiz (adj)	киргизский	[kirgískij]

Moldávia (f)	Молдова (ж)	[mɔldóva]
moldavo (m)	молдаванин (м)	[mɔldavánin]
moldava (f)	молдаванка (ж)	[mɔldavánka]
moldavo (adj)	молдавский	[mɔldáfskij]

Rússia (f)	Россия (ж)	[rɔsíja]
russo (m)	русский (м)	[rúskij]
russa (f)	русская (ж)	[rúskaja]
russo (adj)	русский	[rúskij]

Tajiquistão (m)	Таджикистан (м)	[tadʒikistán]
tajique (m)	таджик (м)	[tadʒĩk]
tajique (f)	таджичка (ж)	[tadʒĩʧka]
tajique (adj)	таджикский	[tadʒĩkskij]

Turquemenistão (m)	Туркмения (ж)	[turkménija]
turcomeno (m)	туркмен (м)	[turkmén]
turcomena (f)	туркменка (ж)	[turkménka]
turcomeno (adj)	туркменский	[turkménskij]

Uzbequistão (f)	Узбекистан (м)	[uzbekistán]
uzbeque (m)	узбек (м)	[uzbék]
uzbeque (f)	узбечка (ж)	[uzbéʧka]
uzbeque (adj)	узбекский	[uzbékskij]

Ucrânia (f)	Украина (ж)	[ukraína]
ucraniano (m)	украинец (м)	[ukraínets]
ucraniana (f)	украинка (ж)	[ukraínka]
ucraniano (adj)	украинский	[ukraínskij]

237. Asia

Ásia (f)	Азия (ж)	[ázija]
asiático (adj)	азиатский	[aziátskij]

Vietnã (m)	Вьетнам (м)	[vjetnám]
vietnamita (m)	вьетнамец (м)	[vjetnámets]
vietnamita (f)	вьетнамка (ж)	[vjetnámka]
vietnamita (adj)	вьетнамский	[vjetnámskij]

Índia (f)	Индия (ж)	[índija]
indiano (m)	индус (м)	[indús]
indiana (f)	индуска (ж)	[indúska]
indiano (adj)	индийский	[indíjskij]

Israel (m)	Израиль (м)	[izráilʲ]
israelense (m)	израильтянин (м)	[izrailʲtʲánin]
israelita (f)	израильтянка (ж)	[izrailʲtʲánka]
israelense (adj)	израильский	[izráilʲskij]

judeu (m)	еврей (м)	[evréj]
judia (f)	еврейка (ж)	[evréjka]
judeu (adj)	еврейский	[evréjskij]
China (f)	Китай (м)	[kitáj]

213

chinês (m)	китаец (м)	[kitáets]
chinesa (f)	китаянка (ж)	[kitajánka]
chinês (adj)	китайский	[kitájskij]
coreano (m)	кореец (м)	[koréets]
coreana (f)	кореянка (ж)	[korejánka]
coreano (adj)	корейский	[koréjskij]
Líbano (m)	Ливан (м)	[liván]
libanês (m)	ливанец (м)	[livánets]
libanesa (f)	ливанка (ж)	[livánka]
libanês (adj)	ливанский	[livánskij]
Mongólia (f)	Монголия (ж)	[mɔngólija]
mongol (m)	монгол (м)	[mɔngól]
mongol (f)	монголка (ж)	[mɔngólka]
mongol (adj)	монгольский	[mɔngólʲskij]
Malásia (f)	Малайзия (ж)	[malájzija]
malaio (m)	малаец (м)	[maláets]
malaia (f)	малайка (ж)	[malájka]
malaio (adj)	малайский	[malájskij]
Paquistão (m)	Пакистан (м)	[pakistán]
paquistanês (m)	пакистанец (м)	[pakistánets]
paquistanesa (f)	пакистанка (ж)	[pakistánka]
paquistanês (adj)	пакистанский	[pakistánskij]
Arábia (f) Saudita	Саудовская Аравия (ж)	[saúdɔfskaja arávija]
árabe (m)	араб (м)	[aráb]
árabe (f)	арабка (ж)	[arápka]
árabe (adj)	арабский	[arápskij]
Tailândia (f)	Таиланд (м)	[tailánd]
tailandês (m)	таец (м)	[táets]
tailandesa (f)	тайка (ж)	[tájka]
tailandês (adj)	тайский	[tájskij]
Taiwan (m)	Тайвань (м)	[tajvánʲ]
taiwanês (m)	тайванец (м)	[tajvánets]
taiwanesa (f)	тайванка (ж)	[tajvánka]
taiwanês (adj)	тайванский	[tajvánskij]
Turquia (f)	Турция (ж)	[túrtsija]
turco (m)	турок (м)	[túrɔk]
turca (f)	турчанка (ж)	[turtʃánka]
turco (adj)	турецкий	[turétskij]
Japão (m)	япония (ж)	[jɪpónija]
japonês (m)	японец (м)	[jɪpónets]
japonesa (f)	японка (ж)	[jɪpónka]
japonês (adj)	японский	[jɪpónskij]
Afeganistão (m)	Афганистан (м)	[afganistán]
Bangladesh (m)	Бангладеш (м)	[bangladéʃ]
Indonésia (f)	Индонезия (ж)	[indɔnézija]

Jordânia (f)	Иордания (ж)	[iɔrdánija]
Iraque (m)	Ирак (м)	[irák]
Irã (m)	Иран (м)	[irán]
Camboja (f)	Камбоджа (ж)	[kambódʒa]
Kuwait (m)	Кувейт (м)	[kuvéjt]

Laos (m)	Лаос (м)	[laós]
Birmânia (f)	Мьянма (ж)	[mjánma]
Nepal (m)	Непал (м)	[nepál]
Emirados Árabes Unidos	Объединённые Арабские Эмираты (мн)	[ɔbjedinǿnnie arápskie ɛmiráti]

Síria (f)	Сирия (ж)	[sírija]
Palestina (f)	Палестина (ж)	[palestína]
Coreia (f) do Sul	Южная Корея (ж)	[júʒnaja kɔréja]
Coreia (f) do Norte	Северная Корея (ж)	[sévernaja kɔréja]

238. América do Norte

Estados Unidos da América	Соединённые Штаты (мн) Америки	[sɔedinǿnnie ʃtáti amériki]
americano (m)	американец (м)	[amerikánets]
americana (f)	американка (ж)	[amerikánka]
americano (adj)	американский	[amerikánskij]

Canadá (m)	Канада (ж)	[kanáda]
canadense (m)	канадец (м)	[kanádets]
canadense (f)	канадка (ж)	[kanátka]
canadense (adj)	канадский	[kanátskij]

México (m)	Мексика (ж)	[méksika]
mexicano (m)	мексиканец (м)	[meksikánets]
mexicana (f)	мексиканка (ж)	[meksikánka]
mexicano (adj)	мексиканский	[meksikánskij]

239. América Central do Sul

Argentina (f)	Аргентина (ж)	[argentína]
argentino (m)	аргентинец (м)	[argentínets]
argentina (f)	аргентинка (ж)	[argentínka]
argentino (adj)	аргентинский	[argentínskij]

Brasil (m)	Бразилия (ж)	[brazílija]
brasileiro (m)	бразилец (м)	[brazílets]
brasileira (f)	бразильянка (ж)	[braziljánka]
brasileiro (adj)	бразильский	[brazíl'skij]

Colômbia (f)	Колумбия (ж)	[kɔlúmbija]
colombiano (m)	колумбиец (м)	[kɔlumbíets]
colombiana (f)	колумбийка (ж)	[kɔlumbíjka]
colombiano (adj)	колумбийский	[kɔlumbíjskij]
Cuba (f)	Куба (ж)	[kúba]

cubano (m)	кубинец (м)	[kubínets]
cubana (f)	кубинка (ж)	[kubínka]
cubano (adj)	кубинский	[kubínskij]

Chile (m)	Чили (ж)	[ʧíli]
chileno (m)	чилиец (м)	[ʧilíets]
chilena (f)	чилийка (ж)	[ʧilíjka]
chileno (adj)	чилийский	[ʧilíjskij]

Bolívia (f)	Боливия (ж)	[bolívija]
Venezuela (f)	Венесуэла (ж)	[venesuǽla]
Paraguai (m)	Парагвай (м)	[paragváj]
Peru (m)	Перу (с)	[perú]
Suriname (m)	Суринам (м)	[surinám]
Uruguai (m)	Уругвай (м)	[urugváj]
Equador (m)	Эквадор (м)	[ɛkvadór]

Bahamas (f pl)	Багамские острова (ж)	[bagámskie ɔstrɔvá]
Haiti (m)	Гаити (м)	[gaíti]
República Dominicana	Доминиканская республика (ж)	[dɔminikánskaja respúblika]
Panamá (m)	Панама (ж)	[panáma]
Jamaica (f)	ямайка (ж)	[jɪmájka]

240. Africa

Egito (m)	Египет (м)	[egípet]
egípcio (m)	египтянин (м)	[egiptʲánin]
egípcia (f)	египтянка (ж)	[egiptʲánka]
egípcio (adj)	египетский	[egípetskij]

Marrocos	Марокко (с)	[marókɔ]
marroquino (m)	марокканец (м)	[marɔkánets]
marroquina (f)	марокканка (ж)	[marɔkánka]
marroquino (adj)	марокканский	[marɔkánskij]

Tunísia (f)	Тунис (м)	[tunís]
tunisiano (m)	тунисец (м)	[tunísets]
tunisiana (f)	туниска (ж)	[tuníska]
tunisiano (adj)	тунисский	[tunískij]

Gana (f)	Гана (ж)	[gána]
Zanzibar (m)	Занзибар (м)	[zanzibár]
Quênia (f)	Кения (ж)	[kénija]
Líbia (f)	Ливия (ж)	[lívija]
Madagascar (m)	Мадагаскар (м)	[madagaskár]

Namíbia (f)	Намибия (ж)	[namíbija]
Senegal (m)	Сенегал (м)	[senegál]
Tanzânia (f)	Танзания (ж)	[tanzánija]
África (f) do Sul	ЮАР (ж)	[juár]
africano (m)	африканец (м)	[afrikánets]
africana (f)	африканка (ж)	[afrikánka]
africano (adj)	африканский	[afrikánskij]

241. Austrália. Oceania

Austrália (f)	Австралия (ж)	[afstrálija]
australiano (m)	австралиец (м)	[afstraliets]
australiana (f)	австралийка (ж)	[afstralíjka]
australiano (adj)	австралийский	[afstralíjskij]

Nova Zelândia (f)	Новая Зеландия (ж)	[nóvaja zelándija]
neozelandês (m)	новозеландец (м)	[novozelándets]
neozelandesa (f)	новозеландка (ж)	[novozelántka]
neozelandês (adj)	новозеландский	[novozelánskij]

Tasmânia (f)	Тасмания (ж)	[tasmánija]
Polinésia (f) Francesa	Французская	[frantsúskaja
	Полинезия (ж)	polinǽzija]

242. Cidades

Amesterdã, Amsterdã	Амстердам (м)	[amstɛrdám]
Ancara	Анкара (ж)	[ankará]
Atenas	Афины (мн)	[afíni]
Bagdade	Багдад (м)	[bagdád]
Bancoque	Бангкок (м)	[bankók]

Barcelona	Барселона (ж)	[barselóna]
Beirute	Бейрут (м)	[bejrút]
Berlim	Берлин (м)	[berlín]
Bonn	Бонн (м)	[bónn]
Bordéus	Бордо (м)	[bordó]

Bratislava	Братислава (ж)	[bratisláva]
Bruxelas	Брюссель (м)	[brʲusélʲ]
Bucareste	Бухарест (м)	[buharést]
Budapeste	Будапешт (м)	[budapéʃt]
Cairo	Каир (м)	[kaír]

Calcutá	Калькутта (ж)	[kalʲkútta]
Chicago	Чикаго (м)	[ʧikágo]
Cidade do México	Мехико (м)	[méhiko]
Copenhague	Копенгаген (м)	[kopengágen]
Dar es Salaam	Дар-эс-Салам (м)	[dár-ɛs-sálam]

Deli	Дели (м)	[dǽli]
Dubai	Дубай (м)	[dubáj]
Dublim	Дублин (м)	[dúblin]
Düsseldorf	Дюссельдорф (м)	[dʲúselʲdorf]
Estocolmo	Стокгольм (м)	[stoggólʲm]

Florença	Флоренция (ж)	[floréntsija]
Frankfurt	Франкфурт (м)	[fránkfurt]
Genebra	Женева (ж)	[ʒenéva]
Haia	Гаага (ж)	[gaága]
Hamburgo	Гамбург (м)	[gámburg]

Hanói	Ханой (м)	[hanój]
Havana	Гавана (ж)	[gavána]
Helsinque	Хельсинки (м)	[hélʲsinki]
Hiroshima	Хиросима (ж)	[hirɔsíma]
Hong Kong	Гонконг (м)	[gɔnkóng]
Istambul	Стамбул (м)	[stambúl]

Jerusalém	Иерусалим (м)	[ierusalím]
Kiev, Quieve	Киев (м)	[kíef]
Kuala Lumpur	Куала-Лумпур (м)	[kuála-lúmpur]
Lion	Лион (м)	[lión]
Lisboa	Лиссабон (м)	[lisabón]
Londres	Лондон (м)	[lóndɔn]
Los Angeles	Лос-Анджелес (м)	[lɔs-ánʒeles]
Madrid	Мадрид (м)	[madríd]
Marselha	Марсель (м)	[marsǽlʲ]
Miami	Майями (м)	[majámi]

Montreal	Монреаль (м)	[mɔnreálʲ]
Moscou	Москва (ж)	[mɔskvá]
Mumbai	Бомбей (м)	[bɔmbéj]
Munique	Мюнхен (м)	[mʲúnhen]
Nairóbi	Найроби (м)	[najróbi]
Nápoles	Неаполь (м)	[neápɔlʲ]

Nice	Ницца (ж)	[nítsa]
Nova York	Нью-Йорк (м)	[nju-jórk]
Oslo	Осло (м)	[óslɔ]
Ottawa	Оттава (ж)	[ɔttáva]
Paris	Париж (м)	[paríʃ]

Pequim	Пекин (м)	[pekín]
Praga	Прага (ж)	[prága]
Rio de Janeiro	Рио-де-Жанейро (м)	[río-dɛ-ʒanǽjrɔ]
Roma	Рим (м)	[rím]
São Petersburgo	Санкт-Петербург (м)	[sánkt-peterbúrg]
Seul	Сеул (м)	[seúl]

Singapura	Сингапур (м)	[singapúr]
Sydney	Сидней (м)	[sídnej]
Taipé	Тайпей (м)	[tajpéj]
Tóquio	Токио (м)	[tókia]
Toronto	Торонто (м)	[tɔróntɔ]

Varsóvia	Варшава (ж)	[varʃáva]
Veneza	Венеция (ж)	[venétsija]
Viena	Вена (ж)	[véna]
Washington	Вашингтон (м)	[vaʃinktón]
Xangai	Шанхай (м)	[ʃanháj]

243. Política. Governo. Parte 1

| política (f) | политика (ж) | [polítika] |
| político (adj) | политический | [polítitʃeskij] |

político (m)	политик (м)	[pɔlítik]
estado (m)	государство (c)	[gɔsudárstvɔ]
cidadão (m)	гражданин (м)	[graʒdanín]
cidadania (f)	гражданство (c)	[graʒdánstvɔ]

| brasão (m) de armas | национальный герб (м) | [natsiɔnálʲnij gérb] |
| hino (m) nacional | государственный гимн (м) | [gɔsudárstvenʲij gímn] |

governo (m)	правительство (c)	[pravítelʲstvɔ]
Chefe (m) de Estado	руководитель (м) страны	[rukɔvodítelʲ stranɨ̄]
parlamento (m)	парламент (м)	[parláment]
partido (m)	партия (ж)	[pártija]

| capitalismo (m) | капитализм (м) | [kapitalízm] |
| capitalista (adj) | капиталистический | [kapitalistítʃeskij] |

| socialismo (m) | социализм (м) | [sɔtsialízm] |
| socialista (adj) | социалистический | [sɔtsialistítʃeskij] |

comunismo (m)	коммунизм (м)	[kɔmunízm]
comunista (adj)	коммунистический	[kɔmunistítʃeskij]
comunista (m)	коммунист (м)	[kɔmuníst]

democracia (f)	демократия (ж)	[demɔkrátija]
democrata (m)	демократ (м)	[demɔkrát]
democrático (adj)	демократический	[demɔkratítʃeskij]
Partido (m) Democrático	демократическая партия (ж)	[demɔkratítʃeskaja pártija]

| liberal (m) | либерал (м) | [liberál] |
| liberal (adj) | либеральный | [liberálʲnij] |

| conservador (m) | консерватор (м) | [kɔnservátɔr] |
| conservador (adj) | консервативный | [kɔnservatívnij] |

república (f)	республика (ж)	[respúblika]
republicano (m)	республиканец (м)	[respublikánets]
Partido (m) Republicano	республиканская партия (ж)	[respublikánskaja pártija]

eleições (f pl)	выборы (мн)	[vɨ̄borɨ]
eleger (vt)	выбирать (нсв, пх)	[vibirátʲ]
eleitor (m)	избиратель (м)	[izbirátelʲ]
campanha (f) eleitoral	избирательная кампания (ж)	[izbirátelʲnaja kampánija]

votação (f)	голосование (c)	[gɔlɔsɔvánie]
votar (vi)	голосовать (нсв, нпх)	[gɔlɔsɔvátʲ]
sufrágio (m)	право (c) голоса	[právɔ gólɔsa]

candidato (m)	кандидат (м)	[kandidát]
candidatar-se (vi)	баллотироваться (нсв, возв)	[balɔtírɔvatsa]
campanha (f)	кампания (ж)	[kampánija]

| da oposição | оппозиционный | [ɔpɔzitsiónnij] |
| oposição (f) | оппозиция (ж) | [ɔpɔzítsija] |

visita (f)	визит (м)	[vizít]
visita (f) oficial	официальный визит (м)	[ɔfiˈtsiálʲnij vizít]
internacional (adj)	международный	[meʒdunaródnij]
negociações (f pl)	переговоры (мн)	[peregɔvóri]
negociar (vi)	вести переговоры	[vestí peregɔvóri]

244. Política. Governo. Parte 2

sociedade (f)	общество (с)	[ópʃestvɔ]
constituição (f)	конституция (ж)	[kɔnstitútsija]
poder (ir para o ~)	власть (ж)	[vlástʲ]
corrupção (f)	коррупция (ж)	[kɔrúptsija]
lei (f)	закон (м)	[zakón]
legal (adj)	законный	[zakónnij]
justeza (f)	справедливость (ж)	[spravedlívɔstʲ]
justo (adj)	справедливый	[spravedlívij]
comitê (m)	комитет (м)	[kɔmitét]
projeto-lei (m)	законопроект (м)	[zakónɔ·prɔǽkt]
orçamento (m)	бюджет (м)	[bʲudʒǽt]
política (f)	политика (ж)	[pɔlítika]
reforma (f)	реформа (ж)	[refórma]
radical (adj)	радикальный	[radikálʲnij]
força (f)	сила (ж)	[síla]
poderoso (adj)	сильный	[sílʲnij]
partidário (m)	сторонник (м)	[stɔrónnik]
influência (f)	влияние (с)	[vlijánie]
regime (m)	режим (м)	[reʒīm]
conflito (m)	конфликт (м)	[kɔnflíkt]
conspiração (f)	заговор (м)	[zágɔvɔr]
provocação (f)	провокация (ж)	[prɔvɔkátsija]
derrubar (vt)	свергнуть (св, пх)	[svérgnutʲ]
derrube (m), queda (f)	свержение (с)	[sverʒǽnie]
revolução (f)	революция (ж)	[revɔlʲútsija]
golpe (m) de Estado	переворот (м)	[perevɔrót]
golpe (m) militar	военный переворот (м)	[vɔénnij perevɔrót]
crise (f)	кризис (м)	[krízis]
recessão (f) econômica	экономический спад (м)	[ɛkɔnɔmítʃeskij spád]
manifestante (m)	демонстрант (м)	[demɔnstránt]
manifestação (f)	демонстрация (ж)	[demɔnstrátsija]
lei (f) marcial	военное положение (с)	[vɔénnɔe pɔlɔʒǽnie]
base (f) militar	военная база (ж)	[vɔénnaja báza]
estabilidade (f)	стабильность (ж)	[stabílʲnɔstʲ]
estável (adj)	стабильный	[stabílʲnij]
exploração (f)	эксплуатация (ж)	[ɛkspluatátsija]

explorar (vt)	эксплуатировать (нсв, пх)	[ɛkspluatírɔvatʲ]
racismo (m)	расизм (м)	[rasízm]
racista (m)	расист (м)	[rasíst]
fascismo (m)	фашизм (м)	[faʃízm]
fascista (m)	фашист (м)	[faʃíst]

245. Países. Diversos

estrangeiro (m)	иностранец (м)	[inɔstránets]
estrangeiro (adj)	иностранный	[inɔstránnij]
no estrangeiro	за границей	[za graníʦɛj]

emigrante (m)	эмигрант (м)	[ɛmigránt]
emigração (f)	эмиграция (ж)	[ɛmigrátsija]
emigrar (vi)	эмигрировать (н/св, нпх)	[ɛmigrírɔvatʲ]

Ocidente (m)	Запад (м)	[západ]
Oriente (m)	Восток (м)	[vɔstók]
Extremo Oriente (m)	Дальний Восток (м)	[dálʲnij vɔstók]

civilização (f)	цивилизация (ж)	[tsivilizátsija]
humanidade (f)	человечество (с)	[ʧelɔvéʧestvɔ]
mundo (m)	мир (м)	[mír]

| paz (f) | мир (м) | [mír] |
| mundial (adj) | мировой | [mirɔvój] |

pátria (f)	родина (ж)	[ródina]
povo (população)	народ (м)	[naród]
população (f)	население (с)	[naselénie]
gente (f)	люди (м мн)	[lʲúdi]

| nação (f) | нация (ж) | [nátsija] |
| geração (f) | поколение (с) | [pɔkɔlénie] |

território (m)	территория (ж)	[teritórija]
região (f)	регион (м)	[región]
estado (m)	штат (м)	[ʃtát]

tradição (f)	традиция (ж)	[tradítsija]
costume (m)	обычай (м)	[ɔbīʧaj]
ecologia (f)	экология (ж)	[ɛkɔlógija]

| índio (m) | индеец (м) | [indéets] |
| cigano (m) | цыган (м) | [tsigán] |

| cigana (f) | цыганка (ж) | [tsigánka] |
| cigano (adj) | цыганский | [tsigánskij] |

império (m)	империя (ж)	[impérija]
colônia (f)	колония (ж)	[kɔlónija]
escravidão (f)	рабство (с)	[rábstvɔ]
invasão (f)	нашествие (с)	[naʃǽstvie]
fome (f)	голод (м)	[gólɔd]

221

246. Grupos religiosos mais importantes. Confissões

religião (f)	религия (ж)	[relígija]
religioso (adj)	религиозный	[religióznij]
crença (f)	верование (с)	[vérɔvanie]
crer (vt)	верить (нсв, пх)	[vérití]
crente (m)	верующий (м)	[vérujuʃij]
ateísmo (m)	атеизм (м)	[atɛízm]
ateu (m)	атеист (м)	[atɛíst]
cristianismo (m)	христианство (с)	[hristiánstvɔ]
cristão (m)	христианин (м)	[hristianín]
cristão (adj)	христианский	[hristiánskij]
catolicismo (m)	Католицизм (м)	[katɔlitsīzm]
católico (m)	католик (м)	[katólik]
católico (adj)	католический	[katɔlítʃeskij]
protestantismo (m)	Протестантство (с)	[prɔtestántstvɔ]
Igreja (f) Protestante	Протестантская церковь (ж)	[prɔtestánskaja tsǽrkɔfí]
protestante (m)	протестант (м)	[prɔtestánt]
ortodoxia (f)	Православие (с)	[pravɔslávie]
Igreja (f) Ortodoxa	Православная церковь (ж)	[pravɔslávnaja tsǽrkɔfí]
ortodoxo (m)	православный (м)	[pravɔslávnij]
presbiterianismo (m)	Пресвитерианство (с)	[presviteriánstvɔ]
Igreja (f) Presbiteriana	Пресвитерианская церковь (ж)	[presviteriánskaja tsǽrkɔfí]
presbiteriano (m)	пресвитерианин (м)	[presviteriánin]
luteranismo (m)	Лютеранская церковь (ж)	[lʲuteránskaja tsǽrkɔfí]
luterano (m)	лютеранин (м)	[lʲuteránin]
Igreja (f) Batista	Баптизм (м)	[baptízm]
batista (m)	баптист (м)	[baptíst]
Igreja (f) Anglicana	Англиканская церковь (ж)	[anglikánskaja tsǽrkɔfí]
anglicano (m)	англиканин (м)	[anglikánin]
mormonismo (m)	Мормонство (с)	[mɔrmónstvɔ]
mórmon (m)	мормон (м)	[mɔrmón]
Judaísmo (m)	Иудаизм (м)	[iudaízm]
judeu (m)	иудей (м)	[iudéj]
budismo (m)	Буддизм (м)	[budízm]
budista (m)	буддист (м)	[budíst]
hinduísmo (m)	Индуизм (м)	[induízm]
hindu (m)	индуист (м)	[induíst]
Islã (m)	Ислам (м)	[islám]

| muçulmano (m) | мусульманин (м) | [musulʲmánin] |
| muçulmano (adj) | мусульманский | [musulʲmánskij] |

| xiismo (m) | Шиизм (м) | [ʃiízm] |
| xiita (m) | шиит (м) | [ʃiít] |

| sunismo (m) | Суннизм (м) | [sunízm] |
| sunita (m) | суннит (м) | [sunít] |

247. Religiões. Padres

| padre (m) | священник (м) | [svıʃénik] |
| Papa (m) | Папа Римский (м) | [pápa rímskij] |

monge (m)	монах (м)	[mɔnáh]
freira (f)	монахиня (ж)	[mɔnáhinʲa]
pastor (m)	пастор (м)	[pástɔr]

abade (m)	аббат (м)	[abát]
vigário (m)	викарий (м)	[vikárij]
bispo (m)	епископ (м)	[epískɔp]
cardeal (m)	кардинал (м)	[kardinál]

pregador (m)	проповедник (м)	[prɔpɔvédnik]
sermão (m)	проповедь (ж)	[própɔvetʲ]
paroquianos (pl)	прихожане (мн)	[prihɔʒáne]

| crente (m) | верующий (м) | [vérujuʃij] |
| ateu (m) | атеист (м) | [atɛíst] |

248. Fé. Cristianismo. Islão

| Adão | Адам (м) | [adám] |
| Eva | Ева (ж) | [éva] |

Deus (m)	Бог (м)	[bóh]
Senhor (m)	Господь (м)	[gɔspótʲ]
Todo Poderoso (m)	Всемогущий (м)	[fsemɔgúʃij]

pecado (m)	грех (м)	[gréh]
pecar (vi)	грешить (нсв, нпх)	[greʃîtʲ]
pecador (m)	грешник (м)	[gréʃnik]
pecadora (f)	грешница (ж)	[gréʃnitsa]

| inferno (m) | ад (м) | [ád] |
| paraíso (m) | рай (м) | [ráj] |

| Jesus | Иисус (м) | [iisús] |
| Jesus Cristo | Иисус Христос (м) | [iisús hristós] |

| Espírito (m) Santo | Святой Дух (м) | [svıtój dúh] |
| Salvador (m) | Спаситель (м) | [spasítelʲ] |

Virgem Maria (f)	Богородица (ж)	[bɔgɔróditsa]
Diabo (m)	Дьявол (м)	[djávɔl]
diabólico (adj)	дьявольский	[djávɔlʲskij]
Satanás (m)	Сатана (ж)	[sataná]
satânico (adj)	сатанинский	[satanínskij]

anjo (m)	ангел (м)	[ángel]
anjo (m) da guarda	ангел-хранитель (м)	[ángel-hranítelʲ]
angelical	ангельский	[ángelʲskij]

apóstolo (m)	апостол (м)	[apóstɔl]
arcanjo (m)	архангел (м)	[arhángel]
anticristo (m)	антихрист (м)	[antíhrist]

Igreja (f)	Церковь (ж)	[tsǽrkɔfʲ]
Bíblia (f)	библия (ж)	[bíblija]
bíblico (adj)	библейский	[bibléjskij]

Velho Testamento (m)	Ветхий Завет (м)	[vétxij zavét]
Novo Testamento (m)	Новый Завет (м)	[nóvij zavét]
Evangelho (m)	Евангелие (с)	[evángelie]
Sagradas Escrituras (f pl)	Священное Писание (с)	[svɪʃénɔe pisánie]
Céu (sete céus)	Царство (с) Небесное	[tsárstvɔ nebésnɔe]

mandamento (m)	заповедь (ж)	[zápovetʲ]
profeta (m)	пророк (м)	[prɔrók]
profecia (f)	пророчество (с)	[prɔrótʃestvɔ]

Alá (m)	Аллах (м)	[aláh]
Maomé (m)	Мухаммед (м)	[muhámmed]
Alcorão (m)	Коран (м)	[kɔrán]

mesquita (f)	мечеть (ж)	[metʃétʲ]
mulá (m)	мулла (ж)	[mulá]
oração (f)	молитва (ж)	[mɔlítva]
rezar, orar (vi)	молиться (нсв, возв)	[mɔlítsa]

peregrinação (f)	паломничество (с)	[palómnitʃestvɔ]
peregrino (m)	паломник (м)	[palómnik]
Meca (f)	Мекка (ж)	[mékka]

igreja (f)	церковь (ж)	[tsǽrkɔfʲ]
templo (m)	храм (м)	[hrám]
catedral (f)	собор (м)	[sɔbór]
gótico (adj)	готический	[gɔtítʃeskij]
sinagoga (f)	синагога (ж)	[sinagóga]
mesquita (f)	мечеть (ж)	[metʃétʲ]

capela (f)	часовня (ж)	[tʃasóvnʲa]
abadia (f)	аббатство (с)	[abátstvɔ]
convento (m)	монастырь (м)	[mɔnastĩrʲ]
monastério (m)	монастырь (м)	[mɔnastĩrʲ]

sino (m)	колокол (м)	[kólɔkɔl]
campanário (m)	колокольня (ж)	[kɔlɔkólʲnʲa]
repicar (vi)	звонить (нсв, нпх)	[zvɔnítʲ]

cruz (f)	крест (м)	[krést]
cúpula (f)	купол (м)	[kúpɔl]
ícone (m)	икона (ж)	[ikóna]

alma (f)	душа (ж)	[duʃá]
destino (m)	судьба (ж)	[sutʲbá]
mal (m)	зло (с)	[zló]
bem (m)	добро (с)	[dɔbró]

vampiro (m)	вампир (м)	[vampír]
bruxa (f)	ведьма (ж)	[védʲma]
demônio (m)	демон (м)	[démɔn]
espírito (m)	дух (м)	[dúh]

| redenção (f) | искупление (с) | [iskuplénie] |
| redimir (vt) | искупить (св, пх) | [iskupítʲ] |

missa (f)	служба (ж)	[slúʒba]
celebrar a missa	служить (нсв, нпх)	[sluʒítʲ]
confissão (f)	исповедь (ж)	[íspɔvetʲ]
confessar-se (vr)	исповедоваться (н/св, возв)	[ispɔvédɔvatsa]

santo (m)	святой (м)	[svɪtój]
sagrado (adj)	священный	[svɪʃénij]
água (f) benta	святая вода (ж)	[svɪtája vɔdá]

ritual (m)	ритуал (м)	[rituál]
ritual (adj)	ритуальный	[rituálʲnij]
sacrifício (m)	жертвоприношение (с)	[ʒértvɔ·prinɔʃǽnie]

superstição (f)	суеверие (с)	[suevérie]
supersticioso (adj)	суеверный	[suevérnij]
vida (f) após a morte	загробная жизнь (ж)	[zagróbnaja ʒĩznʲ]
vida (f) eterna	вечная жизнь (ж)	[vétʃnaja ʒĩznʲ]

TEMAS DIVERSOS

249. Várias palavras úteis

ajuda (f)	помощь (ж)	[pómɔʃ]
barreira (f)	преграда (ж)	[pregráda]
base (f)	база (ж)	[báza]
categoria (f)	категория (ж)	[kategórija]
causa (f)	причина (ж)	[pritʃína]
coincidência (f)	совпадение (c)	[sɔfpadénie]
coisa (f)	вещь (ж)	[véʃ]
começo, início (m)	начало (c)	[natʃálɔ]
cômodo (ex. poltrona ~a)	удобный	[udóbnɨj]
comparação (f)	сравнение (c)	[sravnénie]
compensação (f)	компенсация (ж)	[kɔmpensátsija]
crescimento (m)	рост (м)	[róst]
desenvolvimento (m)	развитие (c)	[razvítie]
diferença (f)	различие (c)	[razlítʃie]
efeito (m)	эффект (м)	[ɛfékt]
elemento (m)	элемент (м)	[ɛlemént]
equilíbrio (m)	баланс (м)	[baláns]
erro (m)	ошибка (ж)	[ɔʃípka]
esforço (m)	усилие (c)	[usílie]
estilo (m)	стиль (м)	[stílʲ]
exemplo (m)	пример (м)	[primér]
fato (m)	факт (м)	[fákt]
fim (m)	окончание (c)	[ɔkɔntʃánie]
forma (f)	форма (ж)	[fórma]
frequente (adj)	частый	[tʃástij]
fundo (ex. ~ verde)	фон (м)	[fón]
gênero (tipo)	вид (м)	[víd]
grau (m)	степень (ж)	[stépenʲ]
ideal (m)	идеал (м)	[ideál]
labirinto (m)	лабиринт (м)	[labirínt]
modo (m)	способ (м)	[spósɔb]
momento (m)	момент (м)	[mɔmént]
objeto (m)	объект (м)	[ɔbjékt]
obstáculo (m)	препятствие (c)	[prepʲátstvie]
original (m)	оригинал (м)	[ɔriginál]
padrão (adj)	стандартный	[standártnij]
padrão (m)	стандарт (м)	[standárt]
paragem (pausa)	остановка (ж)	[ɔstanófka]
parte (f)	часть (ж)	[tʃástʲ]

partícula (f)	частица (ж)	[ʧastíʦa]
pausa (f)	пауза (ж)	[páuza]
posição (f)	позиция (ж)	[pozíʦija]
princípio (m)	принцип (м)	[prínʦip]
problema (m)	проблема (ж)	[probléma]
processo (m)	процесс (м)	[proʦǽs]
progresso (m)	прогресс (м)	[progrǽs]
propriedade (qualidade)	свойство (с)	[svójstvo]
reação (f)	реакция (ж)	[reákʦija]
risco (m)	риск (м)	[rísk]
ritmo (m)	темп (м)	[tǽmp]
segredo (m)	тайна (ж)	[tájna]
série (f)	серия (ж)	[sérija]
sistema (m)	система (ж)	[sistéma]
situação (f)	ситуация (ж)	[situáʦija]
solução (f)	решение (с)	[reʃǽnie]
tabela (f)	таблица (ж)	[tablíʦa]
termo (ex. ~ técnico)	термин (м)	[términ]
tipo (m)	тип (м)	[típ]
urgente (adj)	срочный	[sróʧnij]
urgentemente	срочно	[sróʧno]
utilidade (f)	польза (ж)	[pólʲza]
variante (f)	вариант (м)	[variánt]
variedade (f)	выбор (м)	[vībor]
verdade (f)	истина (ж)	[ístina]
vez (f)	очередь (ж)	[óʧeretʲ]
zona (f)	зона (ж)	[zóna]

250. Modificadores. Adjetivos. Parte 1

aberto (adj)	открытый	[otkrītij]
afetuoso (adj)	нежный	[néʒnij]
afiado (adj)	острый	[óstrij]
agradável (adj)	приятный	[prijátnij]
agradecido (adj)	благодарный	[blagodárnij]
alegre (adj)	весёлый	[vesǿlij]
alto (ex. voz ~a)	громкий	[grómkij]
amargo (adj)	горький	[górʲkij]
amplo (adj)	просторный	[prostórnij]
antigo (adj)	древний	[drévnij]
apertado (sapatos ~s)	тесный	[tésnij]
apropriado (adj)	пригодный	[prigódnij]
arriscado (adj)	рискованный	[riskóvanij]
artificial (adj)	искусственный	[iskústvenij]
azedo (adj)	кислый	[kíslij]
baixo (voz ~a)	тихий	[tíhij]

barato (adj)	дешёвый	[deʃóvij]
belo (adj)	прекрасный	[prekrásnij]
bom (adj)	хороший	[hɔróʃij]
bondoso (adj)	добрый	[dóbrij]
bonito (adj)	красивый	[krasívij]
bronzeado (adj)	загорелый	[zagɔrélij]
burro, estúpido (adj)	глупый	[glúpij]
calmo (adj)	спокойный	[spɔkójnij]
cansado (adj)	усталый	[ustálij]
cansativo (adj)	утомительный	[utɔmítelʲnij]
carinhoso (adj)	заботливый	[zabótlivij]
caro (adj)	дорогой	[dɔrɔgój]
cego (adj)	слепой	[slepój]
central (adj)	центральный	[ʦɛntrálʲnij]
cerrado (ex. nevoeiro ~)	густой	[gustój]
cheio (xícara ~a)	полный	[pólnij]
civil (adj)	гражданский	[graʒdánskij]
clandestino (adj)	подпольный	[potpólʲnij]
claro (explicação ~a)	понятный	[ponʲátnij]
claro (pálido)	светлый	[svétlij]
compatível (adj)	совместимый	[sɔvmestímij]
comum, normal (adj)	обыкновенный	[ɔbiknɔvénnij]
congelado (adj)	замороженный	[zamɔróʒenij]
conjunto (adj)	совместный	[sɔvmésnij]
considerável (adj)	значительный	[znatʃítelʲnij]
contente (adj)	довольный	[dɔvólʲnij]
contínuo (adj)	продолжительный	[prɔdɔlʒítelʲnij]
contrário (ex. o efeito ~)	противоположный	[prɔtivɔpɔlóʒnij]
correto (resposta ~a)	правильный	[právilʲnij]
cru (não cozinhado)	сырой	[sirój]
curto (adj)	короткий	[kɔrótkij]
de curta duração	кратковременный	[kratkɔvrémenij]
de sol, ensolarado	солнечный	[sólnetʃnij]
de trás	задний	[zádnij]
denso (fumaça ~a)	плотный	[plótnij]
desanuviado (adj)	безоблачный	[bezóblatʃnij]
descuidado (adj)	небрежный	[nebréʒnij]
diferente (adj)	разный	[ráznij]
difícil (decisão)	трудный	[trúdnij]
difícil, complexo (adj)	сложный	[slóʒnij]
direito (lado ~)	правый	[právij]
distante (adj)	далёкий	[dalǿkij]
diverso (adj)	различный	[razlítʃnij]
doce (açucarado)	сладкий	[slátkij]
doce (água)	пресный	[présnij]
doente (adj)	больной	[bɔlʲnój]
duro (material ~)	твёрдый	[tvǿrdij]

| educado (adj) | вежливый | [véʒlivij] |
| encantador (agradável) | милый | [mílij] |

enigmático (adj)	загадочный	[zagádotʃnij]
enorme (adj)	огромный	[ogrómnij]
escuro (quarto ~)	тёмный	[tǿmnij]
especial (adj)	специальный	[spetsiálʲnij]
esquerdo (lado ~)	левый	[lévij]

estrangeiro (adj)	иностранный	[inostránnij]
estreito (adj)	узкий	[úskij]
exato (montante ~)	точный	[tótʃnij]
excelente (adj)	отличный	[otlítʃnij]
excessivo (adj)	чрезмерный	[tʃrezmérnij]

externo (adj)	внешний	[vnéʃnij]
fácil (adj)	лёгкий	[lǿhkij]
faminto (adj)	голодный	[golódnij]
fechado (adj)	закрытый	[zakrĩtij]
feliz (adj)	счастливый	[ʃislívij]

fértil (terreno ~)	плодородный	[plodoródnij]
forte (pessoa ~)	сильный	[sílʲnij]
fraco (luz ~a)	тусклый	[túsklij]
frágil (adj)	хрупкий	[hrúpkij]
fresco (pão ~)	свежий	[svéʒij]

fresco (tempo ~)	прохладный	[prohládnij]
frio (adj)	холодный	[holódnij]
gordo (alimentos ~s)	жирный	[ʒĩrnij]
gostoso, saboroso (adj)	вкусный	[fkúsnij]

grande (adj)	большой	[bolʲʃój]
gratuito, grátis (adj)	бесплатный	[besplátnij]
grosso (camada ~a)	толстый	[tólstij]
hostil (adj)	враждебный	[vraʒdébnij]

251. Modificadores. Adjetivos. Parte 2

igual (adj)	одинаковый	[odinákovij]
imóvel (adj)	неподвижный	[nepodvíʒnij]
importante (adj)	важный	[váʒnij]
impossível (adj)	невозможный	[nevozmóʒnij]
incompreensível (adj)	непонятный	[neponʲátnij]

indigente (muito pobre)	нищий	[níʃij]
indispensável (adj)	необходимый	[neophodímij]
inexperiente (adj)	неопытный	[neópitnij]
infantil (adj)	детский	[détskij]

ininterrupto (adj)	непрерывный	[neprerĩvnij]
insignificante (adj)	незначительный	[neznatʃítelʲnij]
inteiro (completo)	целый	[tsǽlij]
inteligente (adj)	умный	[úmnij]

interno (adj)	внутренний	[vnútrenij]
jovem (adj)	молодой	[mɔlodój]
largo (caminho ~)	широкий	[ʃirókij]
legal (adj)	законный	[zakónnij]
leve (adj)	лёгкий	[lǿhkij]

limitado (adj)	ограниченный	[ɔgranítʃennij]
limpo (adj)	чистый	[ʧístij]
líquido (adj)	жидкий	[ʒĩtkij]
liso (adj)	гладкий	[glátkij]
liso (superfície ~a)	ровный	[róvnij]

livre (adj)	свободный	[svɔbódnij]
longo (ex. cabelo ~)	длинный	[dlínnij]
maduro (ex. fruto ~)	зрелый	[zrélij]
magro (adj)	худой	[hudój]
mais próximo (adj)	ближайший	[blíʒájʃij]

mais recente (adj)	прошедший	[prɔʃǽdʃij]
mate (adj)	матовый	[mátɔvij]
mau (adj)	плохой	[plɔhój]
meticuloso (adj)	аккуратный	[akurátnij]
míope (adj)	близорукий	[blizɔrúkij]

mole (adj)	мягкий	[mʲáhkij]
molhado (adj)	мокрый	[mókrij]
moreno (adj)	смуглый	[smúglij]
morto (adj)	мёртвый	[mǿrtvij]
muito magro (adj)	тощий	[tóʃʲij]

não difícil (adj)	нетрудный	[netrúdnij]
não é clara (adj)	неясный	[nejásnij]
não muito grande (adj)	небольшой	[nebolʲʃój]
natal (país ~)	родной	[rɔdnój]
necessário (adj)	нужный	[núʒnij]

negativo (resposta ~a)	отрицательный	[ɔtritsátelʲnij]
nervoso (adj)	нервный	[nérvnij]
normal (adj)	нормальный	[nɔrmálʲnij]
novo (adj)	новый	[nóvij]
o mais importante (adj)	самый важный	[sámij váʒnij]

obrigatório (adj)	обязательный	[ɔbɪzátelʲnij]
original (incomum)	оригинальный	[ɔriginálʲnij]
passado (adj)	прошлый	[próʃlij]
perigoso (adj)	опасный	[ɔpásnij]

permanente (adj)	постоянный	[pɔstɔjánnij]
perto (adj)	ближний	[blíʒnij]
pesado (adj)	тяжёлый	[tɪʒólij]
pessoal (adj)	персональный	[persɔnálʲnij]
plano (ex. ecrã ~ a)	плоский	[plóskij]

pobre (adj)	бедный	[bédnij]
pontual (adj)	пунктуальный	[punktuálʲnij]
possível (adj)	возможный	[vɔzmóʒnij]

pouco fundo (adj)	мелкий	[mélkij]
presente (ex. momento ~)	настоящий	[nastɔjáʃij]
primeiro (principal)	основной	[ɔsnɔvnój]
principal (adj)	главный	[glávnij]
privado (adj)	частный	[tʃásnij]
provável (adj)	вероятный	[verɔjátnij]
próximo (adj)	близкий	[blískij]
público (adj)	общественный	[ɔpʃéstvenij]
quente (cálido)	горячий	[gɔrʲátʃij]
quente (morno)	тёплый	[tǿplij]
rápido (adj)	быстрый	[bɨ̄strij]
raro (adj)	редкий	[rétkij]
remoto, longínquo (adj)	дальний	[dálʲnij]
reto (linha ~a)	прямой	[prɪmój]
salgado (adj)	солёный	[sɔlǿnij]
satisfeito (adj)	удовлетворённый	[udɔvletvɔrǿnij]
seco (roupa ~a)	сухой	[suhój]
seguinte (adj)	следующий	[sléduʃij]
seguro (não perigoso)	безопасный	[bezɔpásnij]
similar (adj)	похожий	[pɔhóʒij]
simples (fácil)	простой	[prɔstój]
soberbo, perfeito (adj)	превосходный	[prevɔsxódnij]
sólido (parede ~a)	прочный	[prótʃnij]
sombrio (adj)	мрачный	[mrátʃnij]
sujo (adj)	грязный	[grʲáznij]
superior (adj)	высший	[vɨ̄sʃij]
suplementar (adj)	дополнительный	[dɔpɔlnítelʲnij]
tranquilo (adj)	тихий	[tíhij]
transparente (adj)	прозрачный	[prɔzrátʃnij]
triste (pessoa)	грустный	[grúsnij]
triste (um ar ~)	печальный	[petʃálʲnij]
último (adj)	последний	[pɔslédnij]
úmido (adj)	влажный	[vláʒnij]
único (adj)	уникальный	[unikálʲnij]
usado (adj)	бывший в употреблении	[bɨ̄ʃʃij v upɔtreblénii]
vazio (meio ~)	пустой	[pustój]
velho (adj)	старый	[stárij]
vizinho (adj)	соседний	[sɔsédnij]

500 VERBOS PRINCIPAIS

252. Verbos A-B

abraçar (vt)	обнимать (нсв, пх)	[ɔbnimátʲ]
abrir (vt)	открывать (нсв, пх)	[ɔtkrivátʲ]
acalmar (vt)	успокаивать (нсв, пх)	[uspɔkáivatʲ]
acariciar (vt)	гладить (нсв, пх)	[gláditʲ]

acenar (com a mão)	махать (нсв, н/пх)	[mahátʲ]
acender (~ uma fogueira)	зажечь (св, пх)	[zaʒǽʧʲ]
achar (vt)	считать (нсв, нпх)	[ʃʲitátʲ]
acompanhar (vt)	сопровождать (нсв, пх)	[sɔprɔvɔʒdátʲ]

aconselhar (vt)	советовать (нсв, пх)	[sɔvétɔvatʲ]
acordar, despertar (vt)	будить (нсв, пх)	[budítʲ]
acrescentar (vt)	добавлять (нсв, пх)	[dɔbavlʲátʲ]
acusar (vt)	обвинять (нсв, пх)	[ɔbvinʲátʲ]

adestrar (vt)	дрессировать (нсв, пх)	[dresirɔvátʲ]
adivinhar (vt)	отгадать (св, пх)	[ɔdgadátʲ]
admirar (vt)	восхищаться (нсв, возв)	[vɔsxiʃʲátsa]
adorar (~ fazer)	любить (нсв, пх)	[lʲubítʲ]
advertir (vt)	предупреждать (нсв, пх)	[predupreʒdátʲ]

afirmar (vt)	утверждать (нсв, пх)	[utverʒdátʲ]
afogar-se (vr)	тонуть (нсв, нпх)	[tɔnútʲ]
afugentar (vt)	прогнать (св, пх)	[prɔgnátʲ]
agir (vi)	действовать (нсв, нпх)	[déjstvɔvatʲ]

agitar, sacudir (vt)	трясти (нсв, пх)	[tristʲí]
agradecer (vt)	благодарить (нсв, пх)	[blagɔdarítʲ]
ajudar (vt)	помогать (нсв, пх)	[pɔmɔgátʲ]
alcançar (objetivos)	достигать (нсв, пх)	[dɔstigátʲ]

alimentar (dar comida)	кормить (нсв, пх)	[kɔrmítʲ]
almoçar (vi)	обедать (нсв, нпх)	[ɔbédatʲ]
alugar (~ o barco, etc.)	нанимать (нсв, пх)	[nanimátʲ]
alugar (~ um apartamento)	снимать (нсв, пх)	[snimátʲ]

amar (pessoa)	любить (нсв, пх)	[lʲubítʲ]
amarrar (vt)	связывать (нсв, пх)	[svʲázivatʲ]
ameaçar (vt)	угрожать (нсв, пх)	[ugrɔʒátʲ]
amputar (vt)	ампутировать (н/св, пх)	[amputírɔvatʲ]

anotar (escrever)	пометить (св, пх)	[pɔmétitʲ]
anotar (escrever)	записывать (нсв, пх)	[zapísivatʲ]
anular, cancelar (vt)	отменить (св, пх)	[ɔtmenítʲ]
apagar (com apagador, etc.)	стереть (св, пх)	[sterétʲ]
apagar (um incêndio)	тушить (нсв, пх)	[tuʃítʲ]

apaixonar-se ...	влюбиться (св, возв)	[vlʲubítsa]
aparecer (vi)	появляться (нсв, возв)	[pɔivlʲátsa]
aplaudir (vi)	аплодировать (нсв, нпх)	[aplɔdírɔvatʲ]

apoiar (vt)	поддержать (св, пх)	[pɔdderʒátʲ]
apontar para ...	целиться (нсв, возв)	[tsǽlitsa]
apresentar (alguém a alguém)	знакомить (нсв, пх)	[znakómitʲ]
apresentar (Gostaria de ~)	представлять (нсв, пх)	[pretstavlʲátʲ]

apressar (vt)	торопить (нсв, пх)	[tɔrɔpítʲ]
apressar-se (vr)	торопиться (нсв, возв)	[tɔrɔpítsa]
aproximar-se (vr)	подходить (нсв, нпх)	[pɔtxɔdítʲ]
aquecer (vt)	нагревать (нсв, пх)	[nagrevátʲ]

arrancar (vt)	оторвать (св, пх)	[ɔtɔrvátʲ]
arranhar (vt)	царапать (нсв, пх)	[tsarápatʲ]
arrepender-se (vr)	сожалеть (нсв, нпх)	[sɔʒɪlétʲ]
arriscar (vt)	рисковать (нсв, нпх)	[riskɔvátʲ]

arrumar, limpar (vt)	убирать (нсв, пх)	[ubirátʲ]
aspirar a ...	стремиться (нсв, возв)	[stremítsa]
assinar (vt)	подписывать (нсв, пх)	[pɔtpísivatʲ]
assistir (vt)	ассистировать (н/св, пх)	[asistírɔvatʲ]
atacar (vt)	атаковать (н/св, пх)	[atakɔvátʲ]

atar (vt)	привязывать (нсв, пх)	[privʲázivatʲ]
atracar (vi)	причаливать (нсв, нпх)	[pritɕálivatʲ]
aumentar (vi)	увеличиваться (нсв, возв)	[uvelítɕivatsa]
aumentar (vt)	увеличивать (нсв, пх)	[uvelítɕivatʲ]

avançar (vi)	продвигаться (нсв, возв)	[prɔdvigátsa]
avistar (vt)	увидеть (св, пх)	[uvídetʲ]
baixar (guindaste, etc.)	опускать (нсв, пх)	[ɔpuskátʲ]
barbear-se (vr)	бриться (нсв, возв)	[brítsa]
basear-se (vr)	базироваться (нсв, возв)	[bazírɔvatsa]

bastar (vi)	хватать (нсв, нпх)	[hvatátʲ]
bater (à porta)	стучать (нсв, нпх)	[stutɕátʲ]
bater (espancar)	бить (нсв, пх)	[bítʲ]
bater-se (vr)	драться (нсв, возв)	[drátsa]

beber, tomar (vt)	пить (нсв, н/пх)	[pítʲ]
brilhar (vi)	светиться (нсв, возв)	[svetítsa]
brincar, jogar (vi, vt)	играть (нсв, нпх)	[igrátʲ]
buscar (vt)	искать ... (нсв, пх)	[iskátʲ ...]

253. Verbos C-D

caçar (vi)	охотиться (нсв, возв)	[ɔhótitsa]
calar-se (parar de falar)	замолчать (св, нпх)	[zamɔltɕátʲ]
calcular (vt)	считать (нсв, пх)	[ɕitátʲ]
carregar (o caminhão, etc.)	грузить (нсв, пх)	[gruzítʲ]
carregar (uma arma)	заряжать (нсв, пх)	[zarɪʒátʲ]

casar-se (vr)	жениться (н/св, возв)	[ʒenítsa]
causar (vt)	быть причиной ...	[bītʲ priʧínɔj ...]
cavar (vt)	рыть, копать (нсв, пх)	[rītʲ], [kɔpátʲ]
ceder (não resistir)	уступать (нсв, пх)	[ustupátʲ]
cegar, ofuscar (vt)	ослеплять (нсв, пх)	[ɔsleplʲátʲ]
censurar (vt)	упрекать (нсв, пх)	[uprekátʲ]
chamar (~ por socorro)	звать (нсв, пх)	[zvátʲ]
chamar (alguém para ...)	позвать (св, пх)	[pɔzvátʲ]
chegar (a algum lugar)	достигать (нсв, пх)	[dɔstigátʲ]
chegar (vi)	прибывать (нсв, нпх)	[pribivátʲ]
cheirar (~ uma flor)	нюхать (нсв, пх)	[nʲúhatʲ]
cheirar (tem o cheiro)	пахнуть (нсв, нпх)	[páhnutʲ]
chorar (vi)	плакать (нсв, нпх)	[plákatʲ]
citar (vt)	цитировать (нсв, пх)	[ʦitírɔvatʲ]
colher (flores)	рвать (нсв, пх)	[rvátʲ]
colocar (vt)	класть (нсв), положить (св)	[klástʲ], [pɔlɔʒītʲ]
combater (vi, vt)	сражаться (нсв, возв)	[sraʒátsa]
começar (vt)	начинать (нсв, пх)	[naʧinátʲ]
comer (vt)	кушать, есть (нсв, н/пх)	[kúʃatʲ], [éstʲ]
comparar (vt)	сравнивать (нсв, пх)	[srávnivatʲ]
compensar (vt)	компенсировать (н/св, пх)	[kɔmpensírɔvatʲ]
competir (vi)	конкурировать (нсв, нпх)	[kɔnkurírɔvatʲ]
complicar (vt)	осложнить (св, пх)	[ɔslɔʒnítʲ]
compor (~ música)	сочинить (св, пх)	[sɔʧinítʲ]
comportar-se (vr)	вести себя	[vestí sebʲá]
comprar (vt)	покупать (нсв, пх)	[pɔkupátʲ]
comprometer (vt)	компрометировать (нсв, пх)	[kɔmprɔmetírɔvatʲ]
concentrar-se (vr)	концентрироваться (нсв, возв)	[kɔntsɛntrírɔvatsa]
concordar (dizer "sim")	соглашаться (нсв, возв)	[sɔglaʃátsa]
condecorar (dar medalha)	наградить (св, пх)	[nagradítʲ]
confessar-se (vr)	признаваться (нсв, возв)	[priznavátsa]
confiar (vt)	доверять (нсв, пх)	[doverʲátʲ]
confundir (equivocar-se)	путать (нсв, пх)	[pútatʲ]
conhecer (vt)	знать (нсв, пх)	[znátʲ]
conhecer-se (vr)	знакомиться (нсв, возв)	[znakómitsa]
consertar (vt)	приводить в порядок	[privɔdítʲ f pɔrʲádɔk]
consultar ...	консультироваться с ... (нсв)	[kɔnsulʲtírɔvatsa s ...]
contagiar-se com ...	заразиться (св, возв)	[zarazítsa]
contar (vt)	рассказывать (нсв, пх)	[raskázivatʲ]
contar com ...	рассчитывать на ... (нсв)	[raʃʲítivatʲ na ...]
continuar (vt)	продолжать (нсв, пх)	[prɔdɔlʒátʲ]
contratar (vt)	нанимать (нсв, пх)	[nanimátʲ]
controlar (vt)	контролировать (нсв, пх)	[kɔntrɔlírɔvatʲ]
convencer (vt)	убеждать (нсв, пх)	[ubeʒdátʲ]

| convidar (vt) | приглашать (нсв, пх) | [priglaʃátʲ] |
| cooperar (vi) | сотрудничать (нсв, нпх) | [sɔtrúdnitʃatʲ] |

coordenar (vt)	координировать (нсв, пх)	[kɔɔrdinírɔvatʲ]
corar (vi)	краснеть (нсв, нпх)	[krasnétʲ]
correr (vi)	бежать (н/св, нпх)	[beʒátʲ]
corrigir (~ um erro)	исправлять (нсв, пх)	[ispravlʲátʲ]

cortar (com um machado)	отрубить (св, пх)	[ɔtrubítʲ]
cortar (com uma faca)	отрезать (св, пх)	[ɔtrézatʲ]
cozinhar (vt)	готовить (нсв, пх)	[gɔtóvitʲ]
crer (pensar)	верить (нсв, пх)	[véritʲ]

criar (vt)	создать (св, пх)	[sɔzdátʲ]
cultivar (~ plantas)	растить (нсв, пх)	[rastítʲ]
cuspir (vi)	плевать (нсв, нпх)	[plevátʲ]
custar (vt)	стоить (нсв, пх)	[stóitʲ]

dar banho, lavar (vt)	купать (нсв, пх)	[kupátʲ]
datar (vi)	датироваться (нсв, возв)	[datírɔvatsa]
decidir (vt)	решать (нсв, пх)	[reʃátʲ]
decorar (enfeitar)	украшать (нсв, пх)	[ukraʃátʲ]

dedicar (vt)	посвящать (нсв, пх)	[pɔsviʃátʲ]
defender (vt)	защищать (нсв, пх)	[zaʃʲiʃátʲ]
defender-se (vr)	защищаться (нсв, возв)	[zaʃʲiʃátsa]
deixar (~ a mulher)	бросать (нсв, пх)	[brɔsátʲ]

deixar (esquecer)	оставлять (нсв, пх)	[ɔstavlʲátʲ]
deixar (permitir)	позволять (нсв, н/пх)	[pɔzvɔlʲátʲ]
deixar cair (vt)	ронять (нсв, пх)	[rɔnʲátʲ]
denominar (vt)	называть (нсв, пх)	[nazivátʲ]

denunciar (vt)	доносить (нсв, нпх)	[dɔnɔsítʲ]
depender de ...	зависеть (нсв, нпх)	[zavísetʲ]
derramar (~ líquido)	пролить (св, пх)	[prɔlítʲ]
derramar-se (vr)	просыпаться (св, возв)	[prɔsĭpatsa]

desaparecer (vi)	исчезнуть (св, нпх)	[isʃéznutʲ]
desatar (vt)	отвязывать (нсв, пх)	[ɔtvʲázivatʲ]
desatracar (vi)	отчаливать (нсв, нпх)	[ɔtʃálivatʲ]
descansar (um pouco)	отдыхать (нсв, нпх)	[ɔtdihátʲ]
descer (para baixo)	спускаться (нсв, возв)	[spuskátsa]

descobrir (novas terras)	открывать (нсв, пх)	[ɔtkrivátʲ]
descolar (avião)	взлетать (нсв, нпх)	[vzletátʲ]
desculpar (vt)	извинять (нсв, пх)	[izvinʲátʲ]
desculpar-se (vr)	извиняться (нсв, возв)	[izvinʲátsa]

desejar (vt)	желать (нсв, пх)	[ʒelátʲ]
desempenhar (papel)	играть (нсв, н/пх)	[igrátʲ]
desligar (vt)	тушить (нсв, пх)	[tuʃĭtʲ]
desprezar (vt)	презирать (нсв, пх)	[prezirátʲ]

| destruir (documentos, etc.) | уничтожать (нсв, пх) | [unitʃtɔʒátʲ] |
| dever (vi) | быть должным | [bĭtʲ dólʒnim] |

| devolver (vt) | отправить обратно (св, пх) | [ɔtprávitʲ ɔbrátnɔ] |
| direcionar (vt) | направлять (нсв, пх) | [napravlʲátʲ] |

dirigir (~ um carro)	вести машину	[vestí maʃínu]
dirigir (~ uma empresa)	руководить (нсв, пх)	[rukɔvɔdítʲ]
dirigir-se (a um auditório, etc.)	обращаться (нсв, возв)	[ɔbraʃátsa]
discutir (notícias, etc.)	обсуждать (нсв, пх)	[ɔpsuʒdátʲ]

disparar, atirar (vi)	стрелять (нсв, нпх)	[strelʲátʲ]
distribuir (folhetos, etc.)	распространять (нсв, пх)	[rasprɔstranʲátʲ]
distribuir (vt)	раздать (св, пх)	[razdátʲ]
divertir (vt)	развлекать (нсв, пх)	[razvlekátʲ]

divertir-se (vr)	веселиться (нсв, возв)	[veselítsa]
dividir (mat.)	делить (нсв, пх)	[delítʲ]
dizer (vt)	сказать (св, пх)	[skazátʲ]
dobrar (vt)	удваивать (нсв, пх)	[udváivatʲ]
duvidar (vt)	сомневаться (нсв, возв)	[sɔmnevátsa]

254. Verbos E-J

elaborar (uma lista)	составлять (нсв, пх)	[sɔstavlʲátʲ]
elevar-se acima de …	возвышаться (нсв, возв)	[vɔzvɨʃátsa]
eliminar (um obstáculo)	устранять (нсв, пх)	[ustranʲátʲ]
embrulhar (com papel)	заворачивать (нсв, пх)	[zavɔrátʃivatʲ]

emergir (submarino)	всплывать (нсв, нпх)	[fsplɨvátʲ]
emitir (~ cheiro)	распространять (нсв, пх)	[rasprɔstranʲátʲ]
empreender (vt)	предпринимать (нсв, пх)	[pretprinimátʲ]
empurrar (vt)	толкать (нсв, пх)	[tɔlkátʲ]

encabeçar (vt)	возглавлять (нсв, пх)	[vɔzglavlʲátʲ]
encher (~ a garrafa, etc.)	наполнять (нсв, пх)	[napɔlnʲátʲ]
encontrar (achar)	находить (нсв, пх)	[nahɔdítʲ]
enganar (vt)	обманывать (нсв, пх)	[ɔbmánɨvatʲ]

ensinar (vt)	обучать (нсв, пх)	[ɔbutʃátʲ]
entediar-se (vr)	скучать (нсв, нпх)	[skutʃátʲ]
entender (vt)	понимать (нсв, пх)	[pɔnimátʲ]
entrar (na sala, etc.)	войти (св, нпх)	[vɔjtí]

enviar (uma carta)	отправлять (нсв, пх)	[ɔtpravlʲátʲ]
equipar (vt)	оборудовать (нсв, пх)	[ɔbɔrúdɔvatʲ]
errar (enganar-se)	ошибаться (нсв, возв)	[ɔʃibátsa]
escolher (vt)	выбирать (нсв, пх)	[vɨbirátʲ]

esconder (vt)	прятать (нсв, пх)	[prʲátatʲ]
escrever (vt)	писать (нсв, пх)	[pisátʲ]
escutar (vt)	слушать (нсв, пх)	[slúʃatʲ]
escutar atrás da porta	подслушивать (нсв, нпх)	[pɔtslúʃivatʲ]
esmagar (um inseto, etc.)	раздавить (св, пх)	[razdavítʲ]
esperar (aguardar)	ждать (нсв, пх)	[ʒdátʲ]
esperar (contar com)	ожидать (нсв, пх)	[ɔʒidátʲ]

| esperar (ter esperança) | надеяться (нсв, возв) | [nadéɪtsa] |
| espreitar (vi) | подсматривать (нсв, нпх) | [pɔtsmátrivatʲ] |

esquecer (vt)	забыть (св, пх)	[zabῖtʲ]
estar	лежать (нсв, нпх)	[leʒátʲ]
estar convencido	убеждаться (нсв, возв)	[ubeʒdáɪsa]

estar deitado	лежать (нсв, нпх)	[leʒátʲ]
estar perplexo	недоумевать (нсв, нпх)	[nedɔumevátʲ]
estar preocupado	беспокоиться (нсв, возв)	[bespɔkóiɪsa]
estar sentado	сидеть (нсв, нпх)	[sidétʲ]

estremecer (vi)	вздрагивать (нсв, нпх)	[vzdrágivatʲ]
estudar (vt)	изучать (нсв, пх)	[izuʧátʲ]
evitar (~ o perigo)	избегать (нсв, пх)	[izbegátʲ]
examinar (~ uma proposta)	рассмотреть (св, пх)	[rasmɔtrétʲ]

exigir (vt)	требовать (нсв, пх)	[trébɔvatʲ]
existir (vi)	существовать (нсв, нпх)	[suʃestvɔvátʲ]
explicar (vt)	объяснять (нсв, пх)	[ɔbjɪsnʲátʲ]
expressar (vt)	выразить (нсв, пх)	[vῖrazitʲ]

expulsar (~ da escola, etc.)	исключать (нсв, пх)	[isklʲuʧátʲ]
facilitar (vt)	облегчить (св, пх)	[ɔblehʧ́ítʲ]
falar com ...	говорить с ... (нсв)	[gɔvɔrítʲ s ...]
faltar (a la escuela, etc.)	пропускать (нсв, пх)	[prɔpuskátʲ]

fascinar (vt)	очаровывать (нсв, пх)	[ɔʧaróvivatʲ]
fatigar (vt)	утомлять (нсв, пх)	[utɔmlʲátʲ]
fazer (vt)	делать (нсв, пх)	[délatʲ]
fazer lembrar	напоминать (нсв, пх)	[napɔminátʲ]
fazer piadas	шутить (нсв, нпх)	[ʃutítʲ]

fazer publicidade	рекламировать (нсв, пх)	[reklamírɔvatʲ]
fazer uma tentativa	попытаться (нсв, возв)	[pɔpɪtáɪsa]
fechar (vt)	закрывать (нсв, пх)	[zakrivátʲ]
felicitar (vt)	поздравлять (нсв, пх)	[pɔzdravlʲátʲ]

ficar cansado	уставать (нсв, нпх)	[ustavátʲ]
ficar em silêncio	молчать (нсв, нпх)	[mɔlʧátʲ]
ficar pensativo	задуматься (св, возв)	[zadúmaɪsa]
forçar (vt)	принуждать (нсв, пх)	[prinuʒdátʲ]
formar (vt)	образовывать (нсв, пх)	[ɔbrazóvivatʲ]

gabar-se (vr)	хвастаться (нсв, возв)	[hvástaɪsa]
garantir (vt)	гарантировать (н/св, пх)	[garantírɔvatʲ]
gostar (apreciar)	нравиться (нсв, возв)	[nrávitsa]
gritar (vi)	кричать (нсв, нпх)	[kriʧátʲ]

guardar (fotos, etc.)	хранить (нсв, пх)	[hranítʲ]
guardar (no armário, etc.)	убирать (нсв, пх)	[ubirátʲ]
guerrear (vt)	воевать (нсв, нпх)	[vɔevátʲ]
herdar (vt)	наследовать (н/св, пх)	[naslédɔvatʲ]
iluminar (vt)	освещать (нсв, пх)	[ɔsveʃátʲ]
imaginar (vt)	представлять себе	[pretstavlʲátʲ sebé]
imitar (vt)	имитировать (нсв, пх)	[imitírɔvatʲ]

| implorar (vt) | умолять (нсв, пх) | [umɔlʲátʲ] |
| importar (vt) | импортировать (нсв, пх) | [impɔrtírɔvatʲ] |

indicar (~ o caminho)	указать (св, пх)	[ukazátʲ]
indignar-se (vr)	возмущаться (нсв, возв)	[vɔzmuʃátsa]
infetar, contagiar (vt)	заразить (св, пх)	[zarazítʲ]
influenciar (vt)	влиять (нсв, нпх)	[vlijátʲ]
informar (~ a policia)	сообщать (нсв, пх)	[sɔɔpʃátʲ]

informar (vt)	информировать (н/св, пх)	[infɔrmírɔvatʲ]
informar-se (~ sobre)	узнавать (нсв, пх)	[uznavátʲ]
inscrever (na lista)	вписывать (нсв, пх)	[fpísivatʲ]
inserir (vt)	вставлять (нсв, пх)	[fstavlʲátʲ]

insinuar (vt)	намекать (нсв, н/пх)	[namekátʲ]
insistir (vi)	настаивать (нсв, нпх)	[nastáivatʲ]
inspirar (vt)	воодушевлять (нсв, пх)	[vɔɔduʃɛvlʲátʲ]
instruir (ensinar)	инструктировать (нсв, пх)	[instruktírɔvatʲ]

insultar (vt)	оскорблять (нсв, пх)	[ɔskɔrblʲátʲ]
interessar (vt)	интересовать (нсв, пх)	[interesɔvátʲ]
interessar-se (vr)	интересоваться ... (нсв)	[interesɔvátsa ...]
intervir (vi)	вмешиваться (нсв, возв)	[vméʃivatsa]
invejar (vt)	завидовать (нсв, пх)	[zavídɔvatʲ]

inventar (vt)	изобретать (нсв, пх)	[izɔbretátʲ]
ir (a pé)	идти (нсв, нпх)	[itʲtʲí]
ir (de carro, etc.)	ехать (нсв, нпх)	[éhatʲ]
ir nadar	купаться (нсв, возв)	[kupátsa]

ir para a cama	ложиться спать	[lɔʒĩtsa spátʲ]
irritar (vt)	раздражать (нсв, пх)	[razdraʒátʲ]
irritar-se (vr)	раздражаться (нсв, возв)	[razdraʒátsa]
isolar (vt)	изолировать (н/св, пх)	[izɔlírɔvatʲ]

jantar (vi)	ужинать (нсв, нпх)	[úʒinatʲ]
jogar, atirar (vt)	бросать (нсв, пх)	[brɔsátʲ]
juntar, unir (vt)	объединять (нсв, пх)	[ɔbjedinʲátʲ]
juntar-se a ...	присоединяться (нсв, возв)	[prisɔedinʲátsa]

255. Verbos L-P

lançar (novo projeto, etc.)	запускать (нсв, пх)	[zapuskátʲ]
lavar (vt)	мыть (нсв, пх)	[mĩtʲ]
lavar a roupa	стирать (нсв, пх)	[stirátʲ]
lavar-se (vr)	мыться (нсв, возв)	[mĩtsa]

lembrar (vt)	помнить (нсв, пх)	[pómnitʲ]
ler (vt)	читать (нсв, н/пх)	[tʃitátʲ]
levantar-se (vr)	вставать (нсв, нпх)	[fstavátʲ]
levar (ex. leva isso daqui)	уносить (нсв, пх)	[unɔsítʲ]

| libertar (cidade, etc.) | освобождать (нсв, пх) | [ɔsvɔbɔʒdátʲ] |
| ligar (~ o radio, etc.) | включать (нсв, пх) | [fklʲutʃátʲ] |

limitar (vt)	ограничивать (нсв, пх)	[ɔgranítʃivatʲ]
limpar (eliminar sujeira)	чистить (нсв, пх)	[tʃístitʲ]
limpar (tirar o calcário, etc.)	очищать (нсв, пх)	[ɔtʃiʃátʲ]

lisonjear (vt)	льстить (нсв, пх)	[lʲstítʲ]
livrar-se de ...	избавиться от ... (св)	[izbávitsa ɔt ...]
lutar (combater)	бороться (нсв, возв)	[bɔrótsa]
lutar (esporte)	бороться (нсв, возв)	[bɔrótsa]

marcar (com lápis, etc.)	отметить (св, пх)	[ɔtmétitʲ]
matar (vt)	убивать (нсв, пх)	[ubivátʲ]
memorizar (vt)	запомнить (св, пх)	[zapómnitʲ]
mencionar (vt)	упоминать (нсв, пх)	[upɔminátʲ]

mentir (vi)	врать (нсв, нпх)	[vrátʲ]
merecer (vt)	заслуживать (нсв, пх)	[zaslúʒivatʲ]
mergulhar (vi)	нырять (нсв, нпх)	[nirʲátʲ]
misturar (vt)	смешивать (нсв, пх)	[sméʃivatʲ]

morar (vt)	жить (нсв, нпх)	[ʒítʲ]
mostrar (vt)	показывать (нсв, пх)	[pɔkázivatʲ]
mover (vt)	передвигать (нсв, пх)	[peredvígatʲ]
mudar (modificar)	изменить (св, пх)	[izmenítʲ]

multiplicar (mat.)	умножать (нсв, пх)	[umnɔʒátʲ]
nadar (vi)	плавать (нсв, нпх)	[plávatʲ]
negar (vt)	отрицать (нсв, пх)	[ɔtritsátʲ]
negociar (vi)	вести переговоры	[vestí peregɔvóri]

nomear (função)	назначать (нсв, пх)	[naznatʃátʲ]
obedecer (vt)	подчиняться (св, возв)	[pottʃinʲátsa]
objetar (vt)	возражать (нсв, н/пх)	[vɔzraʒátʲ]
observar (vt)	наблюдать (нсв, н/пх)	[nablʲudátʲ]

ofender (vt)	обижать (нсв, пх)	[ɔbiʒátʲ]
olhar (vt)	смотреть (нсв, нпх)	[smɔtrétʲ]
omitir (vt)	опускать (нсв, пх)	[ɔpuskátʲ]
ordenar (mil.)	приказывать (нсв, пх)	[prikázivatʲ]

organizar (evento, etc.)	устраивать (нсв, пх)	[ustráivatʲ]
ousar (vt)	осмеливаться (нсв, возв)	[ɔsmélivatsa]
ouvir (vt)	слышать (нсв, пх)	[slíʃatʲ]
pagar (vt)	платить (нсв, н/пх)	[platítʲ]

parar (para descansar)	останавливаться (нсв, возв)	[ɔstanávlivatsa]
parar, cessar (vt)	прекращать (нсв, пх)	[prekraʃátʲ]
parecer-se (vr)	быть похожим	[bítʲ pɔhóʒim]
participar (vi)	участвовать (нсв, нпх)	[utʃástvɔvatʲ]
partir (~ para o estrangeiro)	уезжать (нсв, нпх)	[ueʒʒátʲ]

passar (vt)	проезжать (нсв, пх)	[prɔeʒʒátʲ]
passar a ferro	гладить (нсв, пх)	[gláditʲ]
pecar (vi)	грешить (нсв, нпх)	[greʃítʲ]
pedir (comida)	заказывать (нсв, пх)	[zakázivatʲ]
pedir (um favor, etc.)	просить (нсв, пх)	[prɔsítʲ]
pegar (tomar com a mão)	ловить (нсв, пх)	[lɔvítʲ]

pegar (tomar)	брать, взять (нсв, пх)	[brát']
pendurar (cortinas, etc.)	вешать (нсв, пх)	[véʃat']
penetrar (vt)	проникать (нсв, нпх)	[prɔnikát']

pensar (vi, vt)	думать (нсв, н/пх)	[dúmat']
pentear-se (vr)	причёсываться (нсв, возв)	[pritʃósɨvatsa]
perceber (ver)	замечать (нсв, пх)	[zametʃát']
perder (o guarda-chuva, etc.)	терять (нсв, пх)	[ter'át']

perdoar (vt)	прощать (нсв, пх)	[prɔʃát']
permitir (vt)	разрешать (нсв, пх)	[razreʃát']
pertencer a ...	принадлежать ... (нсв, нпх)	[prinadleʒát' ...]
perturbar (vt)	беспокоить (нсв, пх)	[bespɔkóit']

pesar (ter o peso)	весить (нсв, пх)	[vésit']
pescar (vt)	ловить рыбу	[lɔvít' rîbu]
planejar (vt)	планировать (нсв, пх)	[planírɔvat']
poder (~ fazer algo)	мочь	[mótʃ']

pôr (posicionar)	располагать (нсв, пх)	[raspɔlagát']
possuir (uma casa, etc.)	владеть (нсв, пх)	[vladét']
predominar (vi, vt)	преобладать (нсв, нпх)	[preɔbladát']
preferir (vt)	предпочитать (нсв, пх)	[pretpɔtʃitát']

preocupar (vt)	беспокоить (нсв, пх)	[bespɔkóit']
preocupar-se (vr)	волноваться (нсв, возв)	[vɔlnɔvátsa]
preparar (vt)	подготовить (св, пх)	[pɔdgɔtóvit']
preservar (ex. ~ a paz)	сохранять (нсв, пх)	[sɔhran'át']

prever (vt)	предвидеть (нсв, пх)	[predvídet']
privar (vt)	лишать (нсв, пх)	[liʃát']
proibir (vt)	запрещать (нсв, пх)	[zapreʃát']
projetar, criar (vt)	проектировать (нсв, пх)	[prɔɛktírɔvat']
prometer (vt)	обещать (н/св, пх)	[ɔbeʃát']

pronunciar (vt)	произносить (нсв, пх)	[prɔiznɔsít']
propor (vt)	предлагать (нсв, пх)	[predlagát']
proteger (a natureza)	охранять (нсв, пх)	[ɔhran'át']
protestar (vi)	протестовать (нсв, нпх)	[prɔtestɔvát']

provar (~ a teoria, etc.)	доказывать (нсв, пх)	[dɔkázivat']
provocar (vt)	провоцировать (нсв, пх)	[prɔvɔtsîrɔvat']
punir, castigar (vt)	наказывать (нсв, пх)	[nakázivat']
puxar (vt)	тянуть (нсв, пх)	[tɪnút']

256. Verbos Q-Z

quebrar (vt)	ломать (нсв, пх)	[lɔmát']
queimar (vt)	жечь (нсв, пх)	[ʒǽtʃ']
queixar-se (vr)	жаловаться (нсв, возв)	[ʒálɔvatsa]
querer (desejar)	хотеть (нсв, пх)	[hɔtét']

| rachar-se (vr) | трескаться (нсв, возв) | [tréskatsa] |
| ralhar, repreender (vt) | ругать (нсв, пх) | [rugát'] |

| realizar (vt) | осуществлять (нсв, пх) | [ɔsuʃestvlʲátʲ] |
| recomendar (vt) | рекомендовать (нсв, пх) | [rekɔmendɔvátʲ] |

reconhecer (identificar)	узнавать (нсв, пх)	[uznavátʲ]
reconhecer (o erro)	признавать (нсв, пх)	[priznavátʲ]
recordar, lembrar (vt)	вспоминать (нсв, пх)	[fspɔminátʲ]
recuperar-se (vr)	выздоравливать (нсв, нпх)	[vizdɔrávlivatʲ]
recusar (~ alguém)	отказывать (нсв, пх)	[ɔtkázivatʲ]

reduzir (vt)	уменьшать (нсв, пх)	[umenʲʃátʲ]
refazer (vt)	переделывать (нсв, пх)	[peredélivatʲ]
reforçar (vt)	укреплять (нсв, пх)	[ukreplʲátʲ]
refrear (vt)	удерживать (нсв, пх)	[udérʒivatʲ]

regar (plantas)	поливать (нсв, пх)	[pɔlivátʲ]
remover (~ uma mancha)	удалять (нсв, пх)	[udalʲátʲ]
reparar (vt)	починить (св, пх)	[pɔtʃinítʲ]
repetir (dizer outra vez)	повторять (нсв, пх)	[pɔftɔrʲátʲ]

reportar (vt)	докладывать (нсв, пх)	[dɔkládivatʲ]
reservar (~ um quarto)	бронировать (н/св, пх)	[brɔnírɔvatʲ]
resolver (o conflito)	улаживать (нсв, пх)	[ulázʲivatʲ]
resolver (um problema)	решить (св, пх)	[reʃítʲ]

respirar (vi)	дышать (нсв, нпх)	[diʃátʲ]
responder (vt)	отвечать (нсв, пх)	[ɔtvetʃátʲ]
rezar, orar (vi)	молиться (нсв, возв)	[mɔlítsa]
rir (vi)	смеяться (нсв, возв)	[smejátsa]
romper-se (corda, etc.)	разорваться (св, возв)	[razɔrvátsa]

roubar (vt)	красть (нсв, н/пх)	[krástʲ]
saber (vt)	знать (нсв, пх)	[znátʲ]
sair (~ de casa)	выйти (св, нпх)	[vɪ̄jti]
sair (ser publicado)	выйти (св, нпх)	[vɪ̄jti]

salvar (resgatar)	спасать (нсв, пх)	[spasátʲ]
satisfazer (vt)	удовлетворять (нсв, пх)	[udɔvletvɔrʲátʲ]
saudar (vt)	приветствовать (нсв, пх)	[privétstvɔvatʲ]
secar (vt)	сушить (нсв, пх)	[suʃítʲ]
seguir (~ alguém)	следовать (нсв, нпх)	[slédɔvatʲ]

selecionar (vt)	отобрать (св, пх)	[ɔtɔbrátʲ]
semear (vt)	сеять (нсв, пх)	[séjatʲ]
sentar-se (vr)	сесть (св, нпх)	[séstʲ]
sentenciar (vt)	приговаривать (нсв, пх)	[prigɔvárivatʲ]
sentir (vt)	чувствовать (нсв, пх)	[tʃústvɔvatʲ]

ser diferente	отличаться (нсв, возв)	[ɔtlitʃátsa]
ser indispensável	требоваться (нсв, возв)	[trébɔvatsa]
ser necessário	требоваться (нсв, возв)	[trébɔvatsa]

ser preservado	сохраниться (св, возв)	[sɔhranítsa]
ser, estar	быть (нсв, нпх)	[bɪ̄tʲ]
servir (restaurant, etc.)	обслуживать (нсв, пх)	[ɔpslúʒivatʲ]
servir (roupa, caber)	подходить (нсв, нпх)	[pɔtxɔdítʲ]
significar (palavra, etc.)	значить (нсв, пх)	[znátʃitʲ]

significar (vt)	означать (нсв, пх)	[ɔznatʃátʲ]
simplificar (vt)	упрощать (нсв, пх)	[uprɔʃátʲ]
sofrer (vt)	страдать (нсв, нпх)	[stradátʲ]
sonhar (~ com)	мечтать (нсв, нпх)	[metʃtátʲ]
sonhar (ver sonhos)	видеть сны	[vídetʲ snɨ]
soprar (vi)	дуть (нсв, нпх)	[dútʲ]
sorrir (vi)	улыбаться (нсв, возв)	[ulɨbátsa]
subestimar (vt)	недооценивать (нсв, пх)	[nedɔɔtsǽnivatʲ]
sublinhar (vt)	подчеркнуть (св, пх)	[pɔttʃerknútʲ]
sujar-se (vr)	испачкаться (св, возв)	[ispátʃkatsa]
superestimar (vt)	переоценивать (нсв, пх)	[pereɔtsǽnivatʲ]
supor (vt)	предполагать (нсв, пх)	[pretpɔlagátʲ]
suportar (as dores)	терпеть (нсв, пх)	[terpétʲ]
surpreender (vt)	удивлять (нсв, пх)	[udivlʲátʲ]
surpreender-se (vr)	удивляться (нсв, возв)	[udivlʲátsa]
suspeitar (vt)	подозревать (нсв, пх)	[pɔdɔzrevátʲ]
suspirar (vi)	вздохнуть (св, нпх)	[vzdɔhnútʲ]
tentar (~ fazer)	пытаться (нсв, возв)	[pɨtátsa]
ter (vt)	иметь (нсв, пх)	[imétʲ]
ter medo	бояться (нсв, возв)	[bɔjátsa]
terminar (vt)	заканчивать (нсв, пх)	[zakántʃivatʲ]
tirar (vt)	снимать (нсв, пх)	[snimátʲ]
tirar cópias	размножить (св, пх)	[razmnóʒitʲ]
tirar fotos, fotografar	фотографировать (нсв, пх)	[fɔtɔgrafírɔvatʲ]
tirar uma conclusão	делать заключение	[délatʲ zaklʲutʃénie]
tocar (com as mãos)	касаться (нсв, возв)	[kasátsa]
tomar café da manhã	завтракать (нсв, нпх)	[záftrakatʲ]
tomar emprestado	занимать (нсв, пх)	[zanimátʲ]
tornar-se (ex. ~ conhecido)	становиться (нсв, возв)	[stanɔvítsa]
trabalhar (vi)	работать (нсв, нпх)	[rabótatʲ]
traduzir (vt)	переводить (нсв, пх)	[perevɔdítʲ]
transformar (vt)	трансформировать (н/св, пх)	[transfɔrmírɔvatʲ]
tratar (a doença)	лечить (нсв, пх)	[letʃítʲ]
trazer (vt)	привозить (нсв, пх)	[privozítʲ]
treinar (vt)	тренировать (нсв, пх)	[trenirɔvátʲ]
treinar-se (vr)	тренироваться (нсв, возв)	[trenirɔvátsa]
tremer (de frio)	дрожать (нсв, нпх)	[drɔʒátʲ]
trocar (vt)	обмениваться (нсв, возв)	[ɔbménivatsa]
trocar, mudar (vt)	менять (нсв, пх)	[menʲátʲ]
usar (uma palavra, etc.)	употребить (св, пх)	[upɔtrebítʲ]
utilizar (vt)	пользоваться (нсв, возв)	[pólʲzɔvatsa]
vacinar (vt)	делать прививки	[délatʲ privífki]
vender (vt)	продавать (нсв, пх)	[prɔdavátʲ]
verter (encher)	наливать (нсв, пх)	[nalivátʲ]
vingar (vt)	мстить (нсв, пх)	[mstítʲ]
virar (~ para a direita)	поворачивать (нсв, нпх)	[pɔvɔrátʃivatʲ]

virar (pedra, etc.)	перевернуть (св, пх)	[perevernútʲ]
virar as costas	отворачиваться (нсв, возв)	[ɔtvɔrátʃivatsa]
viver (vi)	жить (нсв, нпх)	[ʒîtʲ]
voar (vi)	летать (нсв, нпх)	[letátʲ]
voltar (vi)	возвращаться (нсв, возв)	[vɔzvraʃátsa]

votar (vi)	голосовать (нсв, нпх)	[gɔlɔsɔvátʲ]
zangar (vt)	сердить (нсв, пх)	[serdítʲ]
zangar-se com ...	сердиться (нсв, возв)	[serdítsa]
zombar (vt)	насмехаться (нсв, возв)	[nasmehátsa]

www.ingramcontent.com/pod-product-compliance
Lightning Source LLC
Chambersburg PA
CBHW062053080426
42734CB00012B/2631